El hombre clave

El secreto mejor guardado del
proceso de paz de Colombia

Henry Acosta Patiño

El hombre clave

El secreto mejor guardado del
proceso de paz de Colombia

Título: *El hombre clave*
Primera edición: octubre, 2016

© 2016, Henry Acosta Patiño
© 2016, de la presente edición en castellano para todo el mundo:
Penguin Random House Grupo Editorial, S. A. S.
Cra 5A No 34A – 09, Bogotá – Colombia
PBX: (57-1) 743-0700

Diseño de cubierta: Paula Andrea Gutiérrez

Impreso en Colombia–Printed in Colombia

ISBN: 978-958-8912-74-5

Compuesto en caracteres Baskerville
Impreso en Panamericana Formas e Impresos, S. A.

Penguin
Random House
Grupo Editorial

Nota legal

Dedicatoria

Dedico este libro especialmente a Julieta, «Dulcinea», mi amor, mi esposa y compañera de trochas y montañas en esta tarea de buscar una Patria mejor. Sin ella no hubiese sido posible.

A mis padres Jorge y Rubiela, campesinos de esa Génova quindiana tan golpeada por el conflicto.

A mis hijos, Carlos Ernesto, Tatiana y Adriana María. Apoyo y complicidad. Ellos son parte de mi legado.

A mis nietos, Juan José y Juan Miguel, que tendrán una Patria con un amanecer diferente y mejor que el nuestro, cuando este conflicto termine.

Al profesor Vicenç Fisas, hombre comprometido con la paz de Colombia y de los países del mundo.

A los comandantes de las FARC-EP, Alfonso Cano y Pablo Catatumbo, quienes creyeron en la negociación digna del conflicto interno armado colombiano de su organización con el Estado, la gestaron y actuaron en ella.

Al comandante de las FARC-EP, Timoleón Jiménez, quien actuó con eficiencia y convencimiento en la negociación para el término feliz del conflicto.

A los doctores Luis Carlos Restrepo, Frank Pearl y Sergio Jaramillo, quienes desde su responsabilidad de Altos Comisionados para la Paz de Colombia fueron actores muy importantes en esa tarea.

Al señor expresidente de Colombia, doctor Álvaro Uribe Vélez, quien siempre pensó en la posibilidad de terminar el conflicto con la insurgencia colombiana, y lo intentó.

Y al presidente de Colombia, doctor Juan Manuel Santos Calderón, quien reconoció constitucionalmente la existencia del conflicto interno armado en Colombia, creyó y actuó con voluntad política y quehacer patriótico, y se comprometió poniendo todas las estructuras del Estado al servicio del objetivo de lograr el fin del conflicto y la firma del acuerdo final, iniciando así la solución a muchas de las causas sociales, económicas y políticas de dicho conflicto. Cuando este libro salga, seguramente ya lo habrá logrado.

A todos los que en el camino apoyaron y trabajaron para que esta Patria tuviera un nuevo amanecer lleno de esperanza de tranquilidad, equidad y justicia social.

A todos, ¡muchas gracias!

Prólogo

Este es un prólogo poco convencional. Aunque suene raro, está escrito antes de que el prologuista haya leído el libro. Y es así porque, quien escribe, quiere hablar, sobre todo, del autor de este libro y de su función en el proceso de paz de Colombia.

Henry es, por encima de todo, una persona de carne y hueso, un mortal con convicciones muy profundas y con un compromiso con la causa de la paz que ha llenado toda su vida, compitiendo, eso sí, con el amor que profesa hacia su esposa, su Dulcinea, que lo ha acompañado siempre en sus andares, incluidos los viajes a las montañas. Es algo que siempre me ha llamado la atención, que considero profundamente humano y habla de la sensibilidad de este personaje, Henry, que en todos sus correos acaba firmando con las palabras de Einstein: «*Solo una vida vivida para los demás vale la pena ser vivida*». Y quiero poner el acento en un aspecto de esa maravillosa frase: que habla de vivir, no de morir. Pone el acento, no en el martirologio asociado a las causas nobles, sino en la necesidad imperiosa de vivir para poder servir y ser útil, así sea de la forma más discreta y en el anonimato de muchos años, que es como han de ser las cosas cuando se hace por convicción profunda, por amor y con responsabilidad.

Lo que he admirado durante muchos años de nuestro amigo es la sencillez con que ha asumido la enorme responsabilidad de ser «el» mensajero entre los gobiernos colombianos y las FARC, el encargado, no solo de llevar los mensajes en los que se recogen las propuestas, los tanteos y las respuestas de unos y otros. Henry es, también, la persona que se ganó la confianza de unos y otros como para poder ser, al mismo tiempo, un verdadero «consejero», una persona sumamente cercana —con derecho a la palabra—, y no por una perdonable vanidad, sino por la autoridad que ambas partes le concedieron por ser honrado, y por tener buen criterio, dos cualidades esenciales para acometer la difícil tarea que la historia le encomendó o que, simplemente, él mismo decidió asumir. Él ha sido el único responsable de aceptar esa tarea, más allá de lo que el destino le tuviera planeado. Henry, incluso, ha desafiado el destino, en el sentido de que ha sido capaz de sobreponerse a las incontables adversidades que le han surgido en el camino.

Creo que la construcción de paz tiene que ver con la terquedad que se asienta y pervive tras las convicciones profundas y la mirada a largo plazo de las personas que asumen su rol en la construcción de condiciones, que permiten que un día llegue el silencio de las armas, una, pero no la única, de las condiciones para edificar un futuro con más paz, o lo que es lo mismo, con más justicia social y más oportunidades para desarrollar todas nuestras capacidades como seres humanos, y en igualdad de condiciones.

Quienes estudiamos y observamos cómo se desenvuelven los procesos de paz en el mundo, explicamos que la mediación es un proceso en el que intervienen numerosas personas, cada una de ellas con una función diferente, pero todas complementarias y necesarias. Hablamos de quienes exploran si hay posibilidades y voluntad real para empezar unas negociaciones; de quienes ayudan a preparar a los actores enfrentados para que sean más realistas y estén en mejores condiciones para iniciar una negociación con más simetría; de quienes, llegado el momento, asumen la función de convocar los diálogos o de inaugurarlos, de manera que las dos partes se sientan reconocidas; de quienes luego asumen la ardua tarea de facilitar los diálogos y estar presentes en todas las discusiones; de quienes tienen la autoridad para dar consejos en los momentos de crisis; de quienes, desde fuera, están atentos para dar ideas que permitan desbloquear temas enquistados; de quienes han tenido que asumir el rol de observadores y testigos de cuanto pasa; de quienes luego se dedicarán a verificar el cumplimiento de lo acordado o de verificar que se respeta un alto el fuego, y así una larga lista de funciones. No se trata, pues, de hablar «del mediador», como una única figura, sino del conjunto de personas y organizaciones que cumplen o no con su papel, como una orquesta, que en este caso toca la «sinfonía de la paz». Y alrededor de esta orquesta están «los coros de la sociedad civil», una inmensa cantidad de personas, mujeres en su mayoría, que preparan y fuerzan para que se abra un diálogo, y en el que tienen espacio los mundos artístico, académico, social, popular, económico, eclesial, político, incluso militar, todo el espectro que podamos imaginar. En mi primer viaje a Colombia, hace 20 años, quedé fascinado por el increíble compromiso de miles y miles de personas, sumamente creativas y resistentes, es decir, resilientes, para poner fin a una guerra que desangraba a una sociedad extremadamente afectada por tantos años de violencias, en plural. Una sociedad con altos índices de pobreza e inequidad social, que ha vivido tiempos demasiado largos de exclusión política y social, y que ansiaba poner fin a una de las violencias, la asociada al conflicto armado, para poder atender con mayor empeño y de forma colectiva, el resto de violencias que asolaban el país. Veinte años después, y después de muchos intentos malogrados, el país vive con esperanza e ilusión el trabajo conjunto para construir una Colombia diferente, más democrática y más justa. Hay que rendir tributo a quienes han resistido y han luchado para esa nueva Colombia, empezando por los que perdieron la vida en ello.

Y ahora vienen dos inmensos desafíos: uno, la construcción de esa sociedad de paz, y dos, lograr que las nuevas generaciones no hereden el odio provocado por tanta violencia y sean capaces de vivir en una Colombia hermanada, reconciliada y con miras al futuro, sin que ello implique olvidar lo que sucedió en el pasado, pues este conocimiento de la parte más trágica y dolorosa de la historia colombiana ha de servir de vacuna para que nunca jamás se repitan dichas violencias.

En esta historia de resiliencias, Colombia debe mucho a personas como Henry. Y podría citar una larga lista de mujeres y hombres excepcionales que he tenido la fortuna de conocer. Pero como Henry es, por encima de todo, una persona sumamente generosa, seguro que no le importará que utilice su figura, tan clave y estratégica, como metáfora para homenajear también al resto de colombianas y colombianos, de todas las edades y condiciones, que han puesto su granito de arena para la paz. De las funciones que antes mencioné sobre el proceso de mediación, Henry ha asumido más de un rol. Ya he destacado dos, el de mensajero y el de consejero, y no de una parte del conflicto, sino de las dos partes, de manera bidireccional. He conocido a personajes, algunos sencillamente siniestros y otros bien intencionados, que han intentado desempeñar esos papeles tan delicados, pero sin profesionalismo y sin discreción. Los «egos» han deteriorado mucho la construcción de la paz en Colombia, de ahí la importancia de personajes como Henry, que han hecho de la discrecionalidad una virtud. La confidencialidad de su trabajo lo rompió una persona no autorizada, pero incluso, ya «destapado», Henry ha continuado su labor de forma discreta, siempre que ha sido necesario, que ha sido en muchas ocasiones, a tenor de las dificultades que ha conllevado el mismo proceso de negociación.

Personalmente, debo mucho a nuestro amigo Henry. Desde nuestra amistad y respeto, he aprendido mucho, no solo de Colombia y de su proceso con las FARC, sino también de la manera de proceder en estas aventuras de la paz. Muy tempranamente me invitó a compartir inquietudes, ante lo cual sentí mucha responsabilidad, pues ya en el regreso de mi primer viaje a Colombia, hace 20 años, decidí que, mientras viviera, acompañaría a la gente de bien colombiana, que es la mayoría, en trabajar, primero, para soñar con una paz futura, después, para convencer a la gente de que la paz es posible, y finalmente, para ayudar a consolidar el inicio del proceso. Gracias, hermano, por tu ejemplo y tu confianza. El mundo necesita muchas personas como tú.

VICENÇ FISAS
Director de la Escuela de Cultura de Paz
(Universidad Autónoma de Barcelona)

Parte 1

Introducción

Cuando este libro salga, seguramente estaremos a punto de culminar la gesta de la negociación para dar fin al conflicto interno armado entre las FARC-EP y el Estado colombiano.

Después de haber realizado tantas acciones, llevado y traído tantos mensajes, aportado tantas posibles soluciones a las dos partes del conflicto —Estado e Insurgencia—, en la época de los ocho años de mandato de Álvaro Uribe Vélez, y de haber recorrido tantas trochas, pasado tantos ríos y quebradas, y dormido en tantas casitas de las montañas y campamentos de las FARC-EP, siempre debidamente autorizados por escrito (Julieta —mi esposa— y yo) por el presidente Uribe, a través de sus Altos Comisionados para la Paz, un día de julio del 2010 resolví proponerle al presidente Santos, en ese momento electo mas no posesionado, un qué, un cómo, un cuándo y un dónde sentarse a dialogar y negociar el fin del conflicto con ese grupo armado. Y para fortuna de la Patria, el presidente Santos me aceptó la propuesta. En ese momento, 12 de julio del 2010, se inició el proceso de paz. El 7 de septiembre del mismo año envió conmigo un mensaje a las FARC-EP y luego vino aquella respuesta histórica del 15 de octubre, en la que esa organización guerrillera, a través de dos sus líderes históricos, Alfonso Cano y Pablo Catatumbo, dijeron que sí, que aceptaban dialogar para terminar el conflicto.

Con Julieta, mi esposa y mi amor, emprendimos la brega para lograr ese encuentro. Es indudable que esa tarea quijotesca no hubiese sido posible sin los consejos y el apoyo irrestricto de Julieta, a quien Pablo Catatumbo y el presidente Santos siempre llaman «Dulcinea». Con ella íbamos a las montañas lejanas, en carro de doble tracción a ratos y en otros por trochas a lomo de mula, ella siempre caminando al ritmo de la marcha de la guerrillerada y yo en una de esas bestias. Dormíamos en casas de campesinos, que nos daban cobijo y alimentos, con la misma hospitalidad de todos los campesinos de América Latina. También dormíamos en cambuches y caletas, en los campamentos de las FARC-EP. Fueron tiempos de mucho riesgo, pero la Patria necesitaba de ello y el tiempo nos dio la razón.

Con el presidente Uribe Vélez varias veces creímos que habíamos llegado al diálogo, pero él siempre encontraba una razón para no dar el paso definitivo. Con él siempre estuvimos en el «ya casi». Únicamente en marzo del 2010 resolvió hacer una propuesta de diálogos secretos con las FARC-EP en el Brasil, pero ya era muy tarde, era el ocaso de su segundo mandato y faltaban solo dos meses para las elecciones del nuevo presidente, en las cuales resultó electo Juan Manuel Santos.

El presidente Santos llegó a la presidencia el 7 de agosto del 2010, pero la lectura de la carta-propuesta que le dirigí el 12 de julio del 2010 bastó para que tomara las riendas de la negociación del fin del conflicto entre el Estado y las FARC-EP. Claro que, del otro lado, tenía hombres decididos y comprometidos con la paz de este país: Alfonso Cano y Pablo Catatumbo. Con ellos, y luego con Timoleón Jiménez, se inició y se concretó el fin del conflicto.

En ambas partes hubo hombres y mujeres que contribuyeron enormemente a este logro. Mediáticamente unos fueron actores más destacados que otros, pero todos fueron muy importantes y en muchos casos definitorios.

Los doctores Luis Carlos Restrepo, Frank Pearl y Sergio Jaramillo fueron muy importantes desde sus cargos de Altos Comisionados para la Paz. El doctor Luis Carlos Restrepo batalló mucha más de lo que la gente cree en la búsqueda de la paz, pero las condiciones que le ponía el Presidente Uribe no lo permitieron. El doctor Frank Pearl retomó de manera muy positiva todo el camino de la búsqueda de la paz, pero ya era el ocaso del segundo mandato del presidente Uribe y no alcanzó, pero dejó una buena simiente. El doctor Sergio Jaramillo Caro tuvo el mérito de haber estado desde el principio hasta el fin de los diálogos de La Habana. Yo considero que el papel del doctor Jaramillo fue definitivo en la que, seguramente será, la terminación exitosa del proceso de diálogo de La Habana. Fue muy importante y definitoria su gestión. Humberto de la Calle asumió con responsabilidad el reto que la historia le asignó: dirigir la delegación del Gobierno en los diálogos de La Habana.

Iván Márquez, Pastor Alape, Mauricio Jaramillo, Joaquín Gómez, Carlos Antonio Lozada, Ricardo Téllez y Pablo Catatumbo, del Secretariado del Estado Mayor Central (EMC), y Marcos Calarcá, Andrés París y Jesús Santrich, del Estado Mayor de las FARC-EP, todos capitaneados por Timoleón Jiménez, cumplieron con la responsabilidad de terminar dignamente un conflicto armado insurgente de más de 50 años. Muchas mujeres de las FARC-EP estuvieron colaborando para que esta tarea fuera exitosa y en muchas ocasiones menos riesgosa. No puedo dejar de mencionar a Camila Cienfuegos y a Victoria Sandino, de la delegación de las FARC-EP, que antes desde las montañas también habían apoyado el proceso.

En este libro hay que agradecer y destacar la enjundia en la búsqueda y logro del fin del conflicto a: Juan Manuel Santos Calderón, Sergio Jaramillo Caro, Alfonso Cano, Pablo Catatumbo, Iván Márquez y Timoleón Jiménez.

Es necesario y justo destacar, reconocer y dejar para la historia el importantísimo papel del comandante Pablo Catatumbo en todo este proceso en el tiempo de los mandatos del presidente Álvaro Uribe y su importantísimo papel en los inicios y desarrollo de los diálogos de paz en La Habana durtante los dos mandatos del presidente Santos. Yo acostumbraba a decirle que él era *el Posibilitador.*

Agradezco también a todos los que no mencionamos por muchas razones, y a los que ya no existen, que tanto aportaron.

GRACIAS.

El hombre clave

De dónde vengo

En 1949, mis padres —Jorge y Rubiela— tenían una fonda típica paisa, de dos pisos. Quedaba, porque ya no existe y nunca la reconstruyeron, en el camino que va de Génova (Quindío) a Roncesvalles (Tolima), en la vereda La Primavera, en ese entonces de Caldas, y allí nací yo. En el primer piso estaba la fonda propiamente dicha, que era amplia y permitía que entraran los caballos y las mulas. Adentro se vendían algunos víveres, cerveza y aguardiente amarillo, el preferido de la época, llamado «de caña gorobeta» porque en la etiqueta tenía una hoja torcida de caña de azúcar. No se conocían ni whiskies, ni coñacs ni vinos españoles, salvo los que traían los misioneros para sus misas en las jornadas de misiones que por esa época aún se hacían en esas tierras. En el segundo piso vivían mis padres conmigo, que estaba recién nacido. En esa época ellos tendrían unos veintidós años de edad cada uno. Mi papá era y sigue siendo liberal. En el momento en el que estoy escribiendo este libro tiene noventa años de edad. Mi mamá falleció hace trece años.

Una noche, un año larguito después de abril de 1948, fecha en la que asesinaron en Bogotá al caudillo liberal Jorge Eliécer Gaitán —yo tendría siete meses de edad—, al inicio de la violencia civil en el país, aparecieron cuarenta enmascarados de los grupos partidistas delincuenciales que llamaban «chusma» conservadora.

Los cuarenta encapuchados conminaron a mi padre para que les entregara las pocas pertenencias que tenía; entregó un revolver y unos pesos. Él habla de veinte, de doscientos y hasta de dos mil, pero yo no creo que fueran dos mil porque en esa época eso era una fortuna. Yo pienso que eran veinte o dos pesos. De todas formas nos quitaron lo que teníamos, nos hicieron bajar y le metieron candela a la fonda. Afortunadamente nos dejaron vivos. Mi padre y mi madre se fueron a un cafetal cercano y ahí amanecimos. Al día siguiente partimos hacia Génova.

Aquí nací. En ese matorralito, que se ve en el primer plano de esta foto, existía, hace 67 años, una fonda muy grande, de dos pisos, tipo caserón paisa. Las bestias entraban hasta el mostrador y allí, amarradas, esperaban mientras la vitrola y el aguardiente «de caña gorobeta» acompañaban a los arrieros y a los caminantes. La vereda, situada en plena cordillera central de los Andes colombianos, estaba habitada por una gran familia Acosta Camacho, la de Jorge, y por otra familia, la Patiño Escobar, la de Rubiela, que eran fundadores de Génova, en esa época corregimiento de Pijao. Víctor Manuel Patiño, el patriarca de esa familia, era de la pléyade de fundadores de pueblos de esa Colombia que recién comenzaba el siglo xx. Él, junto a otros, entre ellos su primo Segundo Henao, también fue fundador de Armenia, Calarcá, Salento, Génova y Restrepo, en el Valle del Cauca, donde terminó su vida.

Fuimos a casa de mis abuelos Víctor Manuel y Carmen, en la misma vereda, y semanas después mi padre y mi madre se fueron a iniciar en Génova su nueva vida. Técnicamente, los tres fuimos lo que ahora se llama «desplazados del conflicto interno armado colombiano». En ese pueblito hice mi escuela y mis primeros años de secundaria. La Génova de esa época, más que un caserío o que un pueblo, era una vereda grande. De los cuatro hermanos soy el único que nació en el sector rural. Como dice el tango, ¡cómo tallan los recuerdos!

Mi papá obtuvo un empleo de ayudante en una tienda de víveres. Yo estudié en la escuela pública Simón Bolívar. No había más: allí estudiábamos todos los muchachos del pueblo. Yo era acólito de la iglesia, junto con otros compañeros. Esa etapa de mi vida es todo un hito, porque tiempo después me volví agnóstico. Me volví acólito mayor, no porque fuera el más grande, porque yo era pequeño de estatura y tendría unos ocho o nueve años de edad, sino porque, al finalizar la primaria, el cura del pueblo consideró que otro compañero mío, que no sé si todavía vive y que se llamaba Pedro Antonio Marín Fayad, y yo debíamos irnos a estudiar al seminario menor de Armenia. Ahí nos recibieron pero estudié solo el primer año de bachillerato. Terminé segundo, tercero y cuarto de bachillerato en Génova, donde no había sino hasta cuarto, en un colegio que era del cura del pueblo.

Una cosa, digamos que curiosa o interesante, es que en Génova no había energía eléctrica. entonces cuando a mí me preguntan: ¿Qué no tuvo usted de niño?, respondo que no tuve nada que para funcionar implicara el uso de energía eléctrica, la cual no conocí sino hasta los doce años de edad. El televisor, el radio, las luces, todo ese tipo de cosas, solo las vi a esa edad. Yo hice las tareas de la primaria y de tres años de bachillerato a la luz de una vela.

Terminé bachillerato en el colegio Robledo, de Calarcá, donde hice quinto y sexto, de quince años de edad, y luego me fui —o, mejor, me mandaron— a Bogotá a estudiar en la universidad.

Recuerdo que mi papá se fue a Bogotá antes que yo a ver cómo me matriculaba en una universidad. Él no me preguntó qué quería estudiar ni nada (yo siempre quise estudiar Derecho penal, soy un abogado frustrado) y allá habló con Crótatas Londoño, nacido en La Tebaida, Quindío, quien era en ese momento un gran personaje nacional. Era amigo de mi papá, quien era del directorio liberal de Génova. Crótatas era un dirigente político liberal y, en ese momento, presidente de la Universidad Libre de Colombia, otrora la gran universidad de este país. Además, era presidente de la Corte Suprema de Justicia y gran maestro de la masonería colombiana. Acumulaba todos esos cargos.

Mi papá le dijo que yo quería estudiar Derecho y Crótatas le dijo que no pusiera al niño a estudiar esa carrera, que era muy difícil; y estoy hablando de hace más de cincuenta años. Mi papá, sin preguntarme, se fue a la Universidad Nacional en Bogotá, donde alguien debió ayudarle, porque mi papá era un hombre con escasamente tercero de primaria, y me inscribió en tres carreras. En esa época lo inscribían a uno en tres carreras. Si pasaba en la primera, le hacían otros exámenes a ver si podía entrar. La inscripción era para ver si podía ingresar a la universidad y luego le hacían el examen para ver si podía hacerlo a la carrera. Me inscribió en Economía —que era la carrera de moda—, Veterinaria y Agronomía. Afortunadamente pasé en Economía; no tengo nada contra las otras dos disciplinas, pero no me veo ni manejando árboles, ni animales, aunque después, en mi tarea de *Facilitador de la paz*, tuve que recorrer caminos por montañas y dormir en ellas, rodeado de bosques y animales.

Siempre tuve inclinación por las lecturas políticas y sociales. En 1966 empecé a estudiar Economía en la Universidad Nacional. Primero viví en las Residencias Antonio Nariño, dentro de la universidad. Viví como «pirata», es decir, alguien a quien no le asignaban habitación. Entonces dos compañeros me dieron posada, digámoslo así: bajaban un colchón y uno dormía ahí. Eso era ilegal, pero ¡qué más se hacía! Después me resultó una habitación en las residencias «Gorgona», así le decíamos a la Residencia Uriel Gutiérrez, también en la Universidad, que era gratis. Comía en el restaurante universitario.

Empecé a estudiar en esa época, que yo llamo la «Patria Boba de la izquierda colombiana», algo que parece que no se ha modificado mucho. Había muchos movimientos: la Juventud Patriótica, el MOIR, la JUCO —a cuyos miembros les decíamos «mamertos»——, los comandos camilistas, que eran un grupo urbano de los «elenos»… Había muchos grupos y nosotros participábamos en ellos, digamos que teóricamente, porque no era una militancia de hacer nada políticamente; era de leer y de participar en cosas dentro de la Universidad: reuniones, foros, obras de teatro, de cine, todo ese tipo de actividades.

De niño fui muy buen lector, y lo sigo siendo. A los seis años de edad ya sabía leer y escribir, me habían enseñado las hermanas vicentinas en Génova. Y a esa edad ya había leído *La historia del mundo,* de José Pijoán; son cinco tomos que conservo sesenta y un años después, y que hacen parte de mi biblioteca.

Luego comencé a leer libros de Alejandro Dumas. Siempre tengo que reconocer y agradecer que mi padre me creara la costumbre de leer, y destacar que yo le hice caso. Un libro que marcó mucho mi vida se llama *El poder de la voluntad,* de Paul Jagot, un psicólogo francés, libro que leí cuando tenía por ahí unos doce años y que marcó mucho mi manera de ser.

En 1966 llegué a la Universidad Nacional. La situación económica de mi padre se deterioró mucho en Génova. Además, tuvo que huir por la situación de orden público. Mi papá era liberal y en ese momento presidente del directorio liberal de Génova. Este no era un pueblo ni liberal ni conservador; era mitad y mitad, una característica bien curiosa. Génova tiene tres calles: una «de los conservadores», que es la entrada proveniente de Armenia; otra, la «calle real», digamos la calle de la mitad, que era la de los liberales, y la otra era la «calle muerta», llamada así porque no tenía muchas casas y lindaba con unos potreros. Por la «calle de los conservadores» no podía pasar ningún liberal, y viceversa. Pasar significaba la muerte. A quien lo hacía se le complicaba la vida.

Era una época de muchas malquerencias entre el mismo pueblo, entre liberales y conservadores. Génova era un pueblo muy pobre; no había ricos. Como yo suelo decir, en Génova al más rico lo peluqueaba la mujer. Era un pueblo agrícola de mucho minifundista cafetero, donde había guerra entre liberales y conservadores. Ninguna persona con dos centímetros de frente podía usar una blusa o camisa roja o azul; eso significaba retar al contrario y meterse en problemas muy serios.

En 1966 mi papá se tuvo que ir del pueblo con la familia: mi madre y mis tres hermanos. Se fue para Cali, a una casita en el barrio Villacolombia, donde lo recibió un tío mío, hermano de mi madre, que se llamaba Humberto Patiño Escobar, fundador del gran barrio Alfonso López de Cali y líder político. Mi tío nunca fue a la escuela, pero sabía leer y escribir y tenía un vozarrón fuerte para los discursos. En esa época los discursos de tarima no contaban con micrófono.

Humberto, que era representante suplente a la Cámara, no principal, le consiguió un puestico a mi padre en una inspección de policía, pero el puesto de menor rango porque mi papá no sabía nada, ni escribir a máquina. Duró en él dos meses porque cuando vio el primer sueldo se desconsoló. Venía de Génova, donde había tenido una tienda de abarrotes. No era rico pero teníamos un buen pasar. Entonces renunció y con unos ahorritos compró una camioneta Studebaker, modelo 48, que era un «tiesto», y en ella compraba plátano en localidades vecinas (Florida, Pradera, Santander de Quilichao) y lo vendía en las galerías de Cali. Así se sostuvo hasta que terminó viendo que esa ciudad era muy costosa, y nos fuimos a vivir a Santander de Quilichao, en el Cauca, que quedaba en ese momento, por la condición de las carreteras, a cuatro horas de Cali.

Como ya conté, cuando mis padres y mis hermanos se fueron a vivir a Cali, en 1966, yo salí para Bogotá a estudiar Economía en la Universidad Nacional. Un año después, me fui de Bogotá a estudiar en la Universidad del Valle, donde estuve un año. Volví a la Universidad Nacional y de nuevo me hospedé de «pirata» en las residencias Antonio Nariño, hasta que me ubique legalmente en las residencias «Gorgona».

Era ya 1968 y llevaba tres años estudiando, cuando un día MacNamara, el Secretario de Estado de Estados Unidos, visitó a Colombia. Como era costumbre en esa época, los estudiantes de la Universidad Nacional armaron una protesta en la calle 26. Por primera vez en la historia, ese día el Ejército entró a bayoneta calada a la Universidad Nacional y nos desalojó. A unos los tomaron presos y otros logramos volarnos, pero lo poquito que había en las habitaciones (ropa, libros, todo) se perdió. Como consecuencia de los violentos hechos en la universidad, Carlos Lleras Restrepo, que era Presidente en ese momento, ordenó cerrarla, lo cual se prolongó durante dos años. Ello ocasionó que en 1969 me tuviera que ir de nuevo a la Universidad del Valle, donde me recibieron en Economía. Ahí terminé en 1973. Pero lo más simpático es que yo llegué de la Universidad Nacional a la Universidad del Valle con 56 materias aprobadas y allí para graduarse se necesitaban 48.

En la Universidad Nacional y durante cuatro semestres yo fui alumno de Desarrollo Económico, materia dictada por Antonio García, el creador de la carrera de Economía en Colombia, exsecretario de León Trotsky en México y gestor de las reformas agrarias en América Latina. Cuando terminé la carrera y obtuve un cargo en el gremio cafetero como dirigente cooperativo, intentamos hacer del cooperativismo el tercer sector de la economía, no un simple movimiento. El profesor García murió y no alcanzamos a realizarlo.

Esos fueron mis inicios y los quiero contar porque muchos dicen que yo fui compañero de estudios de Pablo Catatumbo y que yo entré al Valle del Cauca por Sevilla. Seguramente pasé por Sevilla, pero en bus, pero no es que haya estado allí.

Fueron pasando los años y me presenté en 1974 —recién graduado de economista y con 24 años de edad— a un empleo ofrecido en un aviso clasificado. Este, publicado en el diario *El País*, de Cali, decía: «Se necesitan economistas sin experiencia». Ni le cuento la cola que había para la entrevista. Esta era en el piso octavo del Edificio del Café, en la carrera quinta con calle trece de Cali, y como llegué muy temprano, me tocó en el puesto 25 de la fila, pero detrás de mí habría otros 100 candidatos.

Quien entrevistaba era el jefe de personal de la Federación de Cafeteros de Bogotá, que había venido expresamente. El trabajo ofrecido era en la Central de Cooperativas Agrarias (Cencoa), con las cooperativas de cafeteros del Valle del Cauca, para desempeñar el cargo de auxiliar de estudios económicos. El funcionario de la Federación de Cafeteros me entrevistó y me preguntó qué sabía de café, y yo le respondí:

—Todo, menos exportarlo.

Él me dijo:

—¿Seguro?

Y le dije:

—Absolutamente seguro. Desde sembrarlo, beneficiarlo, secarlo, seleccionarlo, sé todo. Póngame un «fiel» y verá.

«Fiel» es el que compra el café en los intermediarios y en las cooperativas, el que pesa el café en la báscula. Se le dice fiel, por el fiel de la balanza. Me seleccionaron y me nombraron. Eso fue en marzo de 1974, en septiembre me nombraron director administrativo y en diciembre gerente general de Cencoa, cargo en el que duré catorce años larguitos.

Empecé la tarea de catapultar a Cencoa. La recibí con doce empleados y cuando salí tenía 220. Pero no solamente fue eso: era la empresa privada que más trabajadoras sociales tenía en América Latina. Teníamos sesenta de ellas y convenios con varios organismos internacionales. En esa gestión logré una gran pericia en captación de recursos de donación o a fondo perdido para fomentar el desarrollo económico.

En mis pasos por el sector cafetero, como gerente de Cencoa, fui, simultáneamente, líder cooperativo nacional, presidente de la junta nacional de Financiacoop —el mayor instituto cooperativo de Colombia, una entidad privada que agrupaba 1200 cooperativas— y miembro de su junta directiva nacional durante doce años. En un momento dado hubo que cambiar el gerente, no encontrábamos quién lo hiciera, y entonces la junta me designó como tal y ahí estuve como seis meses, luego de lo cual volví a Cencoa.

Luego, en 1988, a través de su esposa María Inés Pantoja, de la que era amigo porque era periodista, me llamó Carlos Holmes Trujillo García, quien fue el primer alcalde electo popular de Cali. Me ofreció que lo acompañara en el gabinete en la Dirección de Acción Comunal, pero para transformarla en la primera Secretaría de Desarrollo Comunitario de Cali. Me nombró y la transformé. Me tocó hacer todo un *lobby* en el concejo municipal, un *lobby* politiquero, porque los concejales decían: «Yo le apruebo ese acuerdo, pero usted me da tres puestos», y el otro «me da cinco» y el otro «me da no sé qué»… Como yo no era el que nombraba, entonces les decía que tenían que hablar con el alcalde, y así fue; se hizo eso con muchas dificultades.

En esa Secretaría de Desarrollo Comunitario de Cali estuve dos años, al término de los cuales renuncié y me fui a adelantar una consultoría a la OIT, en Turín, Italia, por unos tres meses, con mi esposa Julieta. Eso fue en 1988. En un fin de semana estuve en Roma, conociendo, y fui a visitar la FAO porque tenía un amigo, Óscar Monteza, que había sido superintendente de cooperativas de Panamá. Apenas me vio, me dijo:

—Henry, ni que lo hubiera llamado, lo necesito para un proyecto en Brasil como funcionario de la FAO.

Entonces me nombraron tres años en Brasil. Era funcionario responsable de un proyecto de cooperativas en el desierto del nordeste brasileño, el llamado *sertão*. Vivíamos en Aracaju, capital de Sergipe, el estado más pequeño de Brasil. Allí Julieta y yo vivimos tres años.

Yo me había separado de mi primera esposa, con quien había tenido dos hijos: Carlos Ernesto, hoy en día abogado del Bienestar Familiar, y Tatiana, funcionaria del consulado colombiano en Miami. Y tengo una hija que me dio Julieta, Adriana María. No es mi hija biológica, porque a Julieta yo la conocí viuda y con una hijita de 8 años, que hoy en día es profesora del Liceo Francés de Cali y tiene dos hijos: Juan José y Juan Miguel. Ese es mi cuadro familiar.

Al regresar del Brasil en 1996, la FAO me escogió en su panel de selección de Roma como director mundial de las ONG y cooperativas de la organización. Me seleccionaron, pero no me nombraron. Y pasaban los años y no me nombraban.

Resulta que eso pasó precisamente en el momento en que Estados Unidos entró en colisión con el secretario general de las Naciones Unidas de la época, Butros Butros-Ghali, que era egipcio, y congeló los pagos. Debía ya cinco mil millones de dólares y no pagaba. Las Naciones Unidas y sus instituciones tuvieron que bajar de tamaño y al que se iba no lo reemplazaban sino que le asignaban las funciones a otro. Estuve cinco años esperando a que me llamaran de Roma y nunca me llamaron. Entonces puse una mesa de dinero porque tenía la experticia. Me sé mover en el mundo financiero, en el mundo cooperativo y, actualmente, en el mundo de la paz y de la búsqueda de una Patria digna, equitativa y con justicia social.

Conociendo a Pablo Catatumbo

En el 2001, a la espera de las noticias de la FAO, me llamó el Fondo de Solidaridad del Valle, que dependía de la Fundación Carvajal, para que le buscara recursos internacionales de donación. Yo sabía de eso, y lo sé, aunque obviamente hace rato que no lo hago. Me dijeron: «Queremos replicar un proyecto que se llama Retención de Desplazados, que la OIM, la Organización Internacional para las Migraciones, adelanta en Barragán, arriba, en la cordillera central del Valle. Es un proyecto de generación de ingresos para campesinos con el fin de evitar que se desplacen por razones económicas a las ciudades, ya que muchos lo hacen no solo por razones de orden público sino porque allá la situación económica es dura, y creen que en la ciudad es mejor».

Me fui a conocer el proyecto, cogí mi camioneta 4x4 y arranqué. Uno sube por Tuluá, por Puerto Frazadas, y por allá voltea a buscar Culebras y la Ramada, y ahí sube al corregimiento de Santa Lucía, de done pasa a Barragán, a una media hora. Busqué el camino más complicadito. El que conoce sabe que no busqué el camino de Puerto Frazadas al Alto de Italia, sino que me fui por otro lado con el ánimo de conocer más, y al llegar a Santa Lucía, me faltaban como cincuenta metros para la primera casa, me encontré unos uniformados. Creí que era el Ejército. Me dijeron:

—Señor, dígame ¿para dónde va en ese carro, tan elegante y solo?

Julieta siempre me había dicho que mantuviera la hoja de vida en el portafolios. Yo les respondí:

—Voy a Barragán a conocer un proyecto de jóvenes que maneja el padre Federico, una granja agrícola de la OIM.

Me dijeron:

—Está bien, pero síganos porque primero tiene que hablar con el camarada.

No me hicieron bajar y los seguí hasta una hacienda que está entre Santa Lucía y el Alto Italia, y se llama San Luis. Llegamos, me hicieron bajar, estuvieron muy cordiales (no me requisaron) y me dijeron que me sentara en una salita que había ahí. Tres minutos después salió un señor con unos pantalones caquis normales, una camiseta blanca y gafas, y me dijo:

—¿Cómo le va? Disculpe que lo haya hecho venir hasta aquí.

Me estiró la mano y nos saludamos. Saqué la hoja de vida que llevaba en el portafolios y se la mostré. Él la leyó e hizo gestos como de admiración o de sorpresa, no sabría decir de qué, y cuando vio que yo había trabajado con las Naciones Unidas en la FAO y en la OIT, dijo:

—Interesante.

Yo le dije:

—Bueno, ya sabe quién soy yo, pero usted no me dijo quién era usted.

No me respondió, pero yo le dije:

—Usted se llama Jorge Torres Victoria, «Pablo Catatumbo», amigo de Guillermo León Sáenz, «Alfonso Cano». Yo sé de su existencia porque soy de la Universidad Nacional y Alfonso Cano estudió allá Antropología. Usted no estudió allá, pero era parte de lo que en la época llamábamos «los mamertos». Era de la Juventud Comunista y de vez en cuando iba. Y yo sé algo más de su existencia: usted se casó con una psicóloga de la Universidad Nacional y tiene un hijo.

Él abrió los ojos y me dijo:

—Pero usted sabe mucho…

Y le dije:

—Sí, porque yo soy un hombre pegado a los detalles y me interesaba saber quién era. Yo no estaba en ese grupo, pero en la Universidad había una actividad frenética, reuniones y reuniones de grupos y grupos.

Eran como las nueve y media de la mañana y en ese momento me preguntó:

—¿Para dónde va?

Cuando le conté para dónde iba, me dijo:

—No, eso no, eso son diez muchachitos, eso no vale la pena, eso mejor dedíquese a trabajar por los agricultores porque generando ingresos a un agricultor en una finquita pues cobija toda la familia. Me describió cómo era la situación y comenzamos a hablar, de política, de historia, de costumbres de campesinos, y eran las once de la noche, cuando le dije:

—Bueno, Pablo, ya me voy.

Y me preguntó:

—¿Para dónde?

—En este momento, pues ya para la casa, porque usted me dijo que eso allá no valía la pena.

Y me respondió:

—A las once de la noche no se va a ir usted. Cae en manos de una avanzada mía y tiene que dormir en el monte, porque ellos no saben quién es. Quédese aquí y mañana se va.

Entonces me quedé. Me arreglaron cama en la hacienda, que no estaba desocupada. Estaban los agregados. Y allí dormí. Tendrían unas cuarenta vacas, era una hacienda grande. Tipo cuatro y media de la madrugada me despertaron los mugidos de las vacas, entonces me puse los zapatos y me vestí, y me fui al ordeñadero que quedaba muy cerquita, como a unos cincuenta metros, y me puse a hablar con los ordeñadores, porque soy de nacencia campesina y esas cosas me gustan y no me tienen que explicar mucho.

A los quince minutos vi que Pablo venía, sin uniforme. En el monte no se uniformaba ni andaba con fusil ni con pistola. Venía con un pantalón de civil y una camiseta, con un vaso amarillo en la mano y me dijo:

—Aquí le traje este juguito —era jugo de naranja—. Disculpe que no lo dejaron dormir.

Le dije:

—No señor, ellos están en su tarea y está muy bien todo.

Nos pusimos a conversar y como a las siete me dieron desayuno y le dije:

—Bueno, ahora si me voy, porque Julieta debe estar pre-
ocupada.

Me dijo:

—Bueno, se va, pero con una condición.

—¿Cuál es la condición? —le pregunté.

—Que siga viniendo —me dijo.

—¿Por qué? —le pregunté.

—Porque usted y yo nos entendemos muy bien hablando
de historia y de política. Entonces siga viniendo y me trae
libritos y conversamos.

Entonces volví a los quince días con Julieta y ahí se inició
todo este camino de la búsqueda de la paz.

Pablo Catatumbo, varios comandantes de las FARC y los
guerrilleros vivían y se movían abiertamente, en esos años
de 1998 al 2004, en la cordillera central del Valle del Cauca, en los corregimientos de Puerto Frazadas, La Marina,
La Moralia, Monteloro, Barragán, Santa Lucía y La Mesa.
El Ejército y la Policía sabían dónde estaban, porque esa
guerrilla andaba abiertamente en carros por las vías de esas
montañas. No había que contarle a nadie dónde estaba la
guerrilla, porque militares, campesinos y autoridades civiles
(inspectores de Policía incluidos) sabían perfectamente quienes, de la guerrilla, estaban, y dónde estaban.

Los inicios de la facilitación

Era el año de 1999. Después de conocer a Pablo Catatumbo
y bajar de la cordillera, empecé a alimentar esa relación y
subía allá en compañía de Julieta, mi esposa, a quien desde

el primer momento él bautizó con el nombre de «Dulcinea», porque decía que yo sería el quijote de la paz y ayudaría a que las FARC se pudieran sentar a hablar de la paz con el Estado. Eso lo narraré en detalle un poco más adelante. En ese momento ya se percibía que las FARC tenían absoluto control de la cordillera central vallecaucana. Pablo Catatumbo, que en ese momento era miembro del Estado Mayor de las FARC, «despachaba» desde esos territorios. Yo le decía que tenía un confesionario en la región del corregimiento de Santa Lucía (Tuluá), donde recibía a muchas personas del gobierno, del sector privado, de los partidos políticos, y amigos. Él frecuentaba haciendas de la región. En una de ellas lo conocí. Las haciendas todavía existen y cualquiera que conozca Santa Lucía sabe de qué haciendas estoy hablando. Los hacendados no tenían ninguna relación de apoyo o no apoyo a la guerrilla, sino que sencillamente él iba y los visitaba. La guerrilla no ocupaba la casa porque esta seguía ocupada por los mayordomos.

Muchos episodios ocurrieron en esa época durante mis visitas a esa cordillera.

Episodios en los inicios previos a la facilitación

Quiero resaltar varios episodios, porque por medio de ellos quiero contar algunas cosas internas de las FARC.

Un primer episodio. Era el año 2000 y se trata de uno de los hechos que más recuerdo y que más me impactó: el entierro de un guerrillero. Fue la única vez que yo estuve en una situación así, realizada con mucha ceremonia… Se trataba de un guerrillero conocido con el alias de «Giovanni 56», que era parte de la columna Saavedra Ramos, en la cordillera central vallecaucana.

A mediados de 1999, en las veredas La Garza y La Diadema, de Tuluá, se enfrentaron las columnas Alirio Torres y Saavedra Ramos con paramilitares del bloque Calima, que habían llegado al Valle del Cauca, al corregimiento La Moralia, de Tuluá, a una hora de carretera desde ese municipio. Allí, su comandante —«Carepollo» o «HH»— reunió a toda la población en la plaza del corregimiento y se presentó y presentó a sus hombres. Fueron los primeros paramilitares que llegaron desde el norte del país al Valle del Cauca.

El día en que se sucedieron los hechos yo estaba conversando con Pablo Catatumbo y con Gerardo, el comandante de la columna Saavedra Ramos, y en la nochecita llegaron las tropas de la guerrilla de las FARC después de un combate en la vereda La Garza, de Tuluá, Valle. Llegaron en volquetas del municipio de Tuluá. Les habían dicho a los conductores de las volquetas: «¡Llévennos!», y estos no pudieron hacer otra cosa: eran unos ciento ochenta guerrilleros, de las dos columnas, los que se subieron a las volquetas. Traían cinco documentos de paramilitares que habían matado en los combates. Pablo Catatumbo me mostró esos documentos para que yo le diera la opinión de quiénes eran. Los revisé y vi que cada persona tenía carné del Ejército colombiano, su cédula de ciudadanía y fotos de su familia, en las cuales aparecían con uniforme militar.

Junto con esos documentos, la guerrilla también trajo el cuerpo del único guerrillero muerto en esos combates, Giovanni 56. Había venido hacía tres meses de los frentes de los Llanos Orientales y se había incorporado a la columna

Alirio Torres. El cuerpo del guerrillero fue tendido sobre una mesa en la iglesia de Santa Lucía, que ese momento estaba abandonada. A grandes rasgos podría decirse que el pueblo estaba abandonado. La guerrilla le encargó a unos carpinteros, que no sé dónde los encontraron, la fabricación de un ataúd. De esas gestiones se encargó Leonel, en ese momento comandante que reemplazaba a Pablo Catatumbo en la columna Alirio Torres. Después Leonel sería comandante de la columna Gabriel Galvis, en los altos de Florida y Pradera. Leonel, Gerardo y Catatumbo discutieron la posibilidad de que cuatro guerrilleros le montaran guardia al féretro; Pablo decía que no, que esos eran embelecos que los «chulos» hacían con sus muertos (las FARC llaman «chulos» a los efectivos de la Policía o el Ejército), pero por fin aceptó por la insistencia de Leonel, que le recordó el reglamento de las FARC. No sé qué dice a ese respecto, pero él le dijo a Pablo:

—Camarada, acuérdese de que el reglamento dice que, cuando sea posible, a un guerrillero muerto hay que tratarlo con dignidad y rendirle honores.

Al fin pusieron a Giovanni 56 en una mesa con cuatro velas, y cuatro efectivos de la guerrilla montaron guardia alrededor, como hacen en cualquier velación militar. Los comandantes que Pablo tenía cerca, Gerardo y Leonel, le pidieron ir a hacerle honores a Giovanni 56. Después de mucho insistirle, Catatumbo fue. El cadáver aún no estaba dentro del ataúd, porque no lo habían terminado de preparar. Catatumbo, como la mayoría de los comandantes de las FARC, es ateo. Tomó el cadáver por la cara y le dijo: «Gracias por haber ofrecido tu vida a la causa de la revolución. Nos vemos en el Averno». Pablo utilizaba mucho las figuras de Dante Alighieri: el Averno, Caronte y la laguna Estigia.

Era de noche y llegaron con el ataúd. Introdujeron a Giovanni 56 en él y Gerardo, que era el comandante de la Saavedra Ramos, asumió el control de toda la guerrilla, los ciento ochenta hombres, e hizo formar las unidades en dos filas, que por su número llenaban toda la calle de la plaza de Santa Lucía y dos calles más allá, camino hacia el cementerio que queda en la vía hacia el Alto Italia, rumbo a Barragán, corregimiento de Tuluá, Valle. En medio de las dos filas cuatro guerrilleros cargaron en marcha fúnebre el ataúd. Todos los guerrilleros tenían linterna, pero ninguno la encendió: se necesitan condiciones de suma urgencia para que un guerrillero encienda una linterna en la noche. Al llegar al cementerio, la guerrilla ya había cavado el sepulcro y Catatumbo dijo unas palabras de despedida, todo en medio de la más absoluta oscuridad. De un momento a otro, Gerardo dio la orden de hacer una descarga de despedida y los ciento ochenta guerrilleros dispararon al aire un tiro. Eso fue bastante impactante. Luego bajaron el ataúd al sepulcro y en un coro, que también fue de mucho impacto, los ciento ochenta guerrilleros gritaron: «Por el compañero caído ni un minuto de silencio, toda una vida de lucha». En toda mi vida como Facilitador ha sido la única vez que estuve en el entierro de un guerrillero, porque generalmente los entierran en el monte. Y a veces ni los entierran, porque no pueden rescatarlos de la zona de combate.

Aquí aprovecho para decir que ese es uno de los factores que origina en ocasiones las desapariciones —tanto de guerrilleros como de militares—: mueren en combate y a la zona respectiva no se puede entrar a rescatarlos, y terminan siendo devorados por las aves de rapiña. Las familias de los militares terminan reclamándolos, y la Policía o el Ejército asumen que no murieron, sino que la guerrilla los secuestró o retuvo, y la verdad es que se quedaron en la zona de combate. Eso pasa también con los guerrilleros, cuyas familias se quedan esperando a que se comuniquen, pero ya han muerto en combate y las circunstancias no permiten su levantamiento. Este es un tema que repetidamente me han comentado los comandantes de las FARC.

Así terminó el entierro de Giovani 56, que era un miembro común y corriente. Sin embargo, dio la casualidad de que ahí estaba Pablo Catatumbo, en ese entonces miembro del Estado Mayor de las FARC. Hoy en día es miembro del Secretariado. Creo que ahora el Estado Mayor ha aumentado en número, pero en esa época estaba constituido por treinta y cinco comandantes. De ellos, había siete principales y dos reemplazantes, que constituyen el Secretariado. Por eso, cuando el Secretariado expide un comunicado, lo firman así: *Secretariado de las FARC del EMC (Estado Mayor Central)*. En las FARC no existe la palabra «subcomandante» o «suplente»; usan la palabra «reemplazante».

Otro episodio. Era el año 2001. El 27 de mayo las FARC cumplieron treinta y siete años de haber sido fundadas. Se fundaron en 1964 a partir del asalto a Marquetalia. El día del aniversario fui con un amigo a visitar a Pablo Catatumbo, que se encontraba en la vereda La Meseta, de Santa Lucía. A ese sitio sólo fui una vez. Es de esos parajes de la cordillera central vallecaucana que ni los mismos habitantes del centro del Valle saben que existe. Allí se llega del corregimiento de Santa Lucía (Tuluá), desde donde se avanza un poco y se baja a los orígenes del río Tuluá, cuando todavía se llama río Loro. Me habían prestado una camioneta de una sola tracción. En el sector rural cordillerano uno debe ir siempre en en vehículos que cuenten con doble tracción y bajo. Íbamos con una guerrillera, que se suponía que conocía el camino, cuyo nombre de guerra era «Marta». Por cierto, era bastante gordita para ser una guerrillera. De Santa Lucía iniciamos la bajada a un sitio sobre el río ya mencionado, en los altos de la cordillera, a unos 3200 metros de altitud. En la bajada tomé una curva muy abierta y me metí en un hueco del que no pude salir, por la falta de la doble tracción y el bajo. Resolvimos dejar la camioneta ahí y seguir caminando hasta un sitio que lindaba con el río Loro, donde había una casita abandonada. Eran como las cuatro de la tarde. Mi amigo, Marta y yo decidimos que ella se fuera por uno de los dos caminos que partían desde la casita en dirección a la parte alta de la montaña. Escogimos el camino que, por las huellas, se veía que era el más utilizado. Dijimos: «Este es el más trajinado, por aquí debe ser», pero era un albur que corríamos. También supusimos que Marta, con su olfato guerrillero, podría encontrar el campamento de Pablo Catatumbo. Partió sola y caminando a buscarlo. Nosotros dos nos quedamos en la casa abandonada. Como lo único que había en ella era una enjalma vieja, empezamos a especular que iba a ser la almohada para dormir esa noche. Eran las seis y treinta de la tarde cuando apareció un guerrillero, de nombre Joselo, con dos caballos ensillados y una mula enjalmada. A ese guerrillero, años después, le pegaron un tiro en la pierna derecha y quedó cojo. Mi compañero y yo nos subimos a los caballos ensillados y en la mula se subió Joselo y cargamos nuestros pequeños maletines. Iniciamos la cabalgata montaña arriba, por el mismo camino que había tomado Marta. Era un camino muy estrecho, que no veíamos, porque era una noche oscura. Al regreso nos percatamos de que era un camino que bordeaba, desde lo alto, un gran arroyo, afluente del río Loro, y que habíamos caminado por el filo de un precipicio. Después de dos horas cabalgando por un largo, oscuro y tenebroso camino, llegamos a una casa grande, típicamente quindiana, de esas de barandas y chambranas y corredores amplios, donde estaba un matrimonio con una hija de poca edad. Nos asignaron sendos cuartos para los dos. Joselo siguió su camino hacia mucho más arriba. La casa tenía una particularidad: poseía energía eléctrica generada por unos paneles solares en sus techos. Esa ha sido la única vez que he visto una casa, en plena cordillera, con paneles solares.

Ya nos preparábamos para dormir cuando llegaron dos guerrilleros a la casa y nos invitaron a la fiesta del aniversario de las FARC que se estaba realizando arriba, en un montecito. Caminamos una media hora y llegamos a una improvisada carpa que estaba cubierta por lo árboles. Sonaba música de baile, gracias al apoyo de una pequeña planta eléctrica de gasolina, que después supe que en las ciudades la llaman «la guerrillera», por su pequeño tamaño. Allí estaban bailando unos 80 o 100 guerrilleros y guerrilleras. Apenas llegamos, apagaron la música y el oficial de servicio, que así se llama el que dispone de los trabajos y de las actividades de los guerrilleros, dijo en voz alta: «Llegaron dos compañeros civiles, les pedimos a todos atenderlos muy bien, y a las compañeras les pedimos que los saquen a bailar». Esa fue la orden. Entonces, nos entregaron una botella de whisky y nos dijeron que era para nosotros dos, porque la guerrillerada estaba tomando cerveza y aguardiente. Obviamente los guerrilleros se nos acercaban a pedirnos un traguito y la botella duró muy poco. Estábamos más o menos a 3600 o 3800 metros de altitud, y aunque la orden fue que las guerrilleras nos sacaran a bailar, yo bailé muy poco. Creo que bailaría una, dos o tres piezas, como dicen en el argot campesino. Recuerdo que quien más me sacó a bailar fue una guerrillera alta y blanca, de nombre Yolanda. Después supe que era la socia de Pablo Catatumbo. En la guerrilla no se usa la palabra esposa, ni compañera, ni amante, ni novia, sino «socia», que es la compañera permanente del guerrillero, quien es el «socio», esto es, el compañero. Lo que en la vida civil se llama «esposos», en la guerrilla se llama «socios».

Yolanda fue la compañera de Pablo varios años, después se separaron. Fue enviada al Tolima y, para borrar su pasado sentimental, se cambió el nombre de guerra por Yaritza, un nombre indígena. Murió en un bombardeo de las Fuerzas Militares. Le cayó una bomba a ella y a otros guerrilleros, y murió destrozada.

Volvamos al baile. Toda la guerrillerada estaba uniformada bailando, pero no portaba armas. Obviamente fuera de la carpa había guerrilleros armados que no participaban en la fiesta. Eran por ahí las doce de la noche cuando regresamos, acompañados, a la casa que nos estaba dando albergue. Esa noche no encontré a Pablo Catatumbo. Él no estaba en la fiesta, pero sí cerca de ahí.

Al desempacar mi pequeña maleta encontré que Julieta, mi Dulcinea, me había echado una sudadera-pijama, un gorro y unas medias de lana para dormir. Derramé lágrimas al pensar que mi Julieta había pensado en todo y había adivinado para dónde iba, porque en ese sitio hacía mucho frío, pues quedaba a más de 3800 metros de altitud.

Al día siguiente la señora de la casa nos ofreció desayuno muy campesino, muy bueno y muy aseado; me llamó mucho la atención que en la cocina todas las ollas brillaban. La mesa era de madera, pero una belleza de limpieza. Luego llegaron cinco guerrilleros y nos llevaron al campamento donde habíamos bailado la noche anterior y que no habíamos detallado por la oscuridad. Las caletas, los lugares donde duermen los guerrilleros, estaban esparcidas por el monte, que era una pequeña ladera. En consecuencia, cada guerrillero había tenido que hacer un pequeño banqueo para construir la suya propia.

Aquí voy a aprovechar para describir cómo se hace una caleta. Cualquiera pensará que sencillamente se tira una lona y ahí se duerme. No. Es hasta destacable ver el «juicio» que ponen para hacerlas. Cada guerrillero o cada pareja de socios (cuando son parejas les va bien porque entre los dos la hacen) hace una explanada de aproximadamente dos metros de ancho por dos metros y medio de largo. Alrededor de ese pequeño terreno hace unas zanjas para que el agua corra y coloca troncos de árboles o de guadua en el límite interior de la zanja, en rectángulo, para proteger el terreno donde quedará la «cama». Luego llena ese rectángulo de hojarasca lo más seca posible y encima de ese relleno tiende un plástico negro grande que siempre carga en su «equipo» (que los civiles llaman «morral»). Luego arman una carpa (como cualquier carpa de campaña o de *boy-scouts)* y ponen una sobrecarpa que impide que cuando llueva se entre el agua. Es una cosa bastante bien hecha: ahí puede caer una tormenta y no les pasa nada. Yo he dormido ahí cuando subía a la montaña. Como Facilitador me asignaban una caleta. Le decían a un guerrillero: «Hoy usted le cede su caleta al señor, que él va a dormir ahí». Esas caletas se forman dejando dos metros entre ellas o según el nivel del terreno lo permita. En este episodio que he narrado pude saber cómo se hacían las caletas y cómo era una fiesta en la guerrilla.

Un episodio más. Era el año 2002. Se trató de algo increíble que me sucedió en mi condición de Facilitador. El 7 de febrero del 2002, que es la fecha de los cumpleaños de Julieta y de mi hija Tatiana, estábamos mi esposa y yo, un hermano de ella y un amigo mío en una finca que todavía conservo, que me la regalaron mis padres. Esa finca queda en el camino de Palmira a La Nevera, en la cordillera central vallecaucana, kilómetro 26. Se llamaba Las Acacias, pero yo le cambié el nombre por el de mi madre Rubiela, quien murió hace diez años. Ese día llegaba yo a esa finca, en compañía de mi esposa y de la otra hija, Adriana María, de su esposo y del niño de ellos, que en esa época estaba muy pequeño, cuando al bajarse mi esposa a abrir la puerta —que queda unos cien metros antes de la casa—, ocho personas, tres mujeres y cinco hombres, salieron del rastrojo y me encañonaron, y dijeron que era un secuestro. Me llevaron a la casa y dijeron que yo tenía armas. Sí tenía: una escopeta vieja y una carabina calibre 22. Después supe que quien me había «vendido» era el agregado o administrador de la finca que mi papá me había dejado, que era informante de las FARC, y a quien le pareció que el nuevo dueño, yo, tenía dinero. Informó de ello a alguien de las FARC que, a partir de ello, contrató una banda de delincuentes para secuestrarme. Ese administrador le informó a un comandante de la columna Alonso Cortés, no a Harvey, quien ya me conocía, sino al tercer comandante, Ancízar. Este me mando a secuestrar. Esa noche me echaron mano y me llevaron a la hacienda Fuentelapeña, por el camino de Palmira hacia Combia, en la cordillera. Allá dormí esa noche, encerrado con llave en un cuarto. Al día siguiente Harvey se dio cuenta de que Ancízar había dado la orden de secuestrarme. Llegó con Ancízar tipo ocho de la mañana y me abrió la pieza en la que me encerraron. Fuentelapeña ha sido una hacienda de crianza de toros de lidia para la plaza de toros de Cali, de la familia de Abraham Domínguez. Harvey y Ancízar me pidieron disculpas, me dieron desayuno y me devolvieron la camioneta. Ese secuestro duró de un día para otro, fui liberado y volví a mi finca, donde estaba la «Negra», como le decimos en familia a Julieta, con la muchacha que nos ayudaba en las labores domésticas y con uno de sus hermanos. No estaba sola pero amaneció sentada en el corredor de la que era también una típica finca quindiana, de corredores amplios. Cuando yo digo entonces que a mí me secuestraron las FARC, no estoy diciendo mentiras. Obviamente los que me secuestraron no eran de las FARC; eran unos bandoleros que le habían dicho a Ancízar que tenían una persona para echarle mano y las FARC les adelantaron veinte millones, que perdieron, porque al otro día me soltaron. A Ancízar lo mataron meses después cuando bajó a negociar un secuestro y lo recibieron 80 paramilitares del bloque Calima.

Y en el 2002

Y seguimos en el año 2002. Ya conocido el camino para conversar con las FARC, ya conocido el comandante Pablo Catatumbo, se produce un hecho muy destacado en el conflicto interno armado colombiano, un hecho que marcaría a las FARC como un temido grupo secuestrador: el secuestro de los doce diputados del Valle del Cauca.

El 11 de abril de ese año las FARC secuestraron, en pleno centro de la ciudad de Cali, en el recinto de la Asamblea

Departamental, a doce diputados. Ese fue, y es, un hecho que las FARC consideran el mayor logro político-militar de toda su historia, pero para la sociedad colombiana es uno de los más repudiables. Las FARC dicen que se produjo porque dos comandantes de nivel: JJ, comandante del frente urbano Manuel Cepeda Vargas, y «Santi», reemplazante o segundo del mismo frente, organizaron toda esta acción y personalmente bajaron a la Asamblea Departamental a dirigirla. Seguramente habían hecho inteligencia de todo el accionar de la Asamblea para poder ejecutar el secuestro.

Para que un comandante del nivel de JJ, comandante de un frente y hombre destacado en las FARC, profesional además (especialista en matemáticas de la Universidad del Valle), haya bajado a la ciudad y entrado al recinto de la Asamblea Departamental a secuestrar a los diputados que encontrara, se necesitó que las FARC dieran mucha importancia política a ese hecho.

JJ entró a la Asamblea Departamental, ubicada en Cali, en la calle novena con carrera novena, al mando de guerrilleros perfectamente uniformados, con insignias y armamento propio del Ejército colombiano. La guerrilla entró gritando que había una bomba en la Asamblea, que tenían la orden de proteger a los diputados y que era necesario que estos desalojaran el recinto inmediatamente. La guerrilla no se preocupó por los demás civiles que había en la Asamblea, hecho que debería haber suscitado suspicacias como para haber dudado de la autenticidad del operativo. Anunciaron en voz alta que había una buseta afuera en la vía y que los diputados tenían que salir rápidamente y subirse a ella, para evacuarlos y retirarlos del peligro. Los diputados que subieron a la buseta eran todos los que circunstancialmente estaban allí, porque no iban por algunos de ellos específicamente. Después las FARC dijeron que les hubiera gustado que estuvieran algunos que se escaparon del secuestro. Hubo algunos que cayeron coincidencialmente, como, por ejemplo, Carlos Alberto Barragán Ortiz, hijo del senador Carlos Hernán Barragán Lozada, que estaba en vacaciones porque dos días antes había nacido su primogénito, y fue a contarles a sus compañeros la noticia del nacimiento. Estando en ello cayó en el secuestro.

El secuestro tuvo algunos detalles poco conocidos, pero que en mi condición de Facilitador tiempo después conocí. Por ejemplo, en el segundo piso de la Asamblea, en un baño, las FARC mataron a cuchillo a una agente de la Policía. ¿Por qué? Según me contaron los comandantes de las FARC, porque estas habían puesto una bomba en ese baño, para que si llegaba la verdadera Fuerza Pública, la hacían estallar y crear así un elemento de distracción mientras se retiraban del edificio. Pero un agente de la Policía se empeñó en entrar al baño a buscar qué había allí. Miembros de las FARC le dijeron que no entrara, pero él se empeñó en entrar y, dicen las FARC, no tuvieron más alternativa que eliminarlo porque estaba creando dificultades en un momento en que el tiempo era valioso en la acción que estaban realizando.

Otro hecho para destacar es que uno de los guerrilleros del frente Manuel Cepeda, alias «Iván», se paró fuera de la Asamblea, en el andén, a montar guardia. Cuando salieron todos los diputados y se subieron a la buseta, Iván, que no era exactamente un hombre urbano, no supo qué hacer y lo tuvieron que llamar para que se subiera a la buseta, casi forzadamente.

Meses después apresaron a Santi, que había pasado a ser el comandante del frente, y años después dieron de baja al comandante JJ. Iván terminó siendo el comandante del Cepeda Vargas y también fue dado de baja. Estuvo varios meses en el anfiteatro del hospital de Buenaventura, donde hubo dificultades para que entregaran su cuerpo a la familia.

Los diputados fueron llevados por las montañas de Peñas Blancas, en las estribaciones de la cordillera central del Valle, en cercanías del corregimiento de Felidia. Por ahí subieron hacia el lado de la cordillera que está cerca al Océano Pacífico, por el sur de Buenaventura. Pero antes de que los diputados se bajaran de la buseta y comenzaran a caminar por la montaña, las FARC les revelaron la verdad: «Nosotros no somos el Ejército, somos las FARC y ustedes son retenidos del conflicto interno armado colombiano». En ese momento se inició una tragedia para los diputados. El secuestro desgraciadamente terminaría en su muerte, un grave episodio que hasta el momento no se ha podido dilucidar. Yo personalmente he preguntado mucho, pero ninguno de los comandantes me ha querido decir qué fue lo que realmente pasó. De los comandantes que estuvieron en la acción, solo queda Santi, que está preso en una de las cárceles colombianas.

El secuestro de los diputados se produjo el 11 de abril del 2002, y el mismo día yo escuché por la radio prolífica información sobre el suceso. Al escuchar los nombres de los diputados, supe que entre ellos estaba Carlos Alberto Barragán, hijo del senador Carlos Barragán, a su vez amigo de juventud de un sobrino de mi abuela paterna, quien le tenía mucha estimación. Carlos Barragán me lleva como veinte años de edad. Todo eso lo supe mucho tiempo después, una vez que me encontré con él en la oficina de Germán Romero Terreros, un dirigente liberal. Nos pusimos a conversar y rememoramos todo y eso nos acercó mucho y nos volvió amigos. Me contó que era muy amigo de mi abuela Eduviges, y de un primo hermano de mi papá. El día que ocurrió el secuestro y vi que cayó Carlos Alberto, llamé de inmediato a Carlos por el celular —él se estaba subiendo al avión para ir a Cali—, y le dije que necesitaba hablar con él urgentemente. Tiempo después me dijo que cuando lo llamé percibió que yo tenía una solución.

Carlos llegó a Cali, me llamó y yo fui a su casa. Vivía por el Ingenio, por esos barrios del sur de Cali. Le dije:

—Carlos, yo he aprendido con las FARC que el asunto de los secuestros hay que manejarlo «en caliente», es decir, inmediatamente, porque si se deja enfriar mucho a los diputados los llevan a otro sitio, y no se llega a saber dónde están. Hay que andarle rápido.

—¿Cuál es la solución? ¿Qué hacemos? —me dijo.

Y le conté que yo había conocido circunstancialmente hacía un año o año y medio a Pablo Catatumbo, miembro del Estado Mayor de las FARC y responsable con Alfonso Cano de todo el bloque occidental, que en esa época no se llamaba así, pero contemplaba toda la guerrilla del occidente colombiano.

—Pues ir hablar con Catatumbo. Tú y yo. Pero para eso necesito autorización de Presidencia, porque en este país el único que puede autorizar hablar con la subversión es el Presidente de la República. Debe ser por escrito. La autorización se apoya en los decretos tales y tales, y la firma un funcionario responsable de la paz, en este caso el Alto Comisionado para la Paz.

Carlos Barragán llamó a Luis Carlos Restrepo, que ocupaba ese cargo, y le contó que estaba conmigo y que yo le decía esto y esto, entonces Luis Carlos Restrepo voló inmediatamente a Cali. En mi opinión, Luis Carlos Restrepo tenía una característica positiva a pesar de todas las dificultades que tuvo, y de todo lo que lo han acusado: era sumamente ejecutivo, un hombre de toma y dame. Aquí quiero destacar un hecho y es que Luis Carlos Restrepo tenía el esquema de seguridad más grande del país después del que estaba asignado al expresidente Álvaro Uribe, de quien fue Alto Comisionado para la Paz durante siete años de los dos períodos. Después contaré por qué se retiró Luis Carlos Restrepo. A él no lo sacaron, él se retiró.

Nos encontramos los tres en la casa de Carlos Barragán, conversamos, y entonces Luis Carlos Restrepo me dijo:

—Henry, listo, váyase con el senador.

Le contesté:

—No señor, yo no me muevo hasta que no tenga en mis manos la carta del Presidente autorizándome a hablar con las FARC.

Eso era para evitar una posible judicialización. Es decir, si uno habla con la Insurgencia y no tiene autorización del Presidente, lo judicializan y tiene un problema serio. Entonces él llamó a Bogotá y habló con el presidente Uribe.

Yo había conocido al presidente Uribe cuando él era del movimiento Poder Popular de Ernesto Samper Pizano. No puedo decir que éramos amigos pero él sabía de mi existencia. Hacía rato no lo veía o no sabía de él. Luis Carlos Restrepo le dijo:

—Presidente, estoy con Henry Acosta y nos está proponiendo esto y esto, y él dice que necesita autorización.

Y el Presidente le contestó:

—Sí, hágasela —porque el que la firma no es el Presidente. Legalmente no puede firmar él, sino que autoriza al Alto Comisionado para la Paz para que firme a nombre de él, apoyado en unos decretos que lo facultan para ello.

Luis Carlos Restrepo le dijo:

—Bueno, señor.

Llamó a su oficina y les dijo que le hicieran la carta, la dictó y se la mandaron. En este momento no recuerdo los detalles del envío, pero el caso es que la carta llegó el mismo día. Luis Carlos la firmó y me la entregó, y yo le dije:

—Listo, déjeme yo hago los trámites para que Catatumbo nos reciba.

Yo sabía en qué área estaba Pablo, en la misma cordillera central que ya mencioné, pero los caminos son largos y pesados. Es enredadito y demorado.

Entonces me fui y circunstancialmente —en un sitio que se llama Culebras, que es donde se encuentra la vía que viene de Tuluá por Monteloro con la vía que va de Buga, y desde donde ambas van a la cordillera, a Santa Lucía y la Mesa—, ahí subiendo, me encontré con un guerrillero que no tenía fusil ni nada, pero de tanto andar y conocer supe que no era campesino y tampoco del Eército, y le pregunté dónde estaba el camarada y él me dijo que no sabía, porque los guerrilleros siempre niegan. A pesar de que lo conozcan a uno, siempre niegan. Entonces seguí y en la tienda en la que me había sentado en el episodio que ya narré de la muerte de Giovanni 56, me puse hablar con la tendera y le dije:

—Estoy buscando al camarada, pero me encontré abajo con alguien y no me quiso decir dónde está.

Me contestó:

—Le voy a decir, pero me guarda el secreto: bájese a Culebras —yo había pasado por allá hacía dos horas—, por ahí cerquita está en una finquita de una señora que murió hace tiempo, llamada Agripina. Ahí está.

Yo sabía dónde era la finca y bajé y busqué a Pablo y le conté que estaba pasando esto y esto. Me dijo:

—Listo, organice todo y vénganse tal día —tres o cuatro días después—, los dos solos, con la mayor prudencia.

Eran riesgos sumamente altos porque a uno perfectamente lo podían seguir, aunque en esa época no sucedía tanto eso. Hoy en día, si se llegara a dar una cosa de esas, inmediatamente uno toma un carro, va donde el comandante tal, y lo más seguro es que lo siguen, lo ubican por el carro, si es que no lleva un GPS metido por ahí, o por medio del mismo teléfono que uno lleve.

Me fui con el senador Carlos Barragán y nos encontramos allá con Pablo. Ellos se sentaron a conversar en una casita abandonada y yo no estuve presente. Conversaron muy largo y una vez terminaron, me dijeron que tenían que tener otra conversación. Yo me bajé con Carlos para Cali y quince días después comencé a gestionar otra vez la ida con Carlos y con los papás de los diputados Hoyos y Giraldo, este último hermano de Ángela Giraldo, que en ese momento era gestora de paz del departamento del Valle, funcionaria del gabinete del doctor Angelino Garzón.

Carlos Barragán había convenido con Catatumbo que los tres diputados —Barragán, Hoyos y Giraldo—, con el pretexto de que tenían problemas de salud, saldrían liberados con rumbo a Cuba por razones humanitarias, puesto que estaban enfermos. Los tres padres fueron y hablaron con Catatumbo en una casa cercana al corregimiento El Placer, de Buga, a dos mil metros de altitud. Conversaron y convinieron los detalles de la liberación, pero Carlos Barragán, enseñado a hacer política y todas esas cosas, bajó a Cali y cometió un error grave: citó a una rueda de prensa y contó que los iban a liberar a todos. Eso hizo que no solamente no los liberaran, sino que no volvieran a recibir a Carlos Barragán. El error no pudo ser enmendado y eso ocasionó que los tres que iban a liberar muy cerca a la fecha de su secuestro también terminaran después asesinados.

Hubo muchos episodios en esto. En uno de ellos fue protagonista el senador Carlos Barragán. Un día me dijo que el Presidente había autorizado que Luis Carlos Restrepo se encontrara con comandantes de las FARC para negociar la liberación de los diputados, que habían escogido como sitio de encuentro la iglesia de Los Caleños. Yo me fui para allá, eso es de la Florida hacia arriba y es realmente un cabildo, no un corregimiento, pero ahí no había iglesia. Hubo alguna vez, solo hay escombros, muritos de uno o dos metros, nada más. Le decían iglesia por pura costumbre. Yo bajé y dije que no había iglesia, entonces se habló con el padre Darío Echeverry, que sigue siendo el secretario de la Comisión Nacional de Conciliación de la Iglesia católica, quien habló con el presidente de la Conferencia Episcopal Colombiana, que era en ese momento, y sigue siéndolo, monseñor Luis Augusto Castro. Quien ocupa ese cargo es el representante legal de la Iglesia ante el Vaticano, no importa si en el país hay cardenales o no.

El padre Echeverry dijo una cosa que yo no sabía:

—Díganle a Henry que podemos declarar que ahí donde vio esos escombros es una iglesia. Nosotros podemos decir que un árbol es una iglesia y entonces ahí se reúnen.

Yo le transmití el mensaje a Catatumbo, a quien las FARC designaron para que hablara (hubiera podido ser otro comandante), pero resulta que cuando yo le conté a Luis Carlos Restrepo, me dijo que eso no era cierto, que el Presidente no había autorizado hablar sobre eso. Por eso esta posibilidad se cayó.

Sobre el episodio de los diputados olvidé contar que al día siguiente de que yo me reuniera con Restrepo y Barragán comencé a buscar el contacto con las FARC. Recibí un mensaje (en esa época era fácil recibir mensajes en los celulares): que me fuera por la carretera vieja al mar, del Queremal hacia abajo (se suponía que allá estaban los diputados), y que hablara con Santi, el reemplazante del Frente Manuel Cepeda Vargas. Yo viajé con mi esposa Julieta, que, como ya se sabe, no es solamente mi esposa sino mi compañera de trochas y montañas en todos estos casos, y nos sentamos en una tiendita, al borde del camino, durante dos horas. Al fin llegó un muchacho, ataviado con uno de esos vestidos negros, como de licra, y me dijo:

—Que le manda a decir el señor que lo excuse, pero que no puede bajar, que después se comunican con usted.

Mientras tanto, en Cali, el presidente Uribe se reunía con las familias de los diputados, en el alboroto más impresionante. Esta es una de las tantas anécdotas (y podría contar muchas más) de la labor sigilosa que cumplí, cumplo y seguiré cumpliendo.

La muerte de los once diputados del Valle del Cauca

Después de reunir información de unos y otros comandantes, creo que la versión de la muerte de los diputados que más se parece a la realidad es que ellos estaban retenidos por una comisión grande de unos treinta guerrilleros del Comando Conjunto de Occidente, hoy Bloque Occidental

«Comandante Alfonso Cano». En las FARC, cuando se producen los secuestros, el sitio de reclusión lo conoce solo quien está responsabilizado de guardar los secuestrados, es decir, el comandante de la columna o frente a cargo de la operación. Nadie más de las FARC sabe dónde están. Lo que presumo de tanto atar cabos, y esto no es una prueba, es que guerrilleros del frente 28 de las FARC pasaron por la noche cerca del sitio donde estaban los diputados retenidos, y los guerrilleros del «Alfonso Cano» supusieron que quienes se estaban acercando eran las Fuerzas Militares, entonces en un fuego cruzado fueron muertos los diputados. Pues resulta que no era la Fuerza Pública, sino sus colegas del frente 28 de las FARC. Cuando elementos de la misma fuerza se encuentran sorpresivamente y sin poder saber quiénes están del otro lado, se disparan entre sí. Eso en el lenguaje de la guerrilla se llama «estrellarse».

Con motivo de la muerte de los diputados hubo otro episodio que merece ser contado. El gobierno designó a Álvaro Leyva Durán y a otras personas para hacer contacto con las FARC y ubicar los cadáveres de los diputados. En ese momento ya se sabía que habían sido asesinados, pero no se sabía el sitio donde estaban enterrados. Yo fui donde Pablo Catatumbo a pedirle que ayudara a que se pudieran obtener las coordenadas donde estaban los cadáveres de los diputados. Él me las entregó, pero además me dio las señales que en el Valle del Cauca llaman «bugueñas», es decir, algo así como: «Se van por este camino, llegan a esta quebrada, en tal quebrada se bajan en tal parte, donde hay un árbol de tal tamaño, etcétera». Regresé lo más pronto posible y cuando venía bajando de la cordillera central vallecaucana, ya llegando a Buga, porque en esa época la señal de radio no era buena, oí en una emisora que decían que habían encontrado al primer diputado enterrado. Yo traía la información para el responsable de la Cruz Roja Internacional en el occidente colombiano, para que él se la entregara a Leyva Durán, porque esa misión había sido encomendada a unas personas designadas por el Gobierno, y siempre todo debe hacerse en compañía de ese organismo, porque son labores humanitarias.

Yo terminé trayendo la información y se la entregué al encargado de la Cruz Roja Internacional. Luego vinieron los episodios de la entrega de los cuerpos y todo eso, extremadamente doloroso para las familias, para la sociedad y para el país. Y yo diría que para las mismas FARC como organización.

Mientras tanto, el senador Carlos Barragán me fue acercando con el doctor Angelino Garzón, a quien yo no conocía. Garzón había sido Ministro de Trabajo y luego se fue a Barcelona, España, a realizar gestiones personales. Yo tenía en España un hermano que es médico, y en ese momento (2004) estaba haciendo una especialización en traumatología y se quedaba en la casa de unos amigos comunes. Ahí se encontraron y se pusieron a hablar del conflicto interno armado colombiano, y mi hermano le dijo quién era yo y qué hacía. Cuando Angelino Garzón volvió a Colombia, me buscó, nos encontramos y conversamos.

En ese entonces yo era director nacional de la Fundación Coomeva, y simultáneamente Facilitador del proceso de intento de acuerdo humanitario entre las FARC y el Gobierno del presidente Uribe, en lo que siempre se llamó el intento de despeje de los municipios de Florida y Pradera, en el Valle del Cauca. El viernes 5 de septiembre del 2004, en un hotel cerca de Pereira, al que habíamos ido con el Comité de Desarrollo Empresarial de Coomeva, me ocurrió un accidente: al levantarme, a las seis y media de la mañana, me paré en un tapete felpudo y liso, me resbalé y me fracturé el tobillo del pie derecho, una fractura bastante complicada, de la cual aún tengo secuelas, tornillos y plaquetas de acero.

Ya yo había logrado conversar con las FARC acerca de un encuentro entre ellos y el Gobierno para buscar la liberación de los diputados y lograr un acuerdo humanitario, a través del cual las FARC liberarían a los diputados y el Gobierno liberaría a los retenidos políticos de esa guerrilla que tenía en las cárceles. Ese fue un canje que se buscó durante mucho tiempo, y para eso era el despeje de Florida y Pradera, en el Valle del Cauca, pero había que conversarlo antes en secreto. Se convino que el encuentro se hiciera en una escuela que había donde termina la carretera que va del municipio de Pradera hacia la cordillera central vallecaucana. Allí queda la vereda Bolo Azul, donde hay una escuela rural pública de propiedad del municipio de Pradera, en consecuencia terreno del Estado. Todo estaba ya listo y organizado. El Alto Comisionado para la Paz, Luis Carlos Restrepo, se fue para Bogotá y le informó al presidente Uribe, y este autorizó hacer todo tal había sido coordinado por mí con las FARC. Entonces ocurrió una de esas situaciones inesperadas que pasan en la vida. El doctor Restrepo salió del despacho del presidente Uribe y en el corredor del tercer piso de la Casa de Nariño, donde quedaba y quedan las oficinas del Presidente de la República y del Alto Comisionado para la Paz, se encontró con el expresidente Ernesto Samper Pizano, quien le preguntó cómo iba el proceso con las FARC, y el doctor Restrepo, que era y es muy reservado, le contó, por tratarse de doctor Samper, que era muy amigo del presidente Uribe, todo lo que estaba pasando y lo que iba a pasar esa semana. Ernesto Samper llamó entonces a Ángela Giraldo, que era Gestora de Paz del

Valle del Cauca y le contó. Ella, a su vez, inmediatamente fue donde el doctor Angelino Garzón, Gobernador del Valle en ese momento, y le contó. Entonces el doctor Angelino, que es muy amigo de las comunicaciones y de la difusión de todo lo que piensa y hace, salió por los medios a decir que se iban a reunir en esa escuela y que él trasladaría allí la Gobernación del Valle durante un mes. Obviamente todo se complicó. Esto ocurrió el mismo 5 de septiembre del 2004 en que me accidenté y me operaron por la tarde en Cali. El lunes 8 de septiembre, el doctor Luis Carlos Restrepo llegó a mi casa, donde estaba convaleciente de la cirugía, con la pierna inmovilizada y enyesada, y me hizo un chiste: «Henry, este proceso de diálogos está tan quebrado como la pierna tuya». Y me contó todo lo que había sucedido con Samper, Ángela y Angelino. Y añadió: «Entonces yo tengo que salir por los medios de comunicación a contar que esto se iba hacer así, pero que ya no se va a hacer porque se supo y hay problemas de seguridad. Por esa misma razón, las FARC ya no irán a ese sitio de encuentro. Es decir, la cosa se desmontó por las infidencias, porque les gusta más el protagonismo que los hechos en función de la paz».

El segundo semestre del 2006, el más importante de los ocho años del presidente Álvaro Uribe Vélez para un posible encuentro Gobierno-FARC

El 30 de mayo del 2006, ya en el segundo período del mandato del presidente Álvaro Uribe Vélez, se inició el que en mi opinión fue el mejor semestre de los ocho años de su mandato en cuanto a la posibilidad de encuentro de los delegados de la Presidencia, comandados por el doctor Luis Carlos Restrepo, con delegados de las FARC. Ese día el presidente Uribe, en un discurso en la Escuela Superior de Guerra de Bogotá, dijo que era posible que él pudiera autorizar un encuentro, porque reconocía que teníamos un conflicto armado. Fue la primera y la única vez que el presidente Uribe Vélez reconoció el conflicto interno armado en un discurso. Nunca más lo quiso decir, siempre dijo que aquí había una manada de bandidos terroristas: las FARC. Habiendo oído ese discurso, me fui de inmediato para la montaña e ingenuamente allá informé de lo que había dicho el presidente Uribe. Obviamente ellos ya habían oído el discurso y estaban muy optimistas. Entonces bajé y el 1° de junio me comuniqué con el doctor Restrepo, que se encontraba en la ciudad de Medellín. Él ya tenía una propuesta, por lo menos un mensaje del Presidente y dijo que ese mismo día iba de Medellín a Cali. Infortunadamente llovía mucho, era un día de mucho invierno, y él no pudo salir de Medellín. Salió el 2, muy en la madrugada, y nos encontramos en un salón de la Aerocivil del aeropuerto Bonilla Aragón de Cali. Conversamos de las posibilidades de esa reunión y me trajo unos mapas de la región de la alta cordillera central del Valle del Cauca, en tamaño pliego, muy grandes, y me dijo que los revisara, que los había hecho Inteligencia Militar. Yo los revisé y tenían dos errores importantes: primero, había dibujado una carretera de Barragán a Las Hermosas, y ese camino no existe, y segundo, no existía en el mapa la carretera de Barragán a Roncesvalles. También había otro pequeño error, y era que el corregimiento de La Mesa no figuraba con ese nombre sino que se denominaba

Loro. Realmente La Mesa se llama La Mesa del Río Loro, pero nadie que leyera la palabra Loro sabría que correspondía al corregimiento de La Mesa.

Allí hablamos de muchas posibilidades de acuerdo humanitario, de paz, de cómo encontrarse el Gobierno con las FARC, y se esbozaron algunas cosas que tenían que ser conversadas con el presidente Uribe. Yo tenía vuelo a las nueve y media de esa mañana, de Cali a Pasto. Era un vuelo en el que iba acompañado de otro miembro del consejo de administración de Coomeva a una reunión con asociados de la cooperativa. El doctor Luis Carlos Restrepo y yo nos despedimos. Él se fue para Bogotá y yo para Pasto. Cuando llegué a esta ciudad prendí el celular y encontré una llamada suya y me dijo:

—Henry, ¿dónde está?

—Aterrizando en Pasto —respondí.

—¿Usted puede esperar en el aeropuerto que ya mando un avión por usted?

—Bueno señor —le dije.

—Le mando un sargento de la Policía que va de civil.

Yo le dije cómo iba vestido y entré al restaurante acompañado de mi compañero de consejo de Coomeva Camilo Moreno, quien había oído la conversación y me dijo:

—Yo no me pierdo esto.

Entonces nos sentamos a conversar dos horas y media o tres, un tiempo largo, mientras el avión arribaba. Llegó un avión alemán de dos motores, rentado, que venía con dos pilotos, una mujer y un hombre. El sargento de la Policía entró al restaurante, me localizó fácilmente y se identificó. Inmediatamente me despedí de Camilo y me fui al avión, donde solo íbamos dos pasajeros: el sargento y yo. Llegamos a Bogotá y en la pista nos esperó un carro que nos llevó directamente a la Casa de Nariño, donde hablamos inmediatamente con el presidente Uribe de las posibilidades de esa conversación entre Gobierno y FARC. El Presidente insistía en que había que buscar la manera de reunirse sin despeje de ningún área y yo le dije que eso era muy difícil porque, por razones de seguridad, los miembros del Estado Mayor Central o del Secretariado del EMC no podían ir a encontrarse con ninguna persona del Gobierno, sin un previo despeje del área y unos protocolos de seguridad firmados entre las partes. Que era muy peligroso, muy riesgoso. Conversamos de las posibilidades de aprovechar ese encuentro y hablar de hacer la paz. Recuerdo que le dije:

—Presidente Uribe, le mandan a decir que «la guerra es una cosa muy seria para dejársela solamente a los militares», como lo dijo Clemenceau.

Entonces él me dijo:

—No, Henry, eso lo dijo fue Churchill.

Yo no le discutí. Seguimos hablando:

—Presidente, ¿por qué no me permite que yo organice el asunto con el doctor Restrepo y me voy con él a buscar la gente del EMC o del Secretariado de las FARC? No definamos sitio. Autorícelo a que vaya conmigo. —Y a manera de humor negro añadí—: Presidente, le garantizo que el doctor Luis Carlos Restrepo sube y ante todo baja.

El presidente Uribe me dijo:

—Henry, yo no puedo hacer eso, es un problema de Estado. No puedo hacerlo sin que las Fuerzas Militares sepan para dónde va el Alto Comisionado para la Paz. Usted me tiene que decir en dónde se van a encontrar con las FARC.

—Presidente, eso es imposible, entonces no hay posibilidades de subir.

El doctor Restrepo, que me tenía mucha confianza, dijo:

—Presidente, autorice, que yo con Henry me voy tranquilo.

Yo ya tenía organizado con Pablo Catatumbo que el salía a una quebrada que se llama Cola de Mico, subiendo y muy cerca al corregimiento de La Mesa, de Buga, arriba en la cordillera central vallecaucana. Pablo Catatumbo me había dicho: «Yo salgo a esa quebrada, nos ponemos de acuerdo en fecha y hora, y usted sube con Luis Carlos Restrepo, con el argumento de que lo lleva a visitar los proyectos agrícolas que usted está ejecutando para la Presidencia en esos parajes. Obviamente usted no le dice nada de nuestro encuentro. Será una sorpresa». Me dijo también que le dijera a Luis Carlos Restrepo que no llevara gente armada de fusil, sino dos o tres hombres con pistola, para no despertar sospechas en la población campesina, y agregó: «Yo le salgo ahí, obviamente acompañado, y conversamos el tiempo que sea necesario». Obviamente yo no le podía decir a Luis Carlos Restrepo dónde quedaba el sitio de la reunión y todo lo demás. Ese encuentro, planeado por Pablo Catatumbo, con riesgo de asuntos vitales suyos y organizacionales con las FARC, no se pudo hacer. Ese episodio se lo conté al doctor Restrepo cuando ya estaba *ad portas* de irse de su cargo de Alto Comisionado. Lamento mucho que yo no pudiera decirle cual era el propósito de mi insistencia en esa «visita a los proyectos agrícolas». Si ese encuentro se hubiera producido, el curso del conflicto interno armado colombiano hubiera iniciado un cambio fundamental y seguramente se hubiese iniciado un camino de diálogos. Pablo Catatumbo y Alfonso Cano se la estaban jugando por unos diálogos de negociación del conflicto. Ellos hablaban de acuerdo humanitario, pero la realidad es que buscaban el encuentro con el Gobierno de Uribe, en una zona despejada de Fuerza Pública para, con ese pretexto, hablar de paz. Luis Carlos Restrepo también se la estaba jugando por la búsqueda de la paz, de la negociación del conflicto. El presidente Uribe quería esos encuentros con las FARC, pero para negociar la entrega de armas, no el conflicto. Además nunca reconoció que en Colombia existía un *conflicto interno armado*, como lo dice el DIH. Decía que era un grupo terrorista. Juan Manuel Santos lo reconoció como conflicto interno armado y lo llevo a formar parte de la Constitución colombiana, a través del Acto Legislativo n.° 1 del 2012. Eso hizo que las FARC ya no sean un *grupo terrorista* sino un *grupo insurgente en rebelión.*

Ese encuentro del 2 de junio entre el presidente Álvaro Uribe Vélez, el Alto Comisionado para la Paz, Luis Carlos Restrepo, y yo fue el inicio de un período muy activo en señales del Gobierno del presidente Uribe para encontrarse con las FARC. Ese segundo semestre del 2006 terminó muy mal, por allá en octubre. Pero todos los meses que alcanzaron a correr hasta entonces fueron muy buenos.

El 16 de junio del 2006, días después del encuentro narrado, el presidente Uribe me mandó con el doctor Restrepo un mensaje verbal, en el que me decía que quería reunirse conmigo en Cali. Iba a una reunión del Consejo de Seguridad en esa ciudad. Me solicitó ir con Julieta, mi esposa. Nos recogieron en nuestra casa, con un cierto esquema de seguridad, y nos llevaron al hotel Intercontinental. Allí nos llevaron a la suite presidencial, donde nos esperaba el doctor Restrepo. Esperamos hasta que el presidente Uribe llegó, nos saludamos y nos sentamos, los cuatro, alrededor de una mesa de la suite. Recuerdo que en la mesa lo único que había eran chontaduros y miel de abeja, y disfrutando esa delicia vallecaucana conversamos muy largo acerca de la posibilidad de que el Gobierno y las FARC se encontraran. La reunión empezó a las once y media de la noche y terminó a las dos y cuarto de la mañana del día 17.

El presidente Uribe insistía en sus tesis y me dijo:

—Henry, dígales que entreguen esos fierros, que no insistan más, que ellos no se van a tomar el poder.

Yo llevaba un mensaje verbal del Secretariado del EMC de las FARC, de Alfonso Cano y de Pablo Catatumbo, y le dije:

—Vea, Presidente, le mandan a decir que ellos no están por la toma del poder ni por que este sea un Estado socialista. —Eso le llamó sumamente la atención al presidente Uribe, que hizo gesto de asombro. Continué diciéndole—: Ellos están porque este país tenga una *economía de bienestar*, en la teoría económica se llama así, y es básicamente la economía capitalista que tienen los países escandinavos. Cabe recordar que el sistema capitalista de un sueco, un escandinavo, un noruego o un suizo es igual que el sistema capitalista de Estados Unidos, ambos son capitalismos, pero capitalismos totalmente diferentes. Le mandan a decir que están buscando un país con equidad, con justicia social, con menos desigualdad, donde haya menos pobres. Que tenemos un país que cada día es peor, con treinta millones de personas por debajo de la línea de pobreza absoluta, o sea por debajo de dos dólares y treinta centavos al día de ingreso. Todo eso le mandan a decir. Que están por negociar las causas políticas, sociales y económicas del conflicto interno armado colombiano. Y que entonces se reúnan y acuerden unos puntos, no solamente la dejación de armas. —Le dije—: Presidente Uribe, hagamos eso, por lo menos haga una reunión con ellos, yo no digo que acepte todo, pero por lo menos delegue unas personas y haga la reunión. La única manera de saber si vale la pena es hacer la reunión, pero yo le voy a decir una cosa, Presidente: mientras hace esa reunión, no los trate mal, no los ofenda tanto, porque cuando usted va a reunirse con unas personas y comienza a ofenderlos, pues eso ya crea un precedente malo para la reunión.

Él se paró y puso las manos en el espaldar de la silla y me dijo:

—Henry, dígales que no les vuelvo a decir bandidos, ni terroristas, que no voy a usar la lisonja, pero que los voy a seguir buscando —y se sentó.

—Presidente, ¿les digo eso?

—Sí, Henry, dígales eso.

Cogió un chontaduro, lo abrió, lo partió, le puso miel de abejas. En eso se demoraría dos o tres minutos mientras me miraba, y cuando se comió el primer bocado de chontaduro me dijo:

—Henry, no, no les diga nada. Eso no es conveniente. Dígales que entreguen esos fierros, que yo ya hablé con el presidente Sarkozy, de Francia, y él los recibe a todos allá.

Yo le dije:

—Presidente, discúlpeme, yo no doy ese mensaje.

—¿Por qué, Henry? —me preguntó.

—Presidente, porque eso es cerrar la puerta a la posibilidad de un encuentro para encontrar la paz para este país. Y además la Ley de Destierro se acabó en este país hace cien años, señor Presidente. Usted se puede ofender por lo que le voy a decir, pero ni usted va a derrotar a las FARC ni las FARC lo van a derrotar a usted. Este es un conflicto de nunca acabar, es mejor negociar este conflicto. Presidente, yo no digo eso.

Y me dijo el presidente Uribe:

—Bueno, Henry, usted resuelve pero ese es mi mensaje.

Yo no se lo di oficialmente a las FARC. Les conté el episodio pero no llevé el mensaje como tal.

Era evidente que si esta organización hubiese aceptado el contenido del mensaje del presidente Uribe, que pretendía enviar a todos sus guerrilleros a Francia, se estaban creando las condiciones de amnistía e impunidad judicial para sus miembros. Sin embargo, respecto a los diálogos en La Habana, el hoy senador Uribe Vélez denuncia constantemente, sin razones ciertas, que se está propiciando la amnistía para los miembros de las FARC-EP.

En esa reunión del 16 de junio del 2006 ocurrieron cosas anecdóticas. Por ejemplo, el presidente Uribe le preguntó a Julieta, mi esposa, cómo era Catatumbo, a lo que Julieta lo describió física y actitudinalmente: un hombre alto, de pelo ensortijado, que se preocupa mucho por los hijos de los campesinos y por los campesinos mismos, y elogió su actitud social. Ella no habló de su condición militar o política. Cuando la reunión terminó, el presidente Uribe nos acompañó a Julieta y a mí por el corredor hasta el ascensor del hotel. Salió adelante con Julieta. Yo iba atrás, a unos 5 metros, con el doctor Restrepo. En un momento el Presidente volteó a mirar y me dijo:

—Henry, saludos le mandó el presidente Samper.

Le dije:

—Gracias, señor Presidente, igual se los retorno. Dígale que muchos saludos.

Debo recordar que fue el presidente Samper quien años antes me había presentado al presidente Uribe, cuando ambos eran senadores del movimiento Poder Popular del Partido Liberal. El presidente Uribe y Julieta siguieron caminando y el doctor Restrepo me dijo:

—Henry, eso que el Presidente le preguntó a Julieta sobre Catatumbo y eso que le acaba de decir a usted sobre el presidente Samper, a quien le preguntó si lo conocía y podía confiar en usted, es porque quería estar seguro de que ustedes realmente hablan con Catatumbo.

Imagínese usted. Yo llevaba ya cuatro años hablando con el presidente Uribe y con Luis Carlos Restrepo, y él todavía dudaba, traía y llevaba mensajes; habíamos hecho muchas actividades respecto a los posibles encuentros del Gobierno con las FARC. Podrá usted entender la dificultad para poder hacer la reunión entre el Gobierno y las FARC, si un hombre como el presidente Uribe, con quien nos conocíamos desde que era senador y estuvimos vinculados a la lucha por el cooperativismo, todavía dudaba. Nos despedimos y yo fui y les conté todo el encuentro al Estado Mayor y al Secretariado.

Considero muy importante esa reunión con el presidente Uribe y el doctor Restrepo por el mensaje de las FARC al primero de ellos, que en mi opinión desaprovechó. Ese mismo mensaje fue la base de la carta que cuatro años después le escribí al presidente electo Juan Manuel Santos, quien sí lo aprovechó y dio inicio a los diálogos de la paz en La Habana, hechos que relataré más adelante.

Esa reunión me sirvió mucho, porque me di cuenta de que las FARC estaban decididas a sentarse a hablar de paz. A mí me decía Pablo Catatumbo: «Nosotros no nos vamos a sentar a hablar con el gobierno solo de acuerdo humanitario o canje o llámelo como quiera. Una vez sentados, nosotros aprovecharemos y hablaremos de la posibilidad de negociar este conflicto». Yo le contaba eso al doctor Restrepo pero le decía que no le dijera nada al presidente Uribe. Esa era la oportunidad, y una vez sentados el Gobierno y las FARC, pues eso se hacía.

Primera carta del Gobierno del presidente Uribe a las FARC

En agosto del 2006, el Comisionado de Paz, doctor Luis Carlos Restrepo, envió a las FARC, por mi conducto, una carta borrador. Él iba a mucho a mi casa en Cali. Era un borrador porque no la firmó, pero al entregarla yo les podía certificar a las FARC que él la había redactado y que era del Gobierno. Esta es, literalmente, esa carta, fechada el 27 de agosto del 2006:

Carta a FARC VIII 27 06

Señores FARC
Pablo Catatumbo
Miembro del Estado Mayor

El portador de la presente ha venido adelantando, con conocimiento del Gobierno Nacional, conversaciones con Usted para valorar la posibilidad de avanzar de manera discreta en el camino que conduzca a un acuerdo humanitario, y eventualmente a un proceso de paz.

Creemos que las condiciones están dadas para llevar a cabo una reunión donde se aborden temas como los siguientes: condiciones para desmilitarizar una zona de encuentro; seguridad para los representantes de las FARC; seguridad para los habitantes de la zona; propuestas para un acuerdo humanitario; posición del Gobierno en torno a la extradición de miembros de las FARC en relación con un proceso de paz; viabilidad de un cese de hostilidades con reciprocidad gubernamental; punto de vista del Gobierno en torno al conflicto (¿armado?) y pasos para un proceso de paz exitoso.

El portador de la presente está autorizado para avanzar en este camino en coordinación con el Alto Comisionado para la Paz.

Atentamente

Luís Carlos Restrepo
Alto Comisionado para la Paz

Esta carta fue entregada por mí a Pablo Catatumbo. La leyó y me dijo que la consultaría con el Secretariado. No hubo respuesta.

Esa carta cuenta con un hecho anecdótico pero que refleja el pensamiento que siempre tuvo el presidente Uribe de las FARC.

En la carta dice *conflicto* y entre paréntesis dice *¿armado?,* con interrogantes. Para poder poner la expresión conflicto armado, el doctor Restrepo llamó desde mi casa al presidente Uribe y le dijo: «Presidente: Henry me dice que le ponga "conflicto armado"». El Presidente le dijo que no. Julieta, que estaba allí, dijo: «Pónganle armado entre paréntesis y con interrogante; quiere decir que sí, pero que no, pero pónganle». Él oía a Julieta, porque el teléfono estaba en altavoz. Finalmente el presidente dijo: «Bueno, doctor Luis Carlos Restrepo, póngale como dice Julieta a ver cómo nos va».

Esa fue una carta excepcional, porque, como se puede ver, en ella se habla no solamente del acuerdo humanitario, sino de un eventual acuerdo de paz, que era el objetivo de la conversación. De una manera discreta, decía el doctor Restrepo. Esto es muy importante para la historia de la solución del conflicto interno armado de nuestro país, porque el presidente Uribe siempre ha dicho que él nunca llamó a reuniones para ello. Hay pruebas de que sí, yo soy testigo de ello y testigo excepcional. La carta no está firmada, pero fue redactada y entregada a las FARC, a través de Pablo Catatumbo. Quiero insistir en ello, y el doctor Restrepo sabe que fue así. Se debe acordar que estábamos en un corredor de mi casa. Él sabe todo eso.

Esa carta la leyeron allá, yo la entregué, y me dijeron: «Muy bien, la vamos a analizar porque el que la recibe y puede decir sí o no es el Secretariado en conjunto». Esa carta no tuvo respuesta ni negativa ni positiva, como si nunca hubiera existido.

Quiero insistir en que todos los documentos hablan de *acuerdo humanitario*, pero yo opinaba que debía decir *canje de prisioneros*, porque si el Gobierno aceptaba que era canje de prisioneros e incluso las FARC también, nos introducíamos en el DIH. Acuerdo humanitario era una cosa humanamente muy buena, un buen inicio, pero jurídicamente no muy positiva. De todas maneras aceptar un acuerdo humanitario ya era un logro.

Segunda carta del Gobierno del presidente Uribe a las FARC

Previamente a cualquier posibilidad de despeje o definición de una zona de encuentro para un canje de prisioneros o un acuerdo humanitario, el Gobierno del presidente Uribe seguía insistiéndoles a las FARC acerca de la necesidad de concertar unas *reglas de juego* previas. Las FARC siempre me manifestaron que un encuentro entre el Gobierno Nacional y ellas para definir esas reglas de juego solo podría suceder en la denominada *zona de despeje* de los municipios de Florida y Pradera que las FARC habían solicitado anteriormente, porque no podían correr el riesgo de reunirse confidencialmente y que el gobierno públicamente revindicara esa reunión, como prueba de que no se necesitaba despeje para sentarse a conversar. Al respecto, el Alto Comisionado para la Paz insistió en esa condición en una nota que envió, por mi conducto, a las FARC, la cual tampoco obtuvo respuesta positiva o negativa. Esta es la nota:

Señores
Secretariado FARC

En carta del pasado 28 de agosto hicimos saber a ustedes:

«Creemos que las condiciones están dadas para llevar a cabo una reunión donde se aborden temas como los siguientes: condiciones para desmilitarizar una zona de encuentro; seguridad para los representantes de las FARC; seguridad para los habitantes de la zona; propuestas para un acuerdo humanitario; posición del Gobierno en torno a la extradición de miembros de las FARC en relación con un proceso de paz; viabilidad de un cese de hostilidades con reciprocidad gubernamental; punto de vista del Gobierno en torno al conflicto y pasos para un proceso de paz exitoso».

El Gobierno Nacional considera viable poner en marcha una zona de encuentro en los municipios de Pradera y Florida, para que representantes del Gobierno y las FARC adelanten diálogos en condiciones de seguridad.

La mencionada zona debe servir de manera eficaz al propósito de adelantar un diálogo útil. Por otro lado, debe asegurarse de que la tranquilidad de los ciudadanos que habitan dicha zona no será afectada.

Es importante considerar otros aspectos como la verificación del territorio de manera previa y posterior al encuentro; la necesidad de una veeduría o acompañamiento internacional; el carácter de la zona de encuentro desde el punto de vista militar; y otros más que sean pertinentes para el éxito del proceso.

La estabilidad y manejo adecuado de la zona de encuentro tiene mucha relación con las acciones militares que se adelanten por fuera de ella. De allí la importancia de evaluar si se suspenden hostilidades por fuera de ese territorio, a lo cual respondería el Gobierno con reciprocidad, trasladándose el Presidente de la República en persona al Valle del Cauca, durante el tiempo que dure el proceso de diálogo, para asegurar su éxito.

Para tratar estos puntos y acordar unas reglas de juego para el funcionamiento de la zona de encuentro, consideramos necesario adelantar conversaciones confidenciales, que nos permitan anunciar al país la puesta en marcha de dicha zona con viabilidad y certeza.

Att

Luis Carlos Restrepo

Eso significaba lo que he venido repitiendo: que el doctor Restrepo debía reunirse con Pablo Catatumbo, que había sido designado para ello en compañía de otros dos comandantes, para poder acordar las reglas de juego y hacer el despeje. Todo esto demuestra que siempre ha sido muy complicado iniciar el proceso de diálogos. Y eso lo digo para quienes dicen que el proceso de La Habana se ha demorado mucho. Fíjese usted que estoy hablando de agosto-octubre del 2006; el presidente Álvaro Uribe ya llevaba un período presidencial, cuatro años, y las partes no habían podido ni siquiera reunirse para acordar las reglas de juego que permitieran hacer el despeje de una zona.

Otros dos episodios importantes en el segundo semestre del 2006

El 5 de septiembre del 2006, el doctor Luis Carlos Restrepo me llamó a la una y media de la tarde y me dijo:

—Henry, a las tres de la tarde me voy a reunir con Álvaro Leyva, porque le vamos a presentar al presidente Uribe la posibilidad de que despeje Florida y Pradera. Yo te llamo para decirte eso y que Álvaro Leyva dice que en caso de que el Presidente diga que sí, él (Álvaro Leyva) es quien debe comunicárselo al país.

Yo le respondí:

—Doctor Luis Carlos Restrepo, para mí, que Álvaro Leyva Durán le comunique o no le comunique al país es irrelevante desde el punto de vista legal y las FARC lo van a oír gratamente, pero no van a aceptar eso como la verdad del Gobierno porque es la voz de Álvaro Leyva. Tiene que salir el presidente Uribe a decirlo; y no solamente lo tiene que decir, sino que tiene que firmar los documentos legales para que eso se suceda.

El doctor Restrepo me dijo:

—Es que el presidente Uribe acaba de tomar la decisión de despejar Florida y Pradera por los 45 días solicitados por las FARC para realizar el acuerdo humanitario, y me dijo que tú buscaras la manera de comunicar eso a las FARC. A las cinco y media de la tarde me reúno con el presidente Uribe y con Álvaro Leyva con ese propósito, y entonces el presidente Uribe haría, mañana a las seis de la mañana, una alocución presidencial nacional por todos los medios para comunicarlo.

Apenas salió de la reunión con el presidente Uribe y Leyva Durán, el doctor Restrepo me llamó y me dijo:

—Henry, el Presidente acordó ya autorizar el despeje de Florida y Pradera por 45 días. Me dice que usted le comunique eso a las FARC para que usted tenga un ganancial de credibilidad.

Yo le contesté:

—Gracias, doctor Luis Carlos Restrepo, yo no necesito eso, la credibilidad se da cuando el presidente Uribe lo comunique.

—Henry, hágalo —me dijo.

Las cosas pasan como y cuando tienen que pasar. Yo sabía que en Cali había una guerrillera enferma, la habían bajado por razones de salud y no sabía exactamente dónde estaba, pero tenía pistas y la busqué, y a las nueve y media de la noche la encontré, le conté y le pregunté:

—¿Cómo hago para comunicarle eso a Pablo Catatumbo?

Me dijo:

—No, yo no tengo manera, pero tengo el teléfono de «Tereco» —un mando de la columna «Alirio Torres», que hoy en día está preso en cárcel de alta seguridad— y él le puede comunicar eso al camarada Catatumbo.

Yo llamé a Tereco, me identifiqué y le dije:

—Está pasando esto y esto, cuéntele a Catatumbo que eso va a pasar.

Tereco me respondió:

—Yo no puedo, porque solo tengo radio con el camarada Catatumbo a las ocho de la mañana de mañana, y usted me dice que el presidente Uribe lo va a comunicar a las seis.

—Bueno, que quede constancia de que llamé —le dije.

Esa noche Luis Carlos Restrepo me dijo:

—Mantenga el celular prendido.

Lo mantuve prendido y a las cinco y media de la mañana del 6 de junio me llamó y me dijo:

—Henry, no se pudo. Anoche nos reunimos con los altos mandos de las Fuerzas Militares, con el ministro de Defensa, Juan Manuel Santos, y con otras personas, y no se logró acuerdo sobre la propuesta del presidente Uribe de despejar Florida y Pradera.

—¿Y cuáles son las razones? —pregunté.

Él, que es muy directo, me respondió:

—Una, las Fuerzas Militares dicen que las FARC no están maduras para eso, porque les falta bala.

—¿Cómo así que les falta bala? —dije yo—, llevan cuarenta años dándoles bala.

—Y la otra razón por la cual no se llegó a un acuerdo sobre el despeje es que Álvaro Leyva insiste en que él es quien tiene que comunicar al país esa decisión de despeje de Florida y Pradera, y ahí sí se opusieron todos y dijeron que no. Comuníquele entonces al Secretariado que no se va hacer el despeje que usted les comunicó anoche.

—Bueno, yo les comunico —contesté.

Para mí era fácil porque yo ya tenía el teléfono de Tereco. Lo llamé y le dije:

—Tereco, no haga nada por radio a las 8 am, no comunique nada, porque no va a pasar nada. Yo voy esta semana y le cuento todo a Pablo.

A las seis de la mañana de ese 6 de junio del 2006, Luis Carlos Restrepo me llamó y me dijo:

—Henry, tengo un problema y es que Álvaro Leyva va a hacer rueda de prensa ahora y va a contar la verdad, y eso nos daña todo hacia el futuro, porque va a ser pública la posibilidad de todo esto. Voy a reunirme con Leyva para que no haga eso porque habrá otras posibilidades y anunciando esto no se resuelve nada.

El mismo día me volvió a llamar y me dijo:

—Ya me reuní con Leyva, ya estamos de acuerdo con que no se va a hacer la rueda de prensa.

Yo me fui al otro día para la montaña y les conté todo a Pablo Catatumbo y a los comandantes.

El 25 de septiembre del 2006, es decir 20 días después, se presentó un episodio igualito. A la una y media de la tarde me llamó Luis Carlos Restrepo, que a las tres de la tarde se reuniría con Leyva y que a las cinco y media con el Presidente, y me dijo que se lo comunicara a las FARC, pero esa noche yo no estaba dispuesto a comunicar nada. Le dije:

—No, doctor Luis Carlos Restrepo, dejemos la cosa así quieta. Si se da, pues se da, el Presidente comunicará y eso es lo importante.

Pasó lo mismo, a las cinco y media de la mañana del día 26 de septiembre, el doctor Luis Carlos Restrepo me dijo:

—Henry, nada volvió a pasar, esos militares no quieren hacer el despeje y el presidente Uribe no va a hacer eso contra la voluntad de las Fuerzas Militares.

Esos fueron los hitos del 5 y el 25 de septiembre. Son muy importantes porque muestran sin ambages ni duda la voluntad que tenía el presidente Uribe de hacer ese despeje y conversar con las FARC, pero la oposición de las Fuerzas Militares no lo permitió. Por el contrario, en esta etapa con el presidente Santos han mostrado una voluntad propositiva hacia la paz.

El 3 de octubre del 2006, es decir 8 días después del último hito de septiembre, el doctor Luis Carlos Restrepo recibió de los delegados de tres países —Francia, Suiza y

España— un documento muy importante. Estos países estaban trabajando para ayudar al acuerdo humanitario. Los representaban Noel Sáez, de Francia, excoronel de la Legión Francesa, un hombre muy destacado en su país, y Jean Pierre Gontard, de Suiza, un hombre de la plena confianza del gobierno suizo. España aparecía, pero solo firmaba lo que Noel y Jean Pierre escribían, porque de España nunca conocí a nadie que hubiera venido a esas actividades.

Con respecto a ese documento pasaron varias cosas. Primero que todo, Luis Carlos Restrepo no lo recibió en Colombia. Noel Sáez y Jean Pierre Gontard se pusieron cita con él en un hotel de Lima, Perú, y allá se lo entregaron, supongo yo que por razones de seguridad de Gontard y Sáez.

Ese documento fue discutido por el doctor Restrepo, el presidente Uribe y los miembros del alto gobierno, y yo lo entregué y lo expliqué a las FARC, a través de Pablo Catatumbo. Ese documento incluía los mapas de la zona de despeje propuesta por los tres países. Incluía un texto que podemos denominar «las reglas del juego», en las que tanto insistían el Gobierno y las FARC, y que eran tan necesarias. Su texto y los mapas fueron analizados por mí y por algunos comandantes de frentes y columnas, en reunión en la alta montaña de la cordillera central vallecaucana, y en general fue aceptado. Incluso se destacó que el cese al fuego y a las hostilidades estaban bien definidos. No se trataba solo de cese al fuego sino también de cese de hostilidades. Una cosa es el combate y otra cosa son las hostilidades, como los secuestros o las bombas.

Antes de llevárselo a las FARC, el documento fue analizado con el presidente Uribe, y él le hizo dos reparos: uno en la parte donde decía que habrían 15 efectivos del Ejército y 15 efectivos de la guerrilla para la seguridad de las partes; el presidente manifestó que él no iba a permitir que las Fuerzas Militares se amancebaran con la guerrilla al estar prácticamente juntos. Yo le manifesté que tanto guerrilleros como soldados no constituían una seguridad real, porque no iban a estar armados. Le dije que actuarían como ayudantes de campo para efectos de alimentación, de computadores, de alojamiento y en general de la logística de cada una de las partes. Y que si iban a estar reunidos comandantes de las FARC con delegados del Gobierno, pues no veía porque eso sí se veía bien y los 30 acompañantes (15 y 15) se veían mal. El otro punto que el presidente Uribe manifestó es que allí no estaba claro el lugar en donde se entregarían los guerrilleros que fueran liberados, y que él no permitiría que se quedaran en Colombia, que lo mejor era que se fueran a otro país. Le dije al presidente Uribe: «Presidente, usted es un demócrata, no piense ni proponga más lo de enviar los guerrilleros a otro país. Esa es la Ley de Destierro, que fue abolida hace más de cien años en Colombia. Y como liberarlos dentro de Colombia es muy fácil, simplemente ábrales las puertas de las cárceles. Ellos verán para dónde se van y cómo se van. También le sugerí que las FARC le entregaran el listado de los verdaderos guerrilleros por liberar y que no fuera a liberar todos los que el Gobierno consideraba guerrilleros, porque una vez liberados, los verdaderos guerrilleros buscarían refugios naturales. Le expliqué que en este gran grupo de supuestos guerrilleros presos habría cuatro tipos: uno, el de los verdaderos guerrilleros; otro, el de los desertores, que obviamente ya no eran guerrilleros; otro, el de los campesinos que habían sido sindicados de ser guerrilleros, sin serlo, y otro grupo, el de los delincuentes comunes que simplemente levantaban la mano cuando el Gobierno iba a las cárceles a preguntar por los guerrilleros para beneficiarse de supuestas ventajas que pudieran tener». Era la segunda vez en ese semestre que él me hablaba de desterrar a los guerrilleros, y que yo le decía lo mismo.

Yo llevé el documento de los tres países, ya aprobado por Presidencia, a las FARC, a su Estado Mayor. Y quiero decir muy sinceramente, como todo lo que digo y hago, que después las FARC dijeron que el documento nunca les llegó. El documento me fue entregado con los mapas tamaño carta y yo los hice ampliar a tamaño pliego para poderlos explicar en la reunión, y los puse frente al comandante Pablo Catatumbo y varios comandantes del Comando Conjunto de Occidente, hoy Bloque Occidental «Alfonso Cano», y los expliqué detalladamente, junto con las *reglas de juego*. La zona de despeje que propusieron los tres países tenía una condición especial y anecdótica. Se pedía el despeje de Florida y Pradera, pero los tres países incluyeron una parte de Candelaria, porque, con mucho sentido común, dijeron que no se podía proponer una zona de despeje con dificultades para ser monitoreada y verificada en terreno, que dijera algo así como *«va de longitud tal a latitud tal»*, porque eso es muy complicado de manejar. Proponían entonces una zona que va del río tal al río tal y, arriba, de tal montaña a tal montaña, y abajo ponían la carretera que va de Pradera a Miranda, y resulta que esa carretera atraviesa parte de Candelaria en su altillanura y colinda con Florida y Pradera; era un terreno muy pequeño pero era jurisdicción de Candelaria, entonces realmente era despeje de Florida y Pradera y una partecita de Candelaria. Eso históricamente no quedó registrado, pero yo lo debo registrar. Quien analice el mapa va a ver que eso es así.

El documento, largo, se llama Misión Técnica Exploratoria y plantea los kilómetros de Pradera, los kilómetros de

Florida, el número de hombres, la cantidad y calidad de los observadores, etc. Es un documento muy completo pero no resultó tan eficaz como debía haber sido, entonces constituyó otro punto fallido en la búsqueda del llamado acuerdo humanitario y la negociación del conflicto interno armado colombiano.

Octubre 3 de 2006

Misión técnica exploratoria

Adición a la propuesta: «Sistema de Seguridad para un Encuentro Humanitario en la Cordillera»

1. Sistema de seguridad Integral

A. Seguridad perimetral[1]: 868 km2

B. Seguridad máxima: 211 km2

Pradera	407	Km2
Florida	378	Km2
Zona A1[2]	41	Km2
Zona A2[3]	42	Km2
Total	**868**	**Km2**

1   Limita al oriente con el municipio de Rioblanco – Tolima.
2   Desde el límite municipal occidental de Pradera hasta la vía que une los municipios de Palmira, Candelaria, Puerto Tejada.
3   Desde el límite municipal occidental de Florida hasta la vía que une los municipios de Palmira, Candelaria, Puerto Tejada.

2. Observadores valle y cordillera central

Valle	27 Hombres	9	Puestos de observación
Monte		9	Puestos de control y obser-vación
	40 Hombres	1	Centro de mando
Total	**67 hombres[4]**	**19**	**Puestos**

3. Zona de seguridad máxima: El Retiro (Zona B: protección de negociadores)

15 Soldados – Ejército Nacional

15 Guerrilleros de las FARC

4. Cascos urbanos: Florida y Pradera

Únicamente presencia de la Policía Nacional. Características:

- Número acordado

- Solo con armas cortas

- Presencia en puestos de Policía y Cuarteles del Ejército.

5. Sobrevuelos

Limitados a 10 000 Pies de altura. Excepción: Comité Internacional de la Cruz Rojas, CICR.

6. Prensa

• En "Potrerito",1 vez a la semana: Gobierno Nacional – FARC - 3 países

• Posibilidad especial en el retiro si llegare a haber acuerdo entre el GN y las FARC.

• Cascos urbanos: libre

---

4   Propuesta Diciembre de 2005: solo de 30 a 40 observadores.

7. Organigrama

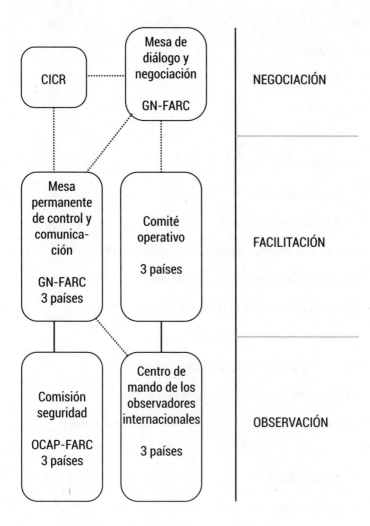

2. Reglamento de la zona de encuentro: puntos a tratar

- Duración – extensión – terminación

- Rehenes:

    - Nacional, internacional

    - Legales, ilegales

- Transporte de armas – mercancías (zona B)

- Sobrevuelos

- Minas

- Hostilidades:

  - Ataques

  - Asesinatos

  - Secuestros

- Amenazas:

  - A negociadores

  - A población civil

- Ataques o amenazas a observadores internacionales

- Informes y seguimientos sobre seguridad

- Funciones de los varios órganos del sistema

- Movimiento de personas (zona B)

- Movimiento de vehículos y ganado (zona B)

- Control previo – verificación – garantías al retorno

- Garantías de la presencia estatal (zona A incluyendo zona B)

  - Justicia

  - Municipalidad

  - Gobernación

- Urgencias sanitarias

- Reglamento específico al CICR

- Reglamento específico a los observadores

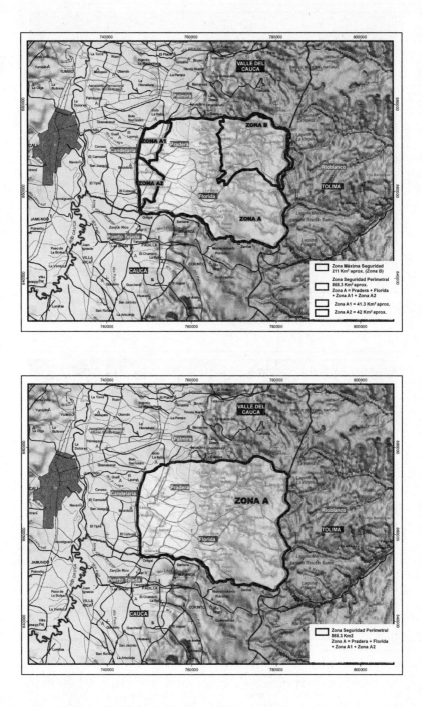

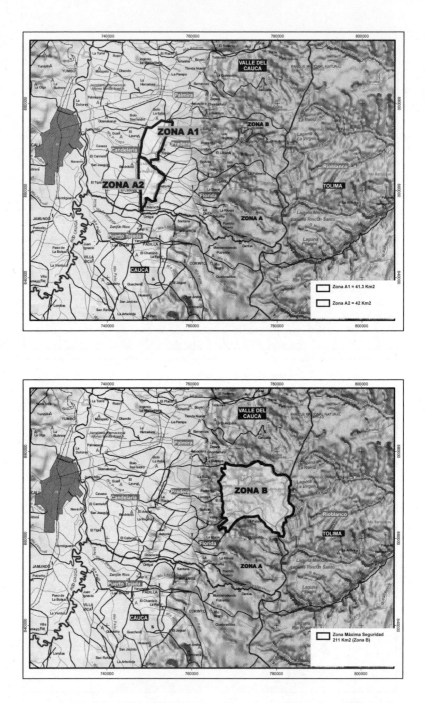

Como estaba diciendo, el segundo semestre del 2006 fue muy positivo para el intento de acuerdo humanitario o canje de prisioneros o despeje de Florencia y Pradera en el segundo mandato del doctor Álvaro Uribe Vélez. Recapitulando, me reuní el 2 de junio con el presidente Uribe y el doctor Luis Carlos Restrepo en la Casa de Nariño, y allí el presidente Uribe ratificó que era conveniente sentarse con las FARC y que efectivamente había un conflicto. Lo había dicho ya el 30 de mayo, tres días antes, en la Escuela Superior de Guerra. Aunque nunca lo volvió a repetir, fue suficiente con que lo dijera esas dos veces. Luego me reuní con ellos y con Julieta, mi esposa, en el hotel Intercontinental, el 16 de junio del 2006, durante casi dos horas y cuarenta y cinco minutos. Hablamos de muchas cosas más, pero lo más importante fue que le transmití al Presidente el mensaje de las FARC de su interés no solo en el canje de prisioneros o acuerdo humanitario, sino también en el proceso de paz. En ese momento el Presidente dijo que sí, que sí estaba dispuesto, pero tres minutos después se arrepintió y dijo que no, que dejaran «esos fierros» y que él los mandaba para Francia.

Luego, el 5 y el 25 de septiembre de ese mismo año, el presidente Uribe le dijo a Luis Carlos Restrepo en Bogotá que iba a anunciar el despeje de Florida y Pradera, pero en ambas ocasiones las Fuerzas Armadas, según informó el doctor Luis Carlos Restrepo, se opusieron al despeje y en ambas ocasiones, al día siguiente, se comunicó que no existía la intención de despeje.

El 17 de octubre me reuní formalmente con el presidente Uribe (fue una reunión formal porque no me había sacado de la facilitación) para recapitular cómo iba todo, y me dijo que siguiera trabajando en el proceso. Pero dos días después, el 19 de octubre, se presentó un hecho que marcó el cierre de esos buenos augurios o esperanzas: estalló una bomba en un parqueadero abierto, dentro de la Escuela Superior de Guerra en Bogotá. Los medios de comunicación informaron cerca de 23 heridos, pero lo que yo sé de eso es lo que paso a narrar.

Primero, la bomba no tenía elementos contundentes, perdigones o como se llame eso. Solamente se dio el estallido de la bomba y el sonido, que fue grande, pero no se produjo un cráter. La pusieron debajo de un vehículo, el cual obviamente se encendió y el tanque de gasolina estalló. La explosión afectó levemente a 23 personas (problemas de oído, de córnea, susto), pero nadie fue al hospital. Fue un hecho bastante raro, por calificarlo de alguna manera. Es raro que las FARC logren entrar a la Escuela Superior de Guerra, logren poner una bomba y que esa bomba no tenga el poder de destrucción necesario. Pareciera que la hubieran puesto para asustar. Meses después, los altos mandos de las FARC me dijeron que ellos nunca habían puesto esa bomba, versión que obviamente no fue recogida por los medios y menos por el Gobierno. ¿Quién la puso? No sé, pero como tantas cosas que han pasado en este país, se las achacan a otros, y los otros a terceros, y a veces ni siquiera el responsable es alguna de esas partes sino alguien más.

Esa situación produjo que dos días después el presidente Uribe fuera a la Escuela Superior de Guerra, reuniera a todos los militares e hiciera un discurso violento, bastante violento. Llegó a decir: «Desautorizo a cualquier persona que esté hablando con esos terroristas, con esos bandidos, incluso al doctor Luis Carlos Restrepo». Entonces quedamos todos por fuera.

Ocho días después, el viernes 28 de octubre, a las siete y media de la noche, el doctor Luis Carlos Restrepo me llamó y me dijo que acababa de salir del despacho del presidente Uribe y que él me mandaba a decir que seguía estando autorizado para actuar como Facilitador. Acepté.

En diciembre del 2006, el señor gobernador del Valle del Cauca me llamó a su despacho y me hizo entrega de un mensaje para las FARC, generado en un viaje que a principios de ese mes había hecho a Francia, donde se había reunido con altos funcionarios del gobierno galo. El mensaje, bastante largo, redactado por el mismo doctor Angelino Garzón, fue entregado por mí a las FARC con el compromiso de que el alto gobierno no lo supiera, pero no hubo respuesta positiva o negativa. El mensaje en referencia es el siguiente:

Diciembre 18 del 2006

Comandante Pablo Catatumbo:

Este es un Mensaje del Gobernador del Valle del Cauca, Dr. Angelino Garzón, después de una visita que hizo a Francia la segunda semana de diciembre y donde estuvo hablando por largas horas y en varias ocasiones con Daniel Perfait, Responsable de Francia para América Latina y Exembajador en Colombia, y Pierre Vimont, Director de Gabinete de la Cancillería Francesa, quienes le dijeron lo siguiente:

- *Que el fin de semana del 16 y 17 de Dic. pasado, estuvieron esperando la liberación de Clara Rojas y su hija y que las FARC, de acuerdo a la información del Gobierno Colombiano, no quisieron recibir a la delegación suiza. Que la falta de concretar el Acuerdo Humanitario tiene muy cuestionado al gobierno francés y también al colombiano y por último a las FARC. Se critica mucho, en Francia, al Gobierno francés por no poder liberar a Íngrid, quien ya es una persona muy famosa y reconocida en Francia donde es Ciudadana Ad Honorem en casi todos los municipios franceses.*

* *Que el Gobierno francés envía a las* FARC, *a través del Gobernador del Valle, Dr. Angelino Garzón, los siguientes mensajes: PRIMERO. Si se llega a un acuerdo tendiente a la liberación de Íngrid, Francia se compromete a liderar en la Unión Europea una decisión para que las* FARC *sean excluidas de las listas de organizaciones terroristas y por consecuencia no sean tratadas como tales. SEGUNDO. En ese mismo sentido, y como consecuencia de lo anterior, y siempre bajo el compromiso de un acuerdo entre las partes para lograr la liberación de Íngrid, Clara y su hija, Francia estaría dispuesta a facilitar y propiciar que las* FARC *tengan una Oficina de representación en París, obviamente que no se llamaría así y que tampoco fuera oficial. TERCERO. El Señor Gobernador del Valle del Cauca, Dr. Angelino Garzón, le propuso a los funcionarios franceses presentes en la reunión, que unas personas designadas por las* FARC, *no necesariamente guerrilleros, puedan reunirse con las autoridades francesas para tratar estos temas, donde el Sr Gobernador del Valle del Cauca podría ser el Garante de la reunión y sus conclusiones. Esta(s) reunión(es) podría(n) ser en Francia, en Colombia o donde las* FARC *decidan. Los costos que se incurran en razón de esta(s) reunión serán totalmente a cargo de Francia. CUARTO. Estas conversaciones y propósitos de ellas, es recomendable que aún no sean conocidas por el Gobierno Colombiano.*

El doctor Angelino me dijo:

—Lleve esto, pero por favor no le cuente al doctor Luis Carlos Restrepo.

Hay que anotar que el doctor Restrepo y el doctor Garzón no se entendían, no se hablaban. Si se encontraban en una reunión, se saludaban, pero había una total indiferencia. Obviamente yo entregue el mensaje a las FARC-EP, pero le informé al doctor Restrepo, porque yo era y siempre fui solo Facilitador entre la Presidencia de la República y las FARC-EP, y no entre otros y las FARC-EP.

Básicamente el mensaje buscaba la liberación de Íngrid Betancourt y de Clara Rojas, pero era el inicio de una posibilidad de proceso de paz.

Primer semestre del 2007

Todo el primer semestre del 2007 estuve viajando a las montañas de la cordillera central de Colombia, reuniéndome con el comandante Pablo Catatumbo, en esa época miembro del Estado Mayor Central de las FARC, y con otros comandantes de esa organización, buscando caminos de aproximación al acuerdo humanitario con el Gobierno colombiano. Eran reuniones en lugares recónditos de esa cordillera. En ese semestre también viajé a la cordillera central del departamento del Tolima. Fue un viaje desde Cali hasta el Espinal, de allí a Chaparral, y desde esta población comencé la subida a la cordillera, buscando el municipio de Rioblanco, hasta llegar al corregimiento de Gaitán, al borde del legendario río Anamichú. Gaitán es un corregimiento de unas 50 casitas, todas con techo de latón de zinc. Ahí llegué tipo seis de la tarde. Iba acompañado de un viejo amigo de ellos[3] y miembro del Parti-

---

3   Lo que en la jerga de la izquierda se llama un «compañero de viaje». El término

do Comunista. Nos esperaba un guerrillero con dos caballos y una mula. Nos tenían una habitación reservada en una casa de familia. Allí nos dieron algo de comer y dormimos. Al día siguiente, muy temprano, desayunamos, y cada uno trepó a su caballo. En la mula subieron nuestras pequeñas maletas y unos víveres que el guerrillero había comprado para llevar. Iniciamos un largo camino por todo el borde del cañón del Anamichú, un río muy mentado en el libro de Arturo Alape *Sueños y montañas*. Es un camino solo para personas a pie, mulas y caballos, muy estrecho y acanalado, al borde de unos precipicios de 100 y 200 metros, de vértigo. En dos tramos del camino tuvimos que bajarnos de las bestias, puesto que el camino era de piedra fija y el riesgo de que cayeran era muy alto. El guerrillero iba delante de nosotros, guiando el camino. Al caer la tarde llegamos a una casa de campesinos, donde nos estaban esperando. Unos mil metros antes de llegar a esa casa, el caballo donde iba el compañero de viaje se desplomó y se murió. Llegó caminando a la casa y allí nos dieron frisoles y arroz, y dormimos. Al día siguiente iniciamos una jornada que duró también todo el día. La mula en que llevaban las maletas fue ensillada para que el compañero de viaje se montara en ella. Los campesinos le prestaron al guerrillero un caballo para las maletas y los víveres. Continuamos por la misma trocha estrecha, en la que como el día anterior, al encontrarnos con caminantes, viajeros a caballo o recuas de mulas cargadas, había que hacer muchas maniobras para que pudiéramos caber al pasar. Al llegar las cuatro de la tarde, llegamos a un sitio denominado La Playa, donde tiempo después fue emboscado y muerto el comandante Har-

---

data de 1923, cuando Trotsky definió así a los defensores del comunismo que se resistían a entrar en el Partido Comunista. *(N. del E.)*

vey de la columna «Alonso Cortés». Un poco más adelante llegamos a un lugar donde había unas 20 mulas cargadas de víveres que comenzaban a ser descargadas por arrieros y guerrilleros. Estos cargaban, a hombros, potrero arriba, los bultos de víveres hasta el campamento guerrillero, que era nuestro destino. Los dos iniciamos la subida por el potrero hacia el campamento. Fue una media hora de caminata. El compañero me dijo: «Acosta, ¡que viaje tan berraco! Dos días muy berracos», y yo le respondí: «Lo berraco es que tengamos que regresar por el mismo camino y durante el mismo tiempo». Al llegar había que cruzar una quebrada, sobre un tronco redondo y agarrados de un alambre muy endeble. Por fin llegamos al campamento guerrillero, ubicado en los páramos de la cordillera central del Tolima, muy cerca de donde nace el río Anamichú, a más de 3500 metros de altitud, y de la línea cordillerana donde se desciende al corregimiento de Tenerife, en el Valle del Cauca, por un camino peor que aquel por donde habíamos llegado, según nos explicó el comandante Harvey, a quien encontramos en ese campamento. Ubicados allí había unos cien guerrilleros. Nos esperaba al comandante Pablo Catatumbo. Nos saludamos y le dije: «Pablo con razón a ustedes nos los encuentran. Se esconden en el culo del mundo. Si la paz de este país depende de que yo vuelva a estas lejuras, pues síganse dando bala, porque yo no vuelvo por aquí». A mi compañero y a mí nos dieron una caleta, donde dormiríamos, y ahí pusimos nuestras maletas. Estuvimos cuatro días y tres noches. Los días que pasamos en ese campamento fueron iguales a los muchos que pasé en otros campamentos donde la labor de Facilitador me llevó a pernoctar.

Voy a describir la rutina que tuve la oportunidad de observar en ese campamento, muy parecida a las de otros viajes.

El día iniciaba a las 4:30 am. ¿Por qué tan temprano? Porque a esa hora el Oficial de servicios hace sonar muy fuerte un silbato, para que la guerrillerada se despierte, levante y forme. En formación se asignan las tareas del día: rancha (cocina), centinelas, corte y carga de leña para la rancha, mantenimiento de trincheras y chontos (lugares para satisfacer las necesidades fisiológicas) y otras labores culturales y de guerra, si fuese el caso. A las 5:30 desayunan y a las 11:30 almuerzan. Todos hacen fila en la rancha para que les den la comida, que cada uno recibe en una vasija de aluminio, donde le depositan la comida mezclada. A las 5:30 pm es la cena, que se sirve de la misma manera. Hay «hora cultural» hasta las 8 de la noche, cuando todo el mundo tiene que acostarse y no se puede encender ninguna luz.

Ante tamaño pitazo, los dos nos despertamos. Yo me fui a las cinco de la mañana para una oficinita carpada que tenía Pablo Catatumbo dentro del campamento, y ahí adelantamos ese día y los tres días siguientes largas conversaciones sobre la política nacional e internacional, sobre la historia, sobre costumbres urbanas y rurales, sobre nuestras familias. Sobre muchos temas. Allí nos llevaban el desayuno, el almuerzo y la comida. Eran días que no terminaban a las 8 de la noche, sino más tarde, porque nos quedábamos conversando y conversando. El regreso fue menos dramático, porque ya sabíamos por dónde pasaríamos. Pablo Catatumbo me prestó su mula personal, que no caminó sino unos 200 metros, porque se ranchó y no quiso caminar más; seguramente extrañaba a su amo. Las mulas son muy inteligentes, al revés de lo que la gente cree popularmente. Nos gastamos los mismos dos días para regresar del campamento al corregimiento de Gaitán, pero la diferencia es que el segundo día llegamos más temprano, en la tarde, a Gaitán, e inmediatamente salimos para Cali, por la misma ruta por la que habíamos venido. Al llegar a la salida de Cajamarca, en el Tolima, ya era el atardecer y una patrulla de la Policía nos recomendó que no siguiéramos porque en el alto de la Línea (lugar límite del Tolima con el Quindío y a unos 3500 metros de altitud) nos podía salir un retén de la guerrilla y corríamos peligro. Nosotros les dimos las gracias pero nos arriesgamos. Cuando arrancamos, mi compañero de viaje dijo socarronamente: «Estos no saben que a nosotros no nos pasa nada», y yo le respondí: «Sí nos pasa, porque si nos sale la guerrilla, nos lleva. No tienen por qué creernos y estaríamos en manos de ellos unos ocho días mientras averiguan quiénes somos». Llegamos a Cali, sin novedad. Así eran casi siempre mis viajes a campamentos y sitios de encuentro con las FARC, en mi tarea de facilitación entre el Presidente y esa organización guerrillera.

En enero de ese año (2007), los representantes de los tres países, Francia, Suiza y España, señores Jean Pierre Gontard y Noel Sáez, viajaron a las zona alta de la cordillera central del Valle del Cauca, que hace parte de los municipios de Florida y Pradera, con el objeto de verificar la situación de la zona montañosa de esos dos municipios solicitados por las FARC como posible zona de despeje para ejecutar el acuerdo humanitario o intercambio de retenidos de las partes. En este viaje, que duró tres días, colaboré con la Oficina del Alto Comisionado para la Paz en la parte de transporte y seguridad por parte de las FARC.

En marzo, los representantes de los tres países, señores Gontard y Sáez, realizaron un segundo viaje de exploración, también durante tres días, a los corregimientos de Barragán y Santa Lucía, adscritos al municipio de Tuluá, y al corregimiento de La Mesa, adscrito a Buga, con el propósito de elaborar una propuesta de zona alternativa de despeje. También en este viaje la Oficina del Alto Comisionado para la Paz recibió mi colaboración en materia de transporte y seguridad por parte de las FARC. En este viaje, los señores Gontard y Sáez manifestaron a su regreso, en una reunión con el alto comisionado Restrepo y conmigo, que no habían encontrado a ningún miembro de la Fuerza Pública en la ruta y que, por el contrario, habían encontrado, en la vía Barragán-Santa Lucía, a una avanzada de las FARC compuesta de siete guerrilleros, con quienes habían entablado una conversación. (Días después me enteré de que esa avanzada guerrillera estaba al mando de «Sergio», del frente Saavedra Ramos.) Los señores Gontard y Sáez durmieron una noche en Barragán y al día siguiente fueron a La Mesa. Cuando bajaron de la cordillera, me reuní en mi casa con ellos y con el doctor Restrepo. Allí contaron todas las peripecias de su viaje. Yo manifesté que no fueran a contarle lo de la ausencia de Fuerza Pública en la zona al presidente Uribe, con quien se reunirían al día siguiente, porque eso significaría militarizar esa zona, que era precisamente la que queríamos proponer como alternativa de despeje a la de Florida y Pradera, y que una vez que subieran las Fuerzas Militares, iba a ser casi imposible despejar. Es evidente, por los resultados, que ellos terminaron contándole ese asunto al señor Presidente, porque tres días después de su viaje llegaron más de 2000 hombres del Ejército a la zona, en un operativo que obviamente generó combates entre las partes, pero lo más importante fue que se hizo inviable el área como posible zona alternativa de despeje. Hasta ahí llegamos con esa posibilidad.

Vale la pena anotar aquí que durante todo el tiempo, cinco años, en que Jean Pierre Gontard (suizo) y Noel Sáez

(francés) estuvieron en su tarea de facilitación o interme-
diación para el acuerdo humanitario con las FARC, en representación de lo que siempre se llamó «los tres países»,
hubo muchos episodios, siempre destacados y de gravedad,
donde pesaba más la ingenuidad y la imprudencia de ellos
que la mesura, la eficiencia y la malicia que se debe tener
para estas tareas. Episodios como la supuesta liberación de
Íngrid en el Amazonas brasileño, cuando trajeron un avión
y muchas autoridades francesas; la supuesta liberación de
Clara y de su hijo; el asalto al campamento de Raúl Reyes
y la Operación Jaque, y otros de menor destaque, muestran
que fueron ingenuos, utilizados y, en algunos casos, como el
asalto al campamento de Raúl Reyes, su participación produjo efectos graves y determinantes en la guerra y obviamente
en el posible acuerdo humanitario o el canje, y mucho más
en la consecución de la paz. Fue de tal manera paradójica la
participación de Gontard y Sáez en todas estas actividades
en Colombia, que este último terminó condecorado con la
Legión de Honor en Francia (aún no se sabe por qué razón)
y Gontard terminó judicializado por la justicia colombiana.
En el momento de escribir estas notas no había terminado
este juicio y aún Gontard no había sido traído a Colombia,
como es el propósito del Estado colombiano.

Respecto a ese asunto del posible despeje de Florida y
Pradera, semanas después se presentó un episodio que prácticamente terminó con esa posibilidad. En el 2007, el doctor
Álvaro Leyva Durán, quien hablaba mucho públicamente
del posible despeje de Florida y Pradera y emitía opiniones
al respecto, subió de Pradera hacia la cordillera central, y en
un sitio que se llama El Retiro, un noticiero de televisión lo
filmó y él dio unas declaraciones. Dijo que «no se necesita

despeje, porque esto está despejado. Aquí no hay fuerzas militares». No fue sino que dijera eso en televisión y al otro día había 2000 hombres de las Fuerzas Militares ocupando la zona rural de Pradera y Florida. Fue peor. Una cosa es ordenar el despeje y otra cosa es decirles a las Fuerzas Militares que subieron al área rural que bajen. Todo se hizo más complicado. Otro factor en este proceso fue que el Secretariado de las FARC dijo en los mensajes que le envió conmigo al Gobierno: «Nosotros no decimos que despejen el área urbana de Florida y Pradera, sino la zona rural. En las áreas urbanas puede haber Policía con arma corta guardando el orden público y protegiendo contra la delincuencia común. Nosotros no estamos pidiendo que dejen la población de ahí sin policía, sino la de la zona rural».

En abril del 2007, el doctor Luis Carlos Restrepo, con autorización del presidente Álvaro Uribe, me expidió una carta en la que ratificaba la autorización para mediar y facilitar un posible acuerdo humanitario entre las FARC y el Gobierno Nacional. Era normal que de vez en cuando, y sin razón notoria, el presidente Uribe, a través del Alto Comisionado para la Paz, me ratificara las autorizaciones para facilitar un posible acuerdo humanitario.

Presidencia de la República de Colombia
Alto Comisionado para la Paz

Bogotá, D.C., abril 10 de 2007

Señor
HENRY ACOSTA PATIÑO
E.   S.   M.

Señor Acosta:

Por instrucciones del señor Presidente de la República, doctor Álvaro Uribe Vélez, reitero a Usted que, tal como lo viene haciendo desde el año 2004, su labor como facilitador para el acuerdo humanitario es de la máxima importancia para la paz del país.

Por tal motivo, y en el marco de la Ley 1106 de 2006, le solicito continuar con los contactos que viene adelantando con las FARC, con el único propósito de sacar adelante una "Zona de Encuentro", que permita un diálogo directo entre el Gobierno Nacional y las FARC, a fin de avanzar en un acuerdo humanitario y abrir caminos a un proceso de paz.

Atentamente,

LUIS CARLOS RESTREPO RAMÍREZ

El 19 de mayo del 2007, el Alto Comisionado para la Paz, doctor Luis Carlos Restrepo, en una reunión que sostuvimos en Bogotá en su oficina de la Casa de Nariño, y después de habernos reunido los dos con el presidente Álvaro Uribe Vélez, me dijo lo siguiente: «Henry, ¿cómo le parece que Álvaro Leyva me dijo ayer que se había reunido con Manuel Marulanda Vélez hace ocho días, y que Marulanda lo autorizó para que se produzca un encuentro entre las FARC y el Gobierno en cualquier lugar del país, sin necesidad de despeje? Y yo le pregunté si estaba seguro de que esa reunión se había producido entre él y Marulanda en este mes de mayo del 2007, y él me dijo que sí, que para él era fácil reunirse con Marulanda y que ese era el mensaje. Entonces yo le dije: «Doctor Leyva, le quiero informar que Manuel Marulanda Vélez murió en marzo de este año, y nosotros en el Gobierno ya sabemos y estamos esperando que las FARC lo confirmen. En consecuencia, usted no pudo haberse reunido hace ocho días con Marulanda, porque él ya estaba muerto». Entonces le di la mano y nos despedimos. Y obviamente, Henry, hasta ahí llegan los contactos de este gobierno con Álvaro Leyva Durán». La historia muestra que en los meses siguientes se produjo una arremetida judicial grande contra Álvaro Leyva, Carlos Lozano y William Parra, aunque por motivos diferentes al que acabo de narrar.

Propuesta del Gobierno a las FARC en mayo del 2007

El 19 de mayo del 2007, el presidente Uribe Vélez, a través del Alto Comisionado para la Paz, doctor Luis Carlos Restrepo, envió conmigo la siguiente propuesta a las FARC:

Mayo 19 del 2007

Propuesta de Presidencia de la República

He querido interpretar, de la manera más fidedigna, una conver-
sación que tuve el sábado 12 de mayo del 2007 con el Dr Luis
Carlos Restrepo, Alto Comisionado para la Paz, a partir de la
cual me ha pedido que transmita al Secretariado de las FARC-EP
el siguiente mensaje, acerca del posible y necesario intercambio o
acuerdo humanitario o canje de retenidos, que llamaré Acuerdo:

El Acuerdo, entre el Estado de Colombia y las FARC-EP*, tiene*
dos (2) grandes componentes o columnas centrales: 1) Dónde,
Cuándo, Quiénes y Cómo se realiza el Acuerdo; 2) Quiénes son
los retenidos, de ambas partes, objeto del acuerdo.

El Preacuerdo, estos dos (2) componentes o columnas del
Acuerdo, tiene un necesario e imprescindible prólogo, preámbulo
o prerrequisito: Las Reglas de Juego o Reglamento del Acuerdo o
Preacuerdo, que para efectos prácticos de escritura y entendimiento,
en este texto, llamaremos el Preacuerdo.

Poner en marcha el Acuerdo exige que, previamente, las partes
se pongan de acuerdo en las Reglas de Juego de la acción que
culminará en el Acuerdo. Esto es lo que hemos llamado, en este
texto, el Preacuerdo.

¿Por qué es necesario un Preacuerdo? Porque, supongamos
que no se realizara el preacuerdo para determinar las reglas de
juego para el acuerdo y entonces, una vez determinada la zona de
encuentro, esta zona queda inmediatamente, y a partir de la fecha
y hora de la decisión, cercada por el Ejército colombiano, y entonces
¿cómo se llega y sale a la zona por parte de las FARC-EP*? Habría*
que determinar una manera de acceder, por parte de las FARC-EP*,*

a la zona, y ello se debe hacer previamente. ¿Cómo se llega por parte de los observadores nacionales e internacionales? ¿Cómo son las medidas de seguridad de la zona? ¿Qué se llaman hostilidades? ¿Cómo se debe comportar la zona circundante a la zona de encuentro? ¿Debería existir o no una zona neutral, circundante a la zona de encuentro? ¿Quiénes se sientan a negociar? ¿En qué condiciones legales? ¿Quiénes son los canjeables por cada una de las partes? ¿Es posible que las FARC-EP entreguen de manera previa un listado de los guerrilleros canjeables, para hacer más expedito el trámite a la hora de la negociación?

Existen muchas reglas de juego que, previamente al Acuerdo, deben ser convenidas entre las partes. Ello solo es posible si las FARC-EP acceden a nombrar un representante, que se reúna, en cualquier lugar, y convenga esas reglas de juego, con un representante del gobierno, de manera oficial, y para ello, el representante de las FARC-EP recibirá el trato legal y jurídico de Miembro Representante, contemplado en la ley colombiana, a través de la cual se suspenden los procesos judiciales y órdenes de captura al insurgente. Se parte del principio de que para llegar a acuerdos, solo es posible si se conversa.

El Dr Luis Carlos Restrepo, Alto Comisionado para la Paz, está autorizado para fijar términos geográficos y operacionales de la zona de encuentro y para encontrar las fórmulas legales para liberar, en territorio colombiano, los guerrilleros de las FARC-EP que se acuerde.

Propuesta

La propuesta, contenida en este mensaje, al secretariado de las FARC-EP es la siguiente: Que las FARC-EP entreguen, a través de cualquier medio y persona, un listado de guerrilleros presos que permita que el gobierno los pueda liberar sin temor a equívocos acerca de su condición de verdaderos guerrilleros.

Por el momento lo más importante es este listado. Lo demás:
Acuerdo, Reglas de Juego para el Acuerdo, etc., vendrán después.
YO

La propuesta no tuvo ninguna respuesta por parte de las FARC.

El 28 de junio del 2007, las FARC anunciaron la muerte de once diputados de los doce secuestrados por esta organización cinco años atrás. El doctor Restrepo me encomendó algunas tareas de facilitación para el retorno de los cadáveres de estas personas. Se hicieron gestiones al nivel del Estado Mayor de las FARC, trayendo mensajes al Comité Internacional de la Cruz Roja (CICR) y al doctor Álvaro Leyva, con quienes las FARC y el Gobierno Nacional conversaron para que sirvieran de Facilitadores en tan humanitaria gestión. Hasta el 17 de agosto del 2007 las gestiones para tal efecto no habían producido el resultado esperado. Días después se encontraron los 11 cadáveres sepultados.

Sin embargo, seguimos trabajando, y el 17 de octubre del 2007 tuve una nueva reunión con el presidente Uribe y el doctor Restrepo en la oficina del primero en la Casa de Nariño, con el objeto de continuar mi labor de Facilitador para el acuerdo humanitario. En esa reunión se me informó que el gobierno colombiano estaba haciendo contactos con el presidente Hugo Chávez, para que él y la doctora Piedad Córdoba pudieran hacer una labor de Facilitadores con las FARC en la búsqueda del Acuerdo Humanitario.

El 30 octubre del 2007, el presidente Uribe decidió trasladar la responsabilidad de la facilitación con las FARC, para el acuerdo humanitario, a la senadora Piedad Córdoba, con el apoyo del señor Presidente de Venezuela, Hugo Chávez

Frías. Anexo facsímil de la carta del Alto Comisionado para la Paz, doctor Luis Carlos Restrepo, dirigida a mí, comunicándome esa decisión.

Presidencia de la República de Colombia
Alto Comisionado para la Paz

Bogotá, D.C., octubre 30 de 2007

Doctor
HENRY ACOSTA PATIÑO
E. S. M.

Doctor Acosta:

He recibido su informe del pasado 22 de octubre, en relación con el apoyo prestado a esta Oficina para sacar adelante un acuerdo humanitario con las FARC. Agradezco sus esfuerzos para avanzar en una salida dialogada a los problemas de violencia que vive Colombia.

A fin de dar prioridad a la labor facilitadora que adelanta la Senadora Piedad Córdoba con el apoyo del Presidente de la República Bolivariana de Venezuela, Hugo Chávez Frías, el canal de comunicación que se mantenía con "Pablo Catatumbo" queda suspendido, para centrar todos nuestros esfuerzos a fortalecer esta alternativa que esperamos conduzca a la liberación de los secuestrados en poder de las FARC.

Atentamente,

LUIS CARLOS RESTREPO RAMÍREZ

En esa ocasión, cuando el presidente Uribe y el doctor Restrepo me comunicaron esa decisión y me entregaron esa carta, le dije al señor Presidente: «Va usted a nombrar un par de buldóceres, porque después no los puede atajar, y le sugiero que no nombre dos, sino tres; que incluya al doctor Restrepo, porque las FARC siempre se van a ver obligadas a convocar a los tres». Él no me aceptó la sugerencia. La historia mostró que si hubiese sido así, otro hubiese sido el resultado, porque yo sabía, y así se lo había comunicado a Presidencia, que el acuerdo humanitario, e incluso la paz, pasarían con éxito si se lograba un diálogo directo entre Chávez y Manuel: un cara a cara. Hay que decir que el acuerdo humanitario era importante para las FARC, en la medida en que la alta exposición mediática y la internacionalización del mismo le aportaban demasiado a la imagen de las FARC como fuerza beligerante del conflicto interno armado colombiano, que el Gobierno se negaba a reconocer en cualquier sentido.

Es entonces cuando decido hacer una ayuda memoria para el doctor Restrepo sobre la viabilidad de un posible acuerdo humanitario. Esta es:

Anotaciones mías respecto a la viabilidad del acuerdo humanitario y una paz negociada

Año 2007

Por: Henry Acosta Patiño
Para: Dr. Luis Carlos Restrepo, Alto Comisionado para la Paz

1. *La No-Confianza entre las partes, Gobierno y FARC, es total;*
2. *La alta exposición mediática, que incluye palabras y vocabulario ofensivo, hace que la confianza no se pueda restablecer, y que las FARC consideren a los medios como parte integrante del Gobierno o mensajeros de este;*

3. *Los denominados Facilitadores o mediadores buscan una alta exposición mediática y opinan, poniendo en boca u pensamiento de las* FARC, *opiniones que resultan personales, de ellos. Esto hace que la mediación y el logro de resultados positivos se malogre o debilite, puesto que las* FARC *entonces dicen: «Ya dijeron lo que nosotros pensamos u opinamos, entonces para que quieren conversar con nosotros».*

4. *La «internacionalización» del Proceso de Acuerdo Humanitario y de una posible Paz Negociada, ya sea a través de mediadores o Gobiernos, ha sido funesta para el Proceso. Ello ha sido muy positivo para los intereses mediáticos de las* FARC, *que siempre han buscado esto con el acuerdo humanitario. Se ha seguido el juego a las* FARC, *y a fe que el Gobierno también se ha beneficiado de esta alta exposición mediática;*

5. *Acciones armadas, coincidencialmente realizadas en el mismo tiempo de acciones en la búsqueda del acuerdo humanitario por las Fuerzas Militares, y sobre comandantes de las* FARC *que han estado autorizados, por las* FARC, *para mediar o facilitar el Proceso, han entorpecido varias veces el Proceso. Esto evidencia que en el seno del Gobierno hay quienes piensan y actúan mostrando posiciones de Negociación Política vs Victoria armada, o sometimiento militar, con desmovilización y entrega sin condiciones;*

6. *Las* FARC, *y la guerra con ellas, se volvieron políticamente rentables para aspiraciones políticas, y en consecuencia el Acuerdo Humanitario y la Negociación Política para la Paz son entorpecidos permanentemente por muchos políticos. Igualmente, la alta exposición mediática acerca del Acuerdo Humanitario y su internacionalización es precisamente lo que siempre buscaron las* FARC. *En consecuencia, también ello debilita la agilidad con que las* FARC *hubieran podido llegar a conversaciones en la búsqueda del Acuerdo y de la Paz;*

7. *Opinar públicamente acerca de que en las* FARC *existen dos posiciones, una política y otra guerrerista, hace que los posibles «encuentros directos» entre Gobierno y* FARC *se vuelvan difíciles de lograr, porque hace que quien lo haga desde las* FARC, *aunque siempre estará comisionado y autorizado para ese posible «encuentro directo», pueda ser catalogado como «político»;*

8. *Opinar públicamente, por parte de altos dignatarios del Gobierno, acerca de lo que se quiere decir o hablar con las* FARC, *en posibles «encuentros directos», no beneficia el proceso, porque se viola la confidencialidad, que siempre será necesaria en estos posibles «encuentros directos»;*

9. *Para las* FARC, *tener y mantener a los llamados «canjeables» se convirtió en un «lastre» económico y militar. Cuesta mucho su mantenimiento y hay que «congelar» militarmente muchas unidades guerrilleras.*

10. *La nueva cúpula de las* FARC, *por lo menos Cano y Catatumbo, en el pasado próximo han tenido posiciones de no secuestro; no toma violenta de poblaciones civiles; negociación política buscando logros político-social-económicos, en los ámbitos de lo agrario, la salud, la educación y lo electoral-político, a través de actos constitucionales-Constituyente. Están igualmente dispuestos a aceptar un Acto Constitucional de Punto Final para políticos, militares, civiles y guerrillas. Eso pensaban en el año 2006. No sé si hoy por hoy es igual su pensamiento. Obviamente eso habría que conversarlo en un o unos «cara a cara» confidenciales-secretos entre el Gobierno y las* FARC. *Quiero pensar con el deseo y con todo el bagaje de conocimiento que tengo sobre esa organización y sobre este Proceso, que esos «encuentros directos» se van a dar, si las partes entran en él con grandeza y humildad. Armisticio, rendición y desmovilización no son soluciones políticas con las que se deba llegar*

a encuentros directos en la búsqueda del acuerdo humanitario
o canje y de la negociación política para la Paz. Es mejor
no proponer nada y continuar con la búsqueda de la victoria
militar sobre las FARC.

Era la posibilidad de que el gobierno hablara con las
FARC, porque estas no podrían decir que no hablan con tal o
cual comisión del Gobierno. Es más o menos como si las FARC
dijeran que nombran a tales comandantes para que hablen
con el gobierno, este no puede decir que no habla con este o
aquel comandante entre los designados. Ni de un lado ni del
otro pueden vetar a nadie.

La facilitación de Chávez y Córdoba solo duró muy poco,
hasta noviembre del 2007, y quiero insistir en que si el presidente Uribe me hubiese aceptado que Luis Carlos Restrepo
hiciera parte de la Comisión, otro hubiera sido el resultado
de esa tarea. En todo este episodio sucedió algo que yo he
insistido que ambas partes deben evitar: la alta exposición
mediática. Esta hace que las misiones y tareas comiencen a
depender de la llamada opinión pública, creada por los medios, y no por la eficiencia de los mediadores, es decir, llega
a no saberse qué es más importante, si negociar el conflicto
o hacer público lo que se está haciendo. Eso ha sido, en mi
concepto, una cosa que ha traído demasiado perjuicio.

Las FARC tenían otro objetivo: mostrar internacionalmente que eran una fuerza beligerante en el conflicto interno
armado colombiano, algo que el presidente Uribe se negó a
aceptar, aunque yo le había dicho la importancia de hacerlo
el 16 de junio del 2006.

El proyecto de desarrollo rural en la cordillera central vallecaucana

Fue entonces cuando al doctor Luis Carlos Restrepo y al presidente Álvaro Uribe se les ocurrió la idea de establecer mecanismos de apoyo y presencia con el campesinado de la cordillera central vallecaucana. Ya en ese momento el doctor Luis Carlos Restrepo comenzaba a pensar que la labor de él como Alto Comisionado para la Paz no era necesaria, ni útil e, incluso, ni conveniente. Comenzó a desarrollar una teoría que a mí me parecía acertada. Me dijo: «Henry, no pude con los "elenos", fui a Cuba e intenté varias veces reunirme y eso no dio ningún resultado. Estos intentos de acuerdo humanitario con las FARC tampoco lo han dado. Aquí lo que se necesita no es un Comisionado de Paz, lo que se necesita es un Gerente de Desarrollo Rural, porque hay más de dos millones de campesinos excluidos en este país, y esa es la base de apoyo a la insurgencia, tanto a las FARC como al ELN, no solamente para moverles ese punto de apoyo sino porque es justo. Hay que erradicar esa causa social y económica del conflicto, hay que mejorarles las condiciones económicas a los campesinos». Entonces se inventó un proyecto rural para que la Presidencia de la República hiciera presencia entre 1365 familias campesinas de la cordillera central vallecaucana, que valió una plata importante: 1172 millones de pesos. Ese proyecto se llamó «Proyecto de desarrollo agrícola y paz social». Consistía en reunir campesinos y decirles que se les iba a entregar un millón de pesos en cosas agrícolas y pecuarias. Eran unas reuniones complicadísimas, porque se reunían los campesinos y cada uno iba diciendo lo que quería: un ternero, tantas semillas de tal o cual producto, tantos kilos de abono, una lista de mercado, digámoslo así. Después bajábamos a Cali, realizábamos las compras, regresábamos a la cordillera y reuníamos los campesinos para hacerles entrega de los elementos agrícolas y pecuarios. Nos firmaban en actas con número de cédula. Lo hice a través de una sociedad que tengo, una sociedad de consultoría social, aprovechando que tengo experticia financiera y soy economista. Con esa sociedad, que se llama Consultorías Sociales y Económicas (Consoeco), se ejecutó ese proyecto. En agosto del 2007 empecé con dos o tres funcionarios más y dos camionetas que se compraron para ello. Este proyecto duró un año y medio, en la zona rural de los municipios de Sevilla, Tuluá, Buga, Florida y Pradera, y corregimientos como Barragán, Santa Lucía, la Ramada, La Mesa, La Diana, Bolo Azul y muchos otros que fueron adicionándose. Esas zonas rurales eran, en esa época, el gran corredor de columnas y frentes guerrilleros a cargo de Pablo Catatumbo, miembro del Estado Mayor Central de las FARC en ese tiempo.

Ese proyecto y su gran objetivo fueron importantes: «Aunar esfuerzos entre las partes, con el fin de generar condiciones de confianza, que permitan entablar conversaciones con el Gobierno Nacional, en la búsqueda del interés supremo de la Paz, para lo cual se financiarán y adelantarán las actividades necesarias para ello, a través del Programa de Desarrollo Agrícola y Paz Social en la cordillera central», según está estipulado en la cláusula primera (Objeto), del Convenio Marco firmado el 5 de junio del 2007 entre el Alto Comisionado para la Paz, el director del Programa de Acción Social, la directora del Fondo de Programas Especiales para la Paz (Fondopaz) y el gerente de Consoeco.

El proyecto creó un protocolo de seguimiento que permitía tener total transparencia en las inversiones y beneficiarios, y que fue aprobado por las partes. Ese documento también lo adjunto porque es muy importante. En ese proyecto no era así como que uno subiera y durmiera en casas de los campesinos y listo. No. Hubo que hablar con el Estado Mayor Central de las FARC, porque usted puede imaginarse lo que significaba que funcionarios de la Presidencia de la República me acompañaran en esas misiones y se reunieran con campesinos en una zona que en ese momento era santuario de la FARC. Tuve que hablar con los altos mandos de la organización guerrillera para que permitieran ejecutar el proyecto. Afortunadamente Pablo Catatumbo y Alfonso Cano lo permitieron y se realizó.

Había períodos en que un funcionario de Acción Social, un coronel activo de la Policía, de apellido Vargas —que dependía del Alto Comisionado para la Paz—, y un funcionario de Fondopaz, tres personas de la Presidencia, visitaba esos parajes. Yo les reunía los campesinos. Los funcionarios señalaban a cualquier de ellos y le preguntaban, por ejemplo:

—¿Díganos, ¿a usted qué le han dado?

Ellos decían lo que habían recibido, los funcionarios lo constataban en la lista.

—¿Le podemos tomar fotografías a lo que le entregaron?

—Sí, señor.

—¿Quién le dijo a usted que viniera?

—Pues en las reuniones de la junta de acción comunal nos dijeron que nos reuniéramos con el señor Acosta, y aquí vinimos.

Es decir, en esas visitas de la gente de Presidencia, ellos verificaban que efectivamente sí se estuvieran entregando las cosas y que esos campesinos no hubieran sido puestos por las

FARC ahí, sino que habían sido llamados por líderes campesinos legales de la junta de acción comunal o a veces de líderes que no pertenecen a ella, sino el finquero o campesino que lleva viviendo cuarenta años ahí que todo el mundo conoce. Esa gente nos prestaba esa colaboración de llamar a los demás.

De este proyecto es del que tiempo después el periodista Daniel Coronell dice en unas columnas de la revista *Semana* que es una plata que Uribe les entregó a las FARC. Eso ya ha sido desmentido, pero yo aprovecho para decir cómo fue el proyecto y que ninguna plata se le entregó a ningunas FARC. Se les entregaron cosas necesarias a los campesinos. Ahí están las actas de entrega a cada campesino, con firma, nombre, cédula, vereda y municipio. Ese proyecto fue revisado por la Contraloría General de la República y por todos los demás organismos de control estatal.

Los que conocen cómo es el conflicto armado colombiano saben que uno de los enemigos que han tenido las FARC en el sector rural se llama Acción Social. Ha sido más fácil que las FARC hablen con un militar que con Acción Social. Esta agencia, anteriormente adscrita a Presidencia, iba en esa comisión de auditoría del proyecto. Yo recuerdo que los delegados de Acción Social me decían: «Henry, es increíble que nosotros estemos en estos parajes con tanta guerrilla». Por ejemplo, fuimos con esa comisión a La Mesa, corregimiento de Buga, y nunca, en todos los años de su existencia, había llegado allí nadie de la Presidencia de la República. Cuando llegamos fue complicado, porque nos reunimos con los campesinos en una calle larga que termina en una capilla, a cuyo lado yo veía personas aglomeradas, y después alguien me dijo que allá había un comandante de las FARC reunido con los campesinos y que les daba instrucciones para que no fueran a crear problemas y participaran activamente en el proyecto. Cuando las tres personas de la comisión de auditoría me preguntaron qué estaba pasando, les conté la verdad. Me dijeron que se iban y yo les dije que no, que no pasaba nada, que nos reuniéramos con los campesinos. Estábamos como a unas cinco cuadras de donde estaban reunidos ellos con el comandante, entonces se dirigieron hacia donde estábamos nosotros, nos reunimos tranquilamente y vale la pena decir que los de la comisión de auditoría agilizaron el acto. También hay que decir que los campesinos que fueron a la reunión ya habían recibido los bienes, que la comisión iba a verificar si habían recibido lo establecido o no. No les preguntaban a todos porque hubiera sido larguísimo, pero sí les preguntaban a diez e iban a las fincas cercanas y tomaban fotografías.

No sé qué objetivo tenía Daniel Coronell cuando escribió las columnas en la revista *Semana*. Después intenté explicarle por teléfono, pero fue complicada la cosa, porque él ya tenía su objetivo, que desconozco.

Al presidente Uribe le gustó mucho ese proyecto de desarrollo rural en la cordillera central vallecaucana, y me dijo: «Henry, hagamos un proyecto nuevo en las cordilleras del Tolima y del Cauca, por allá por Gaitana, por el río Anamichú y por todas esas zonas por donde nacieron las FARC, y por los lados de Toribío y Tacueyó para copar ese nudo cordillerano», que básicamente es el parque nacional de Las Hermosas, que va desde Armenia hasta Toribío y Tacueyó ,y que es uno de los parque naturales más grande de América Latina. Tiene 300 lagunas, es una fuente de agua impresionante. Y añadió: «Hagamos una cosa: pongámosle a eso un valor de 2500 millones y elabore el proyecto», y yo lo elaboré.

Esos proyectos no iban a licitación sino que los aprobaba el Consejo de Ministros. No podían ir a licitación porque la idea era que yo, que era el Facilitador, iba creando las condiciones y permeando la base social rural, para que después el Gobierno pudiera entrar a las zonas y hacer el despeje tan solicitado. El presidente Uribe seguía pensando que eso era posible. Siempre pensó que era posible hacer un acuerdo humanitario e iniciar un acuerdo de paz. No entiendo por qué ahora dice que no, pero él siempre lo pensó, y en este libro voy a relatar el último intento que él hizo en busca de, ya no el acuerdo humanitario, sino la paz, que fue el 5 de marzo del 2010. Es decir, desde el 2002 hasta el 2010 —durante 8 años— el presidente Uribe hizo cosas importantes buscando la paz y el acercamiento con las FARC. No se pudo; a veces él llegaba hasta el lindero de hacerlo y se devolvía. Las FARC también eran muy dubitativas. No había el nivel de confianza necesario, de la misma forma como a veces pasa en el actual proceso de paz en La Habana.

Se preparó el segundo proyecto por valor de 2500 millones. Yo hablé con el Estado Mayor y el Secretariado de la FARC; dijeron que sí: «Ya hemos dado instrucciones a un comandante que se llama «El Abuelo» —yo nunca lo conocí— y a una comandante que se llama «Sonia la Costeña», para que ellos dos se encarguen de que a ustedes no les pase nada. Ustedes no los van a ver, pero ellos van a darles instrucciones a las unidades guerrilleras para que a nadie de Presidencia le pase nada». El proyecto se presentó al Alto Comisionado para la Paz y al presidente Uribe, quien lo llevó al Consejo de Ministros. Luego el doctor Luis Carlos Restrepo me dijo: «Henry, hubo una voz en el Consejo de Ministros que dijo que no estaba de acuerdo porque eso era darle posibilidades de producción agrícola y pecuaria a todo ese campesinado donde está la guerrilla, lo que se traduciría en darle comida a la guerrilla, porque eso termina siendo comprado o lo que sea por los guerrilleros». Ahí murió esa posibilidad de ampliar el proyecto.

El 31 de diciembre del 2007 envié a Pablo Catatumbo la siguiente carta:

Diciembre 31 del 2008

Mi caro amigo: que al apagar las luces de este año tu salud sea inmejorable. Recibí tu última, fechada en Dic. 7, y sobre ella, coincidencialmente, te tengo que decir y contar varias cosas.

Partamos de la historia. Decía Maquiavelo: «Todos comprenden que es muy loable que un príncipe cumpla su palabra y viva con integridad, sin trampas, ni engaños. No obstante, la experiencia de nuestra época demuestra que los príncipes que han hecho grandes cosas no se han esforzado en cumplir su palabra…». Apoyándome en un libro, excelente, que estoy leyendo ——Elogio de la traición, de Denis Jeambar e Yves Roucaute——, te escribo estas reflexiones que muestran que la traición es piedra fundamental de los regímenes autocráticos. Tranquilo que este libro te lo estoy adjuntando en físico a este correo. Espero lo disfrutes y lo leas juiciosito. Cuando la traición deja de ser pragmatismo gubernamental y se convierte en mera práctica para perpetuarse en el poder, cuando vuelve la espalda a las aspiraciones del elector, sufre una sanción y así, entre traición y elección, se establece un equilibrio frágil con el cual los políticos no pueden jugar impunemente. La traición, la mentira y la negación se convierten en pilares del despotismo y permiten la continuidad de los regímenes.

Y a propósito de lo anterior te cuento conclusiones y reflexiones de Luis Carlos Restrepo, que para efecto de comodidad seguiré siempre llamándolo LCR.

El lunes 29 de Dic. hablé con LCR *por más tres horas en su oficina en la Casa de Nariño. Le hablé de que no era posible que se tuviera un encuentro entre el Gobierno y las* FARC, *de manera clandestina y secreta, y sin ninguna garantía de seguridad. Y ¡oh, sorpresa! Me dijo que él nunca había pretendido tener encuentros secretos y sin garantías. Le dije que eso era lo que él reiteradamente me había dicho, a tal punto que él me había propuesto que cuando se diera la oportunidad de ese encuentro, entonces él, para zafarse de su esquema de seguridad, pediría vacaciones y se iría para Panamá, y desde allí volaría en un vuelo chárter hasta la ciudad que fuera el punto de partida para la cordillera, al encuentro. Me dijo que esas eran cosas locas que se le ocurrían pero que de ninguna manera se podía hacer eso, que él era funcionario del Estado y que las responsabilidades, y etc.*

Me dijo que las FARC *se habían pegado de la liberación de seis, toda una parafernalia de Plataforma y Manifiesto, que nunca sería posible discutir con este gobierno.*

Le recordé que ya una vez tú habías sido autorizado para reunirse con él, en Los Caleños. Le dije que eso aparecía en un comunicado de las FARC *y que él (*LCR*), no había querido reunirse. Me dijo que eso no era así, que tal y tal…*

Y aquí viene lo que yo creo que fue muy importante. Me dijo: «Nosotros estamos dispuestos a dialogar, de cara al país, con todas las garantías de seguridad, para lograr la paz en este país». Y, entonces, yo le pregunté: «¿Y que quiere decir usted con eso?». Me dijo: «Pues conversar para que las FARC *se desmovilicen». Y entonces le dije: «Y usted cree que, después de 50 años, las* FARC *van a desmovilizarse así como así? No, Comisionado, las* FARC *tienen una plataforma de lucha y unos objetivos que deben lograr para que la equidad y la justicia social se logren. Recuerde usted lo que ellos dicen: "Hemos jurado ante el altar de la Patria que venceremos, y vamos a vencer". Y eso no es palabrería, señor Comisionado».*

Luego conversamos acerca del modus operandi *de la liberación de los seis, porque él me preguntó. Yo le dije que yo estaba lejos de ese trámite. Él me dijo que era muy conveniente que yo me mantuviera pasivamente, por si tú me necesitabas para algo en este tema de la liberación, que él veía que se podría complicar. Yo le sugerí que el Vaticano podía ser testigo de esas entregas de retenidos. Que yo había conversado, el día 28 de Dic., con el padre Darío Echeverry, acerca de que ya estaba convenido que el secretario de Estado del Vaticano y el cardenal Benjamino Estella, a quien ustedes conocen y es el Nuncio del Vaticano en Colombia, estaban dispuestos a ser testigos, a nombre del Estado del Vaticano, en la entrega de los seis retenidos, siempre y cuando ustedes y el Gobierno estuvieran de acuerdo. A mí me pareció una fórmula muy buena, porque eso era meter a un Estado, el Vaticano, y a la Iglesia católica mundial, en el tema. Creo que es excelente. El Comisionado me dijo que las* FARC *no habían pedido nada internacional, que cuando lo hicieran, se vería qué hacer. Yo insistí en que no se hablara de intermediarios internacionales, sino de testigos internacionales. Eso creo que facilita las cosas y a la postre se logra lo importante: La presencia internacional, y nada menos que del Vaticano y la Iglesia. Bueno, pero son ustedes los que definen.*

Bueno, acerca de este papel que estoy cumpliendo, te quiero decir que yo lo hago siempre y cuando tú y las FARC *y el Gobierno lo consideren útil o conveniente, de lo contrario no lo hago.*

Bueno, de nuevo un abrazo grande para ti y los tuyos. Has un esfuerzo por responder pronto. Yo haré entrega de este correo con carácter de urgente y prioritario.

YO

Y así terminamos el año 2007.

En mayo del 2008 recibí del comandante Pablo Catatumbo el siguiente mensaje, que me parece de singular importancia, porque en ese momento ya él era miembro del Secretariado del Estado Mayor de las FARC-EP, y hace allí un análisis político del Gobierno de Uribe y de la misma personalidad del mandatario. El texto recibido es el siguiente:

Mi caro y querido amigo:

Recibe mi saludo fraterno y cariñoso para ti y la Negra, a ambos los llevo en mi corazón.

Hermano, nos tocó vivir tiempos turbulentos. Los tiempos del fascismo.

Estamos casi como en 1936 cuando después de la caída de la República española, el fascismo se mostraba altanero, abusivo y prepotente, y no solo amenazaba sino que arrasaba con todos los derechos ciudadanos, tanto en su propio país como allende sus fronteras.

Hitler, Franco y Mussolini eran los héroes de la jornada, buena parte de la opinión los aclamaba casi que unánimemente y los consideraba los elegidos, los salvadores, los redentores de la humanidad. Son fenómenos sociológicos que se reproducen de tiempo en tiempo, debido en buena parte a la manipulación de las grandes masas a través de la propaganda engañosa de los medios de comunicación.

Y digo que estamos como en esos tiempos, porque aquí también se viene presentando un fenómeno parecido. Buena parte de la opinión tiene a Uribe como el hombre providencial, el que va a sacar a Colombia del atolladero, el que se sacrifica, el que más trabaja y, además, que es de una honorabilidad impoluta.

Por eso le resbalan todas las acusaciones y pruebas que puedan implicarlo a él. No importan las denuncias sobre la parapolítica, sobre las masacres, la entrega de nuestra soberanía y de nuestra economía a las oligarquías, a las multinacionales y al imperialismo.

No importa que su padre haya sido mafioso y paramilitar, y que él mismo también lo haya sido, no importa que sea un ambicioso, un tramposo, un demagogo, un fascista; sencillamente, los medios de comunicación se encargan de lavar su imagen y la gente no cree en nada que lo involucre a él.

Para eso, ya armaron su teoría: El Presidente es una gran persona, pero está rodeado de una serie de bandidos y de corruptos que se aprovechan de su nobleza, de su patriotismo, de sus múltiples ocupaciones, y… de su amor por Colombia…

Curiosamente, en estos días estoy leyendo la biografía de un hombre al que siempre he admirado por sus hazañas guerreras a pesar de haber servido en el ejército de Hitler: el general Erwin Rommel. Y leyéndola he encontrado una serie de coincidencias entre la personalidad y el estilo de mando de Hitler, que sencillamente me llevó a la conclusión de que la «originalidad» de Uribe parece copiada, punto por punto, de aquel.

Mire usted por ejemplo estas joyas:

Dice el autor, Desmond Young, un general británico que combatió contra Rommel en la famosa campaña del norte de África, donde el alemán se ganó merecidamente el apodo de «El zorro del desierto», que Rommel no era propiamente un fascista. Era más bien lo que se llama un guerrero nato.

Dice el autor: «Sus amigos jamás le conocieron opiniones políticas bien definidas. Y si se inscribió en el partido nazi, lo hizo más bien por su ferviente admiración a Hitler.

«Rommel, que instintivamente distinguió siempre entre Hitler y la camarilla que lo rodeaba, halló en su mejor amigo, el coronel

Schmundt, una confirmación a sus puntos de vista. En efecto, decía Schmundt, Hitler estaba rodeado de un grupo de bandidos, la mayoría de ellos heredados de un pasado inmediato. Pero Hitler, en cambio, ¡qué gran hombre era! ¡Qué idealista! ¡Qué señor tan digno de que uno lo sirviera!

«Hitler acostumbraba a hablar en tono profético». Decía Rommel que Hitler casi siempre actuaba siguiendo sus impulsos, pero que aun así «poseía la extraordinaria facultad de religar en un solo haz los puntos esenciales de la discusión para darles una solución y siempre acertaba.

«Poseía la facultad intuitiva (Hitler) de adivinar el pensamiento de sus interlocutores y, si estaba de humor, decirles lo que a ellos más les gustaba. Hitler manejaba con destreza la lisonja».

Otro detalle de la personalidad del Führer que impresionó a Rommel fue su memoria, realmente extraordinaria. Hitler se sabía prácticamente de memoria todos los libros que había leído. Llevaba fotografiadas dentro su mente páginas y páginas de libros y hasta capítulos enteros. Tenía un gusto particular por las estadísticas, que podía recordar por entero. Era capaz de alinear hasta el infinito cifras y más cifras sobre las disponibilidades de tropas del enemigo, los tanques destruidos, las reservas de gasolina y de municiones, etc. Con una maestría que impresionaba grandemente a los cerebros del Estado Mayor General, no obstante ser estos hombres muy bien entrenados para esa gimnasia mental.

Le gustaba también hacer quedar en ridículo a sus generales para mostrarles su superioridad. «Es conocida la anécdota según la cual en uno de sus frecuentes viajes de inspección a las tropas llamó al general encargado y le preguntó: "¿Cuántos obuses por pieza tiene la artillería media de usted?". El general citó una cifra.

«No señor —replicó el Führer—, eso no es exacto, porque yo le he enviado más municiones de las que dice; usted tiene que

tener tantas y tantas municiones, telefonee inmediatamente al encargado de la artillería y le pregunta cuántas municiones tiene. De nuevo acertaba Hitler, el caudillo tenía la razón, y el general, avergonzado, cambiaba de colores».

Cualquier parecido con la realidad no es pura coincidencia. Sencillamente, nuestro fascista aprendió de su maestro.

No es sino leer la entrevista que le hizo El Espectador *a Yidis Medina, el domingo 30 de marzo, después de que la utilizaron para reelegir al Führer y luego la traicionaron y abandonaron —como se hace generalmente con todo traidor—, para uno entender la calidad humana tan despreciable de los unos y de los otros. No obstante, dice doña Yidis Medina, el comodín que uso Uribe para su reelección (seguro, sin ella, no hubiera habido segundo mandato): «Uribe es un buen presidente, pero tiene malos asesores. El presidente debería mirar quiénes lo rodean».*

Igualito a lo que decían los alemanes de Hitler.

Así pues, la tan mentada originalidad de Uribe no es más que una burda copia de los métodos que usó el peor de los peores especímenes que por la humanidad han pasado.

Perdóname las citas tan largas, pero creo que se justifican para hacer el paralelo. Y eso que ni hablar de lo que le aprendieron a Goebbels.

La muerte de Raúl e Iván cambió todo el panorama político y le permitió al gobierno endurecer su posición a la vez que generar un ambiente para hacer creer que nos tiene acorralados.

Seguramente, cada vez más, aumentará la euforia guerrerista y triunfalista y se hará más difícil el acuerdo humanitario, pues ellos aún siguen juzgándonos con raseros mafiosos y se equivocan, porque nosotros somos revolucionarios. Eso, sin desconocer, la presión a que nos tienen sometidos a nivel de medios, que es bastantica, y va a seguir.

Está demostrado que este enemigo es muy astuto, que está haciéndonos la guerra a fondo y que no tiene la más mínima voluntad de paz.

No obstante, la polarización creada a raíz de la muerte de Raúl ha servido también para mostrar al mundo la estatura continental e internacional que hemos adquirido, y que somos una organización seria y revolucionaria.

La muerte de Raúl indudablemente es un golpe fuerte, nos dolió en el alma, pero no nos derrumba ni nos aniquila moralmente. Que no piensen que estamos confundidos o débiles, desesperanzados o algo así. Aquí no dudamos de la justeza de nuestra lucha, de la certeza de alcanzar el sueño de una Colombia en Paz y con Justicia Social y del compromiso de cada uno de nosotros para alcanzar ese propósito,

El problema, más bien, es que, con la cogida del computador de Raúl ellos sienten que nos dejaron viringos, pues creen que ya conocieron todos los secretos y eso también los pone triunfalistas. Aunque la mayor parte de lo que le adjudican al computador es mentira, el hecho de haberlo recuperado les permite manipularlo y meter allí el dato que quieran. Ya lo único que les falta decir es que poseemos la bomba de neutrones.

Lo cierto es que debemos tener mucho más cuidado con esos aparatos y sobre todo no cargarlos de tanto dato reservado, que a la vez, es innecesario guardar. Tanta foto y tanto correo, sobre todo donde se dicen cosas delicadas. Yo del mío estoy borrando hasta los correos y una cantidad de datos viejos que de nada sirven. Mejor los llevo en la memoria.

La situación en todo caso es complicada y hay que cuidarse. Creo que durante unos varios meses va a tocar que encaletarse (SIC) y dejar de frecuentar algunos contactos porque los seguimientos son intensos y son reales. No hay mejor montaña que el pueblo y por aquí toda la masa no está corrompida ni se deja engañar por los sucios ofrecimientos de Uribe. Cuando pueda, escribo. Tú también cuídate.

Wilson me informó por escrito lo conversado contigo, me parece bien frentear eso así, pues no puede el régimen haberte autorizado a hacer unos contactos y desarrollar unos proyectos y luego cobrar con amenazas, pero de un gobierno mafioso como el que tenemos puede esperarse todo. Pues esos son los métodos que han usado siempre para intimidar y para matar a la gente que actúa de buena fe. Lo de los proyectos creo que es mejor seguir desarrollándolos apoyándose en los líderes de masas, pero tomando todas las de seguridad.

Gracias por lo enviado, gracias por los libros, que me van a ser de mucha utilidad en estos tiempos, gracias por tu lealtad y tu preocupación por mi seguridad.

Les envío un fuerte abrazo que los llene de calorcito por todos los soles que nos han robado y nos seguirán robando.

Trasmítele todo mi afecto a la Negra y que tranquila, que estas coyunturas pasan. Cuídate mucho.

El 22 de junio del 2008 tuve conversaciones con el presidente Uribe y con el doctor Luis Carlos Restrepo acerca de la posibilidad de que yo aceptara la misión de buscar y lograr que el Alto Comisionado se sentara a conversar con el comandante Pablo Catatumbo, ya para ese entonces miembro del Secretariado de las FARC y/o con el comandante general de dicha organización, Alfonso Cano. Yo acepté la misión y me di a la tarea de buscar al comandante Catatumbo para darle el mensaje de Presidencia. Encontré medios e instrumentos para enviar y recibir mensajes, hacia él y de parte de él, donde le comunicaba mi necesidad de encontrarnos. En ese sentido envié y recibí los siguientes mensajes:

En agosto del 2008:

Mi amigo, comandante Catatumbo:

Te envío una fotocopia de una carta-autorización de la Presidencia de la República-Alto Comisionado. Es para ti y para Alfonso Cano. Ahí está también la Negra. Eso para prevenir cualquier posibilidad de judicialización. Es la primera vez en 6 años que solo existe un Facilitador autorizado. Han puesto todos los huevos en nuestra canasta.

Tengo mensaje verbal y personal del Presidente para ti y para ser transmitido, por ti, a Alfonso, o directamente por mí, según sea la decisión del EP, de ustedes.

Tengo las cosas armadas de tal manera que pueda minimizar los riesgos de seguimiento, sea electrónico o presencial, para poder vernos.

En mi opinión es conveniente-necesario que nos veamos tan pronto como puedas. La idea es que la Negra y yo viajemos a verte, pero tú eres quien decide. Estamos listos para caminar y permanecer el tiempo que sea necesario para este encuentro.

La siguiente es la fotocopia de la carta-autorización de Presidencia de la República, para que, con el apoyo de mi esposa Julieta López, yo pudiera contactar legalmente a las FARC en la búsqueda de que el Gobierno Nacional-Alto Comisionado para la Paz se reuniera con dicha organización, para mirar la posibilidad de la paz y no del acuerdo humanitario o canje:

Presidencia de la República de Colombia
Alto Comisionado para la Paz

Bogotá D.C., 22 de Julio de 2008

Señor
HENRY ACOSTA PATIÑO
E.S.M.

Me permito informarle que en el marco de lo dispuesto en la Ley 1106 de 2006, ha sido Usted autorizado por el señor Presidente de la República para adelantar contactos con el grupo de las FARC, con el propósito de verificar su interés por adelantar conversaciones directas con el Gobierno Nacional, para avanzar en la consecución de la paz.

Para el desarrollo de estas tareas, estará acompañado por la señora Julieta López Valencia, quien le prestará apoyo operativo.

Los informes sobre su actividad, serán entregados al Alto Comisionado para la Paz, quien para este tema actúa como delegado único y directo del señor Presidente de la República.

Atentamente,

LUIS CARLOS RESTREPO RAMÍREZ

Ante este mensaje, recibí la siguiente respuesta del comandante Pablo Catatumbo, en septiembre del 2008:

Apreciado amigo:

Hágame el favor y por este medio me describe la razón que Uribe manda personal para mí y Alfonso.

También hágame el gran favor y me amplia mucho más todo lo que tiene que ver con su gestión y hasta donde tiene usted su amplitud para cumplir con su misión oficial.

Le ruego el favor de que aprovechando este canal me escriba lo más amplio que pueda y lo más pronto posible, preferiblemente antes del 14 de septiembre, ya que voy a tener un viaje y no podré recoger los archivos por unos pocos días.

Mi abrazo para ti y su Negra, que los recuerdo con mucho aprecio.

De manera inmediata, y en el mismo mes de septiembre del 2008, envié al comandante Pablo Catatumbo el siguiente mensaje:

Mi amigo:

El 22 de julio pasado, el presidente Uribe, en presencia del comisionado Restrepo, y en su oficina de Casa Nariño (nunca hablo con Uribe, que no sea en presencia de Restrepo) me dijo: «Bueno, no existe otra persona para pedirle que nos acerque donde Catatumbo y donde Cano que no sea usted. Si antes intentamos que usted nos acercara a Catatumbo, mucho más ahora que él es el segundo de las FARC. *Es el segundo porque reemplazó a Cano. Si usted nos acepta la misión, será en estos seis años la primera vez que no vamos a tener sino una persona autorizada para facilitar las conversaciones con la* FARC. *No quiero nada con mediadores internacionales u otros mediadores nacionales que solo buscan protagonismo. Si usted me acepta la misión, entonces su misión será llevarle este mensaje a Catatumbo y a Cano:* **Estamos interesados en que el Comisionado se siente con los dos o uno de los dos para conversar de paz. No estamos interesados en hablar de acuerdo humanitario, sino de paz. Usted buscará la manera de decirle a Pablo que ese es nuestro interés y que no estamos interesados en razoncitas de aquí para**

allá y de allá para acá. Estamos interesados en hablar, cara a cara, de paz. Dígales que tenemos real interés en hablar de paz, que no por eso vamos a dejar de buscarlos». *A renglón seguido me dijo que «la autorización para conversar con las FARC cubriría a mi esposa (por solicitud mía, para evitar que la judicialicen), y sería hasta el 31 de diciembre del 2008». (Te envié una copia de la carta de autorización.)*

Esa es mi misión oficial. No es más. Es solo llevar este mensaje que te estoy dando y en ayudar con esta facilitación, si fuese necesario, llevando al Comisionado, en viaje secreto, a ese posible encuentro. No tengo ninguna misión diferente, ni tampoco ninguna autorización para conversar nada diferente, a lo que te estoy escribiendo en negrilla.

Lo que me dijo Uribe está entre comillas y de eso el mensaje para ti y Alfonso es lo que está en negrilla. Lo demás es adicional.

Ocho días después, a finales del mes de septiembre del 2008, recibí del comandante Pablo Catatumbo el siguiente mensaje:

Mi caro amigo:

Uribe ha convertido en objetivo obsesivo el darnos de baja a los del secretariado.

Él está convencido, en su delirio fascista, de que eliminándonos se acaba el problema. Contra nosotros hay intensos operativos, con muertos de lado y lado.

Al país no le están informando la realidad de lo que acontece en esta guerra, pero le aseguro que hay más de cien combates diarios a nivel de todo el país. Pero esta es la única guerra en la que parece que hay muertos de un solo bando. Los de ellos no los mencionan.

No obstante, le doy mi palabra de que son muchos los muertos, y también los heridos y los inválidos por acción de los cazabobos[4].

En esas condiciones es una locura tratar de encontrarnos. No hay que ser ingenuos.

Yo confío plenamente en nuestra amistad y su buena fe a favor de la paz, pero no en la de Uribe ni en la del psiquiatra, que solo buscan tender una trampa. Eso mismo le hicieron a Raúl con los franceses.

Cuando se generen condiciones nos veremos. Tranquilo que yo le aviso pero por ahora es mejor que no. Si hay alguna razón, envíela a través del mecanismo que tenemos, con la seguridad de que me llega y yo la respondo. Fuerte abrazo para usted y su Negra.

Ante esta respuesta, busqué inmediatamente al doctor Restrepo y viajé a Bogotá a reunirme con él para analizar y evaluar la situación. Producto de esa reunión es el siguiente texto que envié al comandante Pablo Catatumbo, a manera de mensaje, largo, puesto que mi reunión con el Comisionado fue de cuatro horas:

---

4   *Trampa cazabobos* es un término técnico militar que identifica a aquellos dispositivos explosivos que camuflados como objetos inocentes, sirven para atraer la atención de otras personas y de este modo eliminarlas cuando manipulen el dispositivo. Son aún muy usadas por las fuerzas armadas y gran parte del entrenamiento de un soldado profesional se destina a fabricar y a discernir las trampas cazabobos y las trampas ocultas. Se consideran un tipo de guerra sucia. Un vehículo en buen estado abandonado, una mochila, una prenda, un animal doméstico llamativo, un cadáver o cualquier cosa a la que se les adhiere un mecanismo con explosivos puede ser perfectamente empleado como trampa cazabobos. (Extractado de: https://es.wikipedia.org/wiki/Trampa_cazabobos. *N del E.*)

Septiembre 26 del 2008

Mi caro y querido amigo:

Vamos a ver si soy capaz de transmitirte lo más importante de una larga conversación de 4 horas que tuve el día de ayer, en la Casa de Nariño, en Bogotá, con el Alto Comisionado para la Paz. Le pondré un título a cada tema. No tomé ni una nota, para que él me hablara libremente. Todo es de memoria, al regresar a mi casa. Escribo hoy viernes 26 de septiembre en la mañana.

Facilitación
El viaje mío a Bogotá para conversar con el Comisionado se originó en una solicitud mía para contarle que nuestro posible encuentro estaba transversalizado por una desconfianza total, porque obviamente me van a hacer seguimiento, que termina, en tu captura o tu muerte. Entonces si para que tú y yo nos encontremos hay esa enorme limitante, pues para un posible encuentro entre el Comisionado y tú hay otros muchos: políticos, estratégicos, militares, etc. Pues ni se diga más.

El Comisionado empezó por contarme que el Gobierno tenía información acerca de las FARC, como nunca antes la había tenido. Que sabían todo de las FARC. Que estaban replegados, esperando dar golpes terroristas o militares que generen opinión acerca de que están vivos, vigentes, y que con las FARC no es fácil. Que tienen información acerca de un plan de Cano para movilización de masas. Me mostró de manera muy rápida en su computador un informe, en PowerPoint, de Inteligencia Militar, acerca de este tema del plan. La muestra fue muy rápida, pasando diapositivas velozmente, como para mostrarme que existe el informe, pero sin ninguna posibilidad de que yo viera nada que pudiera retener. De todas maneras me habló mucho, unas dos horas, acerca de eso. Me dijo, que él dice en el Gobierno que habrá FARC *para mucho rato. Me dijo que Cano y Catatumbo están aplicando el leninismo. Están aplicando la teoría de la toma del poder de Lenin, las tres condiciones de Lenin, y que por ello están movilizando masas, fortaleciendo el partido del pueblo, el PC3[5], y ejecutando acciones militares y de terrorismo de impacto. Me dijo: Las* FARC *de Cano y Catatumbo decidieron juntar lo militar, la organización popular y el partido del pueblo. (No te olvides de que Restrepo fue* ML[6]*). Me dijo: están fortaleciendo la organización popular; el Movimiento Bolivariano, a través de Fensuagro, de las universidades, de los sindicatos, de las* ONG *nacionales. Que además se metieron en la insurrección continental bolivariana, tratando de convertir esto en un problema sin fronteras. Que eso del PC3 es pura carreta, porque, por ejemplo, tienen una persona en el Ministerio de Agricultura y entonces las* FARC, *dicen: «Tenemos infiltrado el Ministerio de Agricultura», y así pasa con todas las instituciones. Dice, además, que él le tiene mucho respeto a la nueva estructura de mando de las* FARC, *con Cano y tú al frente, porque una cosa son los intelectuales aquí en las universidades o en la ciudad, opinando. y otra cosa, son los intelectuales en el monte, al mando de un grupo armado fuertemente financiado por el narcotráfico. Que Cano y tú no le apuestan más al secuestro. Que incluso el acuerdo humanitario lo tienen en segundo plano, porque a pesar de que mostraron un listado de canjeables, no hacen propuesta concreta al respecto. Que Cano y tu asumieron el mando monolíticamente, no como Marulanda lo tenía, donde cada frente hacia lo que quería y él se reservaba para decisiones muy importantes. Que ahora Cano y tú tienen control total de la situación de las* FARC. *Que no se mueve nada sin que ustedes aprueben. Que tú eres el Coordinador del Secretariado y Cano es el Comandante General. Que están muy juntos y que se entienden a la perfección. Que*

---

5   Partido Clandestino Colombiano Clandestino. *[N. del E.]*
6   Marxista leninista. *[N. del E.]*

con Marulanda había una guerrilla campesina, pero que con ustedes dos se tendrá una guerrilla más vinculada a lo urbano. Que además la única posibilidad de hablar con el Secretariado, en Colombia, es con ustedes dos, porque los demás del Secretariado están fuera del país, que eso ha informado Inteligencia Militar. Me dijo que la principal prioridad de las FARC es hacerse a armas antiaéreas, porque la Fuerza Aérea es la que hace la diferencia en esta guerra. Que están atrás de eso de manera acelerada. Me dijo que los curitas, la Iglesia, tienen abrumado al Gobierno, que todo allá es consultado con la Iglesia, que el Opus Dei se tiene tomado eso. Me dijo que habían aprovechado cinco años de «joda» con los tres países, Gontard y Sáez, y que los habían utilizado en la Operación Jaque, que para algo debían servir. Que se fueron disgustados, pero que lo importante era la operación. Estaba diciendo mucha cosa, como despidiéndose.

Seguimos hablando, o mejor, el siguió hablando, porque yo hablé muy poco, y entonces entramos a evaluar la posibilidad seria y cierta de seguir intentando con mi facilitación. Él me dijo que no veía ninguna posibilidad, porque si existen todas esas prevenciones, que además el encuentra justificadas, acerca de tu seguridad y la mía misma, para encontrarnos tú y yo, pues qué se podrá decir de un posible encuentro de ti con él. Yo le dije que tú no me podías decir que nuestro encuentro iba a ser tal o cual semana y menos tal o cual día, que era muy posible que el encuentro se me comunicara en cualquier día y hora y yo tuviera que salir inmediatamente al encuentro, fuera la hora que fuera. Él me dijo que tú ya no eras el Catatumbo que yo había conocido. Que tú eras muy disciplinado y que, con tu nueva responsabilidad, no ibas a improvisar, y que ya no eras el hombre que se sentaba a beber, que seguramente habías bajado mucho ese asunto, porque la disciplina de la organización era tu principal prioridad. Yo le dije que era que nos encontraríamos para hablar de cosas serias y que eso del licor era un elemento que *se manejaba como factor de crítica, y que entonces Churchill, que se bebía una botella diaria y se fumaba no sé cuántos puros, era catalogado como el gran estratega político-militar de los aliados. Como efectivamente lo fue. Me dijo que las FARC deberían aprovechar que Uribe se quería jugar todo su patrimonio político en una negociación con las FARC. Yo le dije que no había confianza en las personas, como él y el Presidente, y que no se podía esperar que Cano hubiera recibido el bastón de mando y su primera acción fuera entregarse a Uribe. Me dijo que sí, que eso tenía toda una lógica. Me dijo entonces que te respondiera diciéndote que si no había signos de un posible encuentro tuyo y mío, entonces fuéramos apagando este episodio de mi facilitación, que por él lo tendríamos solo hasta diciembre, que el informaría al Presidente, cuando tú me respondas este correo, y ahí el Presidente tomaría la decisión de terminar mi facilitación o continuar. Cosa que podría ocurrir por ahí en octubre, siempre dependiendo de tu respuesta a este correo. Hasta aquí lo más esencial del asunto que yo llamo «Facilitación».*

Oficina Alto Comisionado para la Paz

Como consecuencia del tema anterior, comenzó a hablarme de la posible continuidad de la oficina a su cargo. Me dijo que ya el tema de las Autodefensas estaba concluido, que con el ELN no se llegaría a ninguna parte y que ahora, con mis noticias, se concluía que con las FARC la cosa estaba como hace seis años: en nada. Me dijo: «¿Entonces para qué esta oficina? Para nada. Esto ya no tiene oficio, ni razón de ser». Me dijo: «Ya le dije al Presidente que termináramos esto y creáramos la Gerencia para el Mantenimiento de la Paz». Que la situación de marginalidad campesina merece tratamiento especial y el desarrollo social y económico de las llamadas zonas de conflicto merece que se desarrollen allí programas de apoyo especial a esa marginalidad campesina, con subsidios y tratamiento especial de Estado. Que esa propuesta fue descartada por el Presidente, porque pesó la opinión de la gran mayoría del gabinete ministerial y de Alejandro Gaviria, decano de la Facultad de Economía de la Javeriana-Bogotá, que dicen que no puede, en un Estado de igualdad, existir un tratamiento especial para unas personas. Entonces me dijo: «Me quedé solo. Creo que ya es hora de que me vaya y creo que no estaré más aquí, porque no creo en la política de lucha contra el narcotráfico. Creo que ha sido un fracaso y antes de ser desleal con el Presidente, prefiero salirme del cargo, para opinar sobre todos los temas desde mi posición de ciudadano común. Yo dejaré todo bien archivado e informado al Presidente para cuando yo ya no esté y se vea que tú puedas ser útil, entonces, si esta oficina sigue existiendo, que creo que no debe seguir existiendo, entonces vean si te llaman a ver si tú puedes colaborar en este tema o en proyectos sociales puntuales». Me dijo: «Esto aquí en Palacio es muy difícil; hoy mismo ese "Uribito" de Minagricultura me denunció ante la Procuraduría porque yo apoyé la titulación de unas tierras a unos campesinos en el Meta, y él dice que estoy invadiendo sus funciones. Aquí nadie quiere paz, sino guerra. Los proyectos no continuaron, porque nadie aquí apoya que les podamos meter plata a esas zonas. Difícilmente vamos a mejorar esas carreteras de la cordillera central del Valle y del Tolima. Lo demás no se puede hacer con presupuesto nacional. Vamos a ver si dejo algo planteado con recursos de la Unión Europea, y en ese momento ven si te llaman o no». Me dijo: «¿Sabe por qué fueron las visitas de Presidencia a los proyectos? ¿Por qué fue Jorge Vargas con otros y en tu compañía a visitar los proyectos? Porque teníamos encima a Inteligencia Militar con información de que esta plata de los proyectos se la estábamos entregando a las FARC y nos iban a judicializar a todos». Me dijo: «Afortunadamente todo salió muy bien y por eso hubo que mandar a alguien de los militares a esa *misión, a Vargas». Me dijo: «Yo nunca te había contado esto, pero tuve que hacer todo para protegerte». Me dijo: «Esto aquí es muy berraco. Imagínese que Fensuagro, y yo tengo claro que Fensuagro es Movimiento Bolivariano, y 15 ONG más están en contra de que apoyemos la productividad agrícola y pecuaria de los campesinos de esa zona cordillerana. Es increíble que mientras tú obtuviste el aval de las FARC para ejecutar el Proyecto que ejecutaste y la posible fase II en el Tolima, y lo de las Asociaciones en el Valle, entonces esas ONG y Fensuagro se oponen a que los campesinos se beneficien con recursos del Estado». Me dijo: «Ahí vinieron a visitarme los de Fundebasa, acompañados de un Representante a la Cámara de Risaralda, para pedirme inversión en Santa Lucía». Y siguió diciéndome que fueron a decirle que ellos habían impedido que los «paras» llegaran a Barragán y Santa Lucía y que, entonces, él los interrumpió y les dijo que «no echaran carreta» (el habla así), que entonces por qué la guerrilla estaba por esos lugares. Que lo que pasaba era que ellos convivían con unos y otros, que no lo creyeran ingenuo. Le dijeron los de Fundebasa que si no se invertía en Santa Lucía, se iba a generar una guerra de comunidades entre Barragán y Santa Lucía. El Comisionado les dijo: «¿Y ustedes porque no invierten?». Ellos respondieron que era que la guerrilla, si los veía con recursos económicos, les iba a pedir contribución, a lo que el Comisionado les volvió a decir que eso era carreta, que él sabía que las FARC no pedían a los finqueros grandes más de una cabeza de ganado al año. Que entonces explicaran porque esas zonas de la cordillera central en el Valle y en el Tolima eran zonas de alta productividad agrícola y ganadera. Que Planadas y sus alrededores eran zonas de alta productividad cafetera, con cafés especiales catalogados como los mejores del mundo, y que en Barragán y Santa Lucía se producía mucha leche y derivados. Que eso se podía hacer con la presencia de las farc, que eso no era «tierra arrasada», que era todo lo contrario. Me dijo. «Explíqueme usted cuál es la razón». Yo le dije que la razón es que las FARC no están contra los campesinos ni allí ni en ninguna parte. Solo les piden que se comporten como «finqueros», que produzcan comida, que generen mano de obra, que paguen salarios justos. Que eso ha hecho que esas zonas se sientan libres para trabajar agrícolamente. Que esos ganaderos se apoyaban entre sí, pero a los campesinos chiquitos y a los jornaleros solo los tenían en cuenta para utilizarlos y pagarles injustamente su trabajo. Siguió entonces hablando el Comisionado de su situación en su cargo y todo el tiempo me habló como si me estuviera dejando información para cuando él no estuviera. Me dijo: «Categóricamente te digo que Uribe no va más. No irá a una tercera reelección». Que eso ya está decidido. Que la llamada Coalición de Gobierno resuelva qué hace. Que esa coalición son solo unos recostados, unos puesteros, etc. Me habló muy mal de políticos y ministros. Por lo que me dijo, mi conclusión es que el Comisionado se va en diciembre o enero, y que lo que llenó la copa fue la imposibilidad de un acercamiento con las FARC. Él dice que si se acerca a las FARC, así sea que nos demoremos en negociar, eso cambia radicalmente el mapa político del país.*

Visita a Barragán y acueducto

Le pregunté como le había ido en Barragán, porque yo sabía que el pasado domingo 21 de sept. el alcalde de Tuluá había subido a Barragán a hacer un Consejo de Gobierno y que la comunidad y el coronel López, comandante de la Móvil 20 Contraguerrillera, presente en la reunión, se habían pronunciado diciendo que el Comisionado había ido a hacer promesas y que no cumplía nada. Él me dijo, que claro, que como el Ejército estaba allá, quería lavarse las manos con él. Que ese era otro problema que él tenía, que el Ejército no lo dejaba hacer muchas cosas, pero que él tenía que trabajar con el Ejército y con todos, porque tenía disciplina de equipo y que definitivamente se debía ir, porque desde afuera podía opinar lo que por dentro no podía decir. Me dijo: «¿Quiere saber usted por qué fui a Barragán? Fui porque me habían dicho que la comunidad se oponía a la construcción del cuartel de Policía allá en Barragán. Tenemos un plan que se llama 125 Corregimientos con Policía». Me dijo: «No anuncié la visita para que no me armaran guachafita; llegué y convoqué a la comunidad. Todos estuvieron de acuerdo con el cuartel de Policía, y me pidieron un polideportivo, y yo lo aprobé, porque ahora la Policía debe estar cerca de la comunidad. El polideportivo se hará enseguida del cuartel de Policía. Cuando terminó la reunión, unas personas de la comunidad, finqueros, se me acercaron y me dijeron que ellos sí se habían opuesto porque las FARC los habían amenazado, que si permitían construir ese cuartel, ellos la pagarían en sus fincas, y que entonces habían buscado el apoyo de un concejal en Tuluá para hacer esa oposición, pero que estaba bien que lo construyeran». Me dijo que en próximos días, con toda la seguridad necesaria, iba a ir a Herrera, para reunirse con la comunidad de ese corregimiento a explicarles las inversiones del Gobierno en la zona. Me dijo: «Después iré a Bolo Azul y posiblemente a La Mesa, si es que todas estas investigaciones de Procuraduría me dan tiempo, porque me tienen agobiado con tanta investigación de Procuraduría, nacidas en el mismo Gobierno. No tengo sino enemigos». (Hasta aquí lo de Barragán.)

El acueducto comunitario de San Antonio fue otro incumplimiento, originado en todo este despelote de Presidencia. La CVC había dicho que financiaba y que Cafeteros construía. Eso nos lo dijo a los delegados de Presidencia y a mí, en febrero/08. Luego, en julio/08, el Secretario General de la CVC me dijo que esta lo financiaría junto con la alcaldía de Tuluá, pero que lo construiría Acuavalle. Ayer, el Comisionado me dijo que la CVC le había dicho que ya no financiaría el referido acueducto. Si eso es cierto, entonces, por algún tiempo no habrá ese acueducto y entonces, ¿qué pasó? Que la plata que teníamos en el proyecto no alcanzaba, porque el acueducto nunca fue parte del proyecto original. El Comisionado había quedado de hablar con el Gobernador para ese asunto, y ayer me dijo que con ese gobernador y esos alcaldes del Valle no hablaría porque todos eran unos corruptos.

Volvimos a recapitular toda nuestra conversación y concluimos:

Mi facilitación en el tema de Gobierno-FARC habrá que terminarla rápidamente, porque no se ve ningún camino. Estaré máximo hasta el 31 de diciembre del 2008, pero lo más seguro es que termine antes, si tu no das una señal de alguna posibilidad. (Lo otro que no sabes, pero que hoy te cuento, es que por estar en esto, no tengo ninguna posibilidad de tener ni un solo contrato con cualquier instancia del Estado, porque esto no me da nada, solo gastos. Debo volver rápidamente al sector privado, porque yo vivo del trabajo, no tengo renta, y esta facilitación no me da nada, pero me impide contratar con el Estado.) La decisión de Restrepo es irse del cargo de Alto Comisionado. Irse más pronto que tarde. Posiblemente después de diciembre/08. Siente que su tarea ya no tiene razón de ser.

Cuídate mucho, mucho… YO

Y terminó el 2008 y nada habíamos podido hacer para que efectivamente se produjera un encuentro que iniciara el camino de un posible diálogo en busca del canje de prisioneros del acuerdo humanitario, pero ya era claro que lo que se estaba buscando era la paz, tanto del lado de las FARC como del lado del presidente Uribe, aunque públicamente este no lo manifestara. Todos los mensajes que estamos mostrando, todas las conversaciones que yo tuve con el presidente Uribe y con Luis Carlos Restrepo conducían a buscar no solo el acuerdo humanitario, sino la paz negociada para el país.

El presidente Uribe tenía una posición muy clara respecto a la paz; me decía que era muy fácil el diálogo con las FARC una vez se encontraran, *porque no iba a negociar las causas políticas, sociales y económicas del conflicto sino sencillamente que entregaran las armas y «vemos a ver qué hacemos con ustedes»*; ese era el pensamiento del presidente Uribe, y sigue siéndolo. Yo no se lo manifestaba a las FARC porque siempre he tenido el pensamiento de que soy el Facilitador y tenía que facilitar el encuentro, y una vez que se encontraran, pues ahí decidían sobre lo que propusieran una y otra parte, pero terminamos el años 2008 y el asunto no pasó a mayores. Y el doctor Luis Carlos Restrepo dejó el cargo de Alto Comisionado para la Paz en el primer semestre del 2009. Renunció al cargo, como ya lo dije anteriormente, porque el consideró que no había razón ni para que él estuviera en el cargo, ni para que el cargo de Alto Comisionado de la Paz continuara existiendo. Me dijo: «Henry, con los »elenos» no se pudo, con las FARC tampoco. Aquí lo que necesitan es una gerencia de desarrollo rural para los dos millones de campesinos excluidos que hay en el país y que son los que sirven de apoyo a las guerrillas». La Presidencia de la República contrató a una persona, el decano de la Facultad de Economía de la Universidad de los Andes, el doctor Alejandro Gaviria, para que examinara la propuesta del doctor Luis Carlos Restrepo. Alejandro Gaviria estimó que sí era cierto que había dos millones de campesinos excluidos, pero que había muchas más familias excluidas en el sector urbano y que sería inconstitucional dedicarse solo al sector rural de la economía y al urbano no.

Lo que proponía Luis Carlos Restrepo era ir «socavando» la base social de la insurgencia, que es el campesinado. Si se le da un mejor vivir a ese campesinado pues tiene menos posibilidad de que apoye de diferentes maneras a la insurgencia.

Cuando el doctor Luis Carlos Restrepo dejó su cargo, dos o tres meses después designaron al doctor Frank Pearl, quien era el Alto Comisionado de la Reinserción, para ejercer esa posición simultáneamente con la de Alto Comisionado de la Paz. Pero además había otra particularidad: como ya he contado, el doctor Restrepo y el doctor Pearl no se entendían, y si se saludaban era por exigencias de una reunión. En el tercer piso de la casa de Nariño las oficinas eran una al lado de la otra.

Henry Acosta, el contacto recurrente de los gobiernos con las FARC

Su amistad de años con «Pablo Catatumbo»
lo ha convertido en ficha clave en los últimos
intentos de paz realizados en el país.

Por: Redacción de El País, *miércoles, octubre 15, 2014*

La última aparición en el sector público de Henry Acosta fue como jefe de la comisión de empalme de Héctor Fabio Useche con el saliente gobernador Francisco Lourido.

Aunque hace solo una semana el país empezó a oír hablar de Henry Acosta Patiño, a raíz de las columnas de opinión en las que lo señalan como gestor de los acercamientos entre el gobierno de Álvaro Uribe y las FARC, *su nombre lleva más de una década relacionado con la agenda oculta de la búsqueda de una salida negociada al conflicto armado en Colombia.*

Un papel que viene cumpliendo aún hoy en el gobierno Santos, gracias a la relación de amistad que desde muy joven entabló con Jorge Torres Victoria, con quien habría estudiado durante la niñez, según sus amigos, y mucho antes de que Victoria se convirtiera en el jefe guerrillero «Pablo Catatumbo».

Pese a que los medios se refieren a Acosta Patiño como un empresario vallecaucano, la realidad es que nació en Génova, Quindío, su cédula fue expedida en Armenia y su ingreso a la región lo hizo en los años setenta a través de Sevilla, en el norte del Valle del Cauca.

Fue ese interés que mostró desde muy joven con el cooperativismo, las clases sociales y los sectores agrarios y cafeteros del departamento el que le permitió que su nombre se posicionara rápidamente como uno de los más reconocidos dirigentes en el Valle.

A finales de los años setenta ya fungía como presidente nacional de Financiacoop y en diciembre de 1980, en reconocimiento a su labor, fue designado, en Chile, secretario general de la Comisión Coordinadora del Desarrollo Cooperativo para la Zona Andina.

Posteriormente, y durante varios años, Acosta Patiño fue gerente general de la Central de Cooperativas Agrarias, Cencoa, donde obtuvo varios reconocimientos por su labor.

Tras una carrera brillante de más de 20 años en el sector privado, dio el paso a la vida pública.

El salto al sector público

Pese a haber hecho parte de varios gobiernos regionales y locales en el Valle del Cauca, su estadía en esos cargos no corrió por cuenta de la representación de partido político alguno, aunque algunos dirigentes cercanos a él lo han matriculado dentro del holmismo.

Entre otras razones porque fue Carlos Holmes Trujillo García quien le abrió la puerta a la vida pública durante su gobierno (1988-1990), en el que Acosta Patiño se desempeñó como secretario de Desarrollo Comunitario de Cali.

En junio de 1997, este economista graduado de la Universidad del Valle creó junto a su esposa la empresa Consultorías Sociales y Económicas Ltda., Consoeco, con la que varios años después firmó dos contratos con el gobierno Uribe para el impulso de actividades agrícolas en los municipios de Buga y Tuluá, que según una grabación en manos de la Fiscalía sirvieron para acercar al entonces comisionado Luis Carlos Restrepo con las FARC.

Entre el año 2000 y el 2004 estuvo al frente de la Fundación Coomeva, cargo que le dio el aval para formar parte de otras organizaciones, entre ellas el Consejo Municipal de Planeación durante la alcaldía de Apolinar Salcedo en Cali, como representante de las cooperativas y los microempresarios.

También en el haber de Acosta Patiño, especialista en Cultura de Paz y Derecho Internacional Humanitario de la Universidad Javeriana, figura su labor en varias misiones internacionales con las Naciones

Unidas, su trabajo con la FAO en Brasil y al frente de la Cooperativa de Cafeteros de Occidente, aseguran sus allegados.

También fue contratista de la Empresa de Acueducto de Bogotá y asesor de la Fundación Ideas para la Paz, por donde también pasó el actual Comisionado de Paz, Sergio Jaramillo.

El zar de las negociaciones

El mejor provecho de su amistad con «Pablo Catatumbo» lo empezó a sacar a partir del 2004, cuando fue invitado a formar parte de la gobernación de Angelino Garzón (2004-2007) como secretario de Desarrollo Social del Departamento, cargo que solo cumplió por espacio de un año debido a sus problemas de sobrepeso. Pero poco después regresó como asesor ad honorem *en asuntos de paz y convivencia.*

Justo para la época, el gobierno de Angelino Garzón venía abanderando el tema de los derechos humanos y mantenía una posición en favor del acuerdo humanitario para la liberación de los doce diputados del Valle en poder de las FARC, y se integró el llamado Consejo Departamental de Paz.

También para entonces, ya el gobierno del expresidente Álvaro Uribe había apelado a Angelino para buscar el acercamiento con el jefe guerrillero «Pablo Catatumbo», aprovechando la conexión directa de Henry Acosta Patiño.

«Todo lo que se ha dicho en los últimos días es cierto y el doctor Acosta, a diferencia de muchos otros, siempre ha estado autorizado, como consta en documentos, para hablar con las FARC en nombre de los últimos gobiernos», aseguró un cercano suyo.

«De hecho, hoy sigue haciéndolo en el gobierno de Juan Manuel Santos y se ha convertido en una especie de recomponedor de situaciones, y de su papel han conocido los demás países que apoyan el proceso de paz de La Habana», agregó la fuente, que pidió reserva porque existe un pacto de silencio.

El martes pasado el propio Acosta Patiño le dijo a El País *que «no estoy autorizado para hablar con los medios» y que antes de hacerlo debe realizar algunas consultas.*

Fui al CICR de Bogotá a contarles y a mostrarles unos documentos muy importantes contra la seguridad de Julieta y la mía, pero ocurrió una cosa curiosa. Christophe Beney me dijo: «Henry, pues no te voy a decir que me alegro de lo que te está pasando, pero es providencial, nosotros sabíamos de tu existencia pero no sabíamos cómo llegarte y cómo comunicarnos contigo». Conversamos y me dijeron que eso no lo podían resolver ellos, pero que había una posibilidad con la embajada de Suecia, con la cual hay un convenio para estos casos, y que a su vez esta embajada tiene unos convenios con Guatemala y Chile, para quien vaya a pedir refugio (en Europa se pide refugio y no asilo). Que si la embajada considera que amerita conceder el refugio los manda primero seis meses a Chile o Guatemala, y si en esos seis meses se ve que la cosa continúa, pues se mandan a Suecia.

Entonces nos fuimos con Michael Kramer y Christophe Beney, del CICR, a la embajada de Suecia. Ellos buscaron la cita, y la señora Lena Nordström, quien era embajadora de Suecia en Colombia y lo fue durante cinco años (la embajadora de Suecia lo es simultáneamente en Colombia, en Venezuela, en Ecuador y en Panamá, y en consecuencia tiene mucha influencia en el norte de Suramérica), nos recibió en su residencia, en el norte de Bogotá, en el sector de Rosales. Le conté y le mostré los documentos que me habían llegado, así como las denuncias mías a la Procuraduría, a la Fiscalía, a Frank Pearl y al presidente Uribe, y la señora Lena me dijo: «Henry, sí, yo entiendo que tú y Julieta tengan miedo, pero lo que haces es normal, te están buscando para ver si a través tuyo encuentran a alguien. Pueden pasar cosas, pero tú eres el único que puede evaluar, mira a ver». Julieta y yo analizamos luego, en casa, la situación, y llegamos a pensar en irnos a Chile, dentro los trámites de ese posible refugio sueco, pero ocurrió un *impasse* de la naturaleza: se produjo un gran terremoto en Chile, con tsunami incluido, y esa situación nos hizo descartar esa alternativa y el trámite, y decidimos permanecer en Colombia.

Y ahí se inició una relación con la embajada de Suecia, que continúa. Lena Nordström ya no es la embajadora, la sustituyeron por Anne Marie Andersson de Frutos, que venía de un país del sur de África. A la señora Lena la trasladaron a un país del centro de ese mismo continente.

Entonces se inició un camino con la embajada de Suecia, camino que se siguió durante todo el año 2009. Hicimos muchas reuniones con Michael Kramer, con Christophe Beney y el Alto Comisionado para la Paz, Frank Pearl, y con la señora embajadora de Suecia. Las reuniones siempre eran en la residencia de esta última, y buscaban cómo hacer que se produjera un encuentro entre las FARC y el Gobierno. La teoría de Frank Pearl y de Michael Kramer era que eso debía hacerse en Colombia, y yo insistía en que no, que eso era muy complicado, que ya habíamos tenido lo del Caguán. Yo nunca fui al Caguán, nunca tuve ninguna relación, pero ya habíamos tenido ese episodio y esa relación de tantos intentos en despejar Florida y Pradera.

Frank Pearl decía que el presidente Uribe no aceptaba que se hiciera en el exterior. Lena Nordström estaba de acuerdo conmigo en muchas cosas y ella hizo una tarea inmensa. Cuando la paz se logre en Colombia, habrá que reconocerle a ella y a Suecia el enorme compromiso que desde el comienzo tuvieron con este propósito. La señora Lena habló con sus jefes en Estocolmo (el ministro o ministra de Relaciones Exteriores), quien tenía que hablar con el Primer Ministro. Ellos autorizaron continuar las conversaciones para un eventual encuentro entre el Gobierno colombiano y las FARC en Suecia.

Una anécdota divertida es que en alguna ocasión yo estaba con la señora Lena en el despacho de la embajada hablando del tema y me dijo:

—Henry, espere yo llamo a Estocolmo.

Tomó el teléfono y marcó, y comenzó a hablar, y yo obviamente no entendía nada. Habló por ahí unos 5 o 10 minutos y cuando terminó y colgó, le pregunté:

—Señora Lena, ¿en qué idioma habló?

—Pues en sueco, Henry, porque es la única manera de que si me tienen interceptada no me entiendan.

Le dije:

—Ay, señora Lena, si a usted le tienen interceptado el teléfono, con absoluta seguridad al que le asignaron esa misión habla sueco como usted, o sea que lo que habló ya se lo copiaron.

Ella se rió.

La señora Lena habló con sus autoridades en Estocolmo, incluido el Primer Ministro, y todos dijeron que si el Gobierno colombiano lo solicitaba, pues habría la disponibilidad de autorizar esos acercamientos en territorio sueco. No hay que olvidar que estaba de por medio y sigue estando que las FARC eran o son consideradas un grupo terrorista. La solicitud de una sede o de un lugar para encontrarse en Suecia para hablar la tenía que hacer el Gobierno colombiano, que era el que legalmente podía hacerlo.

Comenzamos entonces a hablar de ese tema en nuestras reuniones en la residencia de la embajadora de Suecia, pero el doctor Pearl decía que el presidente no iba a aceptar eso. A raíz de la salida del doctor Restrepo, yo ya poco hablaba con el presidente Uribe. Todas estas reuniones con el doctor Pearl y con Lena y con el CICR constituían la manera como yo seguía en el plan de la facilitación, pero era básicamente con el Comisionado para la Paz como yo intentaba construir un camino hacia el encuentro por la paz. Terminó el año 2009 y con él nuestras reuniones. Solo faltaba que el presidente Uribe y las FARC aceptaran. Habíamos avanzado.

Parte 2

La Habana, Cuba, agosto 24 de 2016. De izquierda a derecha: Iván Márquez, Timoleón
Jiménez, Henry Acosta y Pablo Catatumbo.

Avión presidencial, junio 23 del 2016. Presidente Juan Manuel Santos con Henry Acosta y Julieta López.

Año 2010: ¡El año crucial!

Empezó el 2010 y se terminaba el segundo mandato del presidente Álvaro Uribe Vélez. No había posibilidad de una tercera reelección. Recuerde que él perdió esa consulta popular, el famoso articulito, y no podía ser reelecto. En mayo del 2010 habría elecciones y se vislumbraba que uno de los candidatos fuertes sería el doctor Juan Manuel Santos.

Seguimos conversando con el doctor Pearl. Como se sabe, los años empiezan prácticamente en la última semana de enero. Uno puede intentar empezar temprano, pero muchos empiezan tarde, y eso es un poco enredado.

En febrero de ese año, el comandante general de las FARC-EP, Alfonso Cano, produjo el siguiente documento, que es muy importante, porque era, en ese momento, el preámbulo a un posible encuentro para fijar agenda de una posible negociación del conflicto interno armado colombiano.

Memorando para un intercambio sobre el conflicto colombiano

Siempre hemos creído en una salida política al conflicto. Desde antes de la agresión a Marquetalia y durante estos 46 años lo hemos reiterado, expresado y luchado.

Primera parte

Primero. Siempre hemos creído en una salida política al conflicto. Desde antes de la agresión a Marquetalia y durante estos 46 años lo hemos reiterado, expresado y luchado.

Segundo. Nosotros no somos guerreristas, ni luchamos por venganzas personales, no tenemos patrimonios materiales ni privilegios

*que defender, somos revolucionarios comprometidos a conciencia
y hasta siempre con la búsqueda de una sociedad justa y soberana; profundamente humanistas, desprovistos de cualquier interés
personal mezquino, que amamos nuestra Patria por encima de
todo y obligados a desarrollar la guerra contra una clase dirigente
arrodillada al imperio, que ha utilizado de manera sistemática la
violencia y el atentado personal como arma política para sostenerse
en el poder, desde el 25 de septiembre de 1828 cuando pretendió
asesinar al Libertador Simón Bolívar, hasta hoy, en que practica
el Terrorismo del Estado para mantener el* statu quo.

*Tercero. La dificultad que Colombia ha enfrentado para lo-
grar la reconciliación a través del diálogo y los acuerdos ha sido
la concepción de paz oligárquica del régimen, que solo acepta el
sometimiento absoluto de la insurgencia al llamado «orden establecido», o, como alternativa, la «paz de los sepulcros».*

*Cuarto. No hemos peleado toda la vida contra un régimen
excluyente y violento, corrupto, injusto y antipatriota, para ahora,
sin cambios en su estructura, retornar a él.*

*Quinto. En Colombia mucha gente buena y capaz que quería un
país mejor y que lo luchó por las vías pacíficas, como Jaime Pardo
Leal, Bernardo Jaramillo, Manuel Cepeda y otros, fue asesinada de
forma premeditada, vil y a mansalva por los servicios de inteligencia
del Estado en alianza con los paramilitares y las mafias, enemigos
del pueblo, en un genocidio sin precedentes que liquidó físicamente
a todo un movimiento político dinámico y en pleno crecimiento: la
Unión Patriótica. Por esa estrategia del Terrorismo de Estado se
fracasó en la búsqueda de solución política en La Uribe durante
los gobiernos de Belisario Betancur y Virgilio Barco y, en Caracas
y México, durante el gobierno de César Gaviria.*

*Sexto. En el Caguán, como lo ha reconocido en su libro y en
declaraciones públicas el presidente Pastrana, el régimen solo bus-*

caba ganar tiempo para recomponer la alicaída fuerza militar del Estado con cronograma, directrices, instrucciones y financiación de la Casa Blanca, integrados en el Plan Colombia e impuesto por la administración de Bill Clinton para abortar una salida política democrática al conflicto colombiano y dar inicio a su campaña por revertir los cambios progresistas que desde entonces avanzan en el continente. El satanizado proceso del Caguán estaba condenado al fracaso antes de empezar, como lo ha corroborado el expresidente Pastrana, pues su gobierno jamás buscó allanar el camino hacia la paz, sino fortalecer y afinar su aparato de dominación, para continuar la guerra.

Séptimo. Estos antecedentes no invalidan las posibilidades de una solución política al conflicto colombiano. Evidencian sí la casi nula intención de la clase dirigente colombiana de ceder en su hegemonismo y su intolerancia frente a otras corrientes u opciones políticas de oposición que cuestionen su régimen político y su alineamiento internacional incondicional a favor de los intereses imperiales de los Estados Unidos, con menoscabo de nuestra soberanía y en contravía de los más caros y sentidos intereses de la nación y de la Patria. Su concepción sobre el ejercicio del poder está signada y sostenida por la violencia, la corrupción y la rapacidad, y ello hace muy difícil una salida incruenta que, de todas formas, continuará siendo bandera de las FARC-EP y seguramente de amplios sectores del pueblo que, finalmente, son los que sienten sobre su humanidad los efectos de la hegemonía oligárquica.

Octavo. Los intereses de los distintos sectores sociales se están confrontando permanentemente. En ocasiones y por periodos definidos la oligarquía ejerce su dictadura a fondo, sin respuestas trascendentes de parte de las mayorías por la presión, represión, guerra sucia y descalificación que se desarrolla desde el Estado sobre ellas de diferentes maneras; en otros, las respuestas son im-

portantes pero no suficientes; en otros, luego de una acumulación de factores sociales desbordantes, la respuesta popular es contundente. Entendemos que los intereses de los diferentes sectores en una sociedad como la nuestra están en permanente choque y movimiento, nunca paralizados. Por eso, hablar en la Colombia de hoy del posconflicto es propaganda.

Noveno. Esta reflexión es pertinente, puesto que las causas generadoras del alzamiento armado en nuestro país existen más vivas y pujantes que hace 46 años, lo que reclama, si queremos construir un futuro cierto de convivencia democrática, mayores esfuerzos, desprendimiento, compromiso, generosidad e imaginación realista para atacar la raíz de los problemas y no las consecuencias de los mismos.

Décimo. Luego de 12 años de ofensiva total contra las FARC-EP por parte del gobierno de los Estados Unidos y del Estado colombiano, los asesinatos oficiales, verdaderos crímenes de lesa humanidad, hoy llamados falsos positivos, el terror creciente de la nueva máscara del narcoparamilitarismo denominada «bandas criminales», la asqueante truculencia del presidente para mantenerse en el poder con trampas, la incontenible corrupción de la administración y de la empresa privada que a trueque de esa misma corrupción y de millonarias gabelas apoya al gobierno, la impúdica invasión del ejército gringo a Colombia y la creciente injusticia social con alto desempleo, sin salud para las mayorías, con un altísimo desplazamiento interno, con un ridículo salario mínimo en oposición a las enormes ganancias de banqueros, hacendados y empresas multinacionales y luego de haberle raponeado con una reforma laboral las conquistas salariales más trascendentes a los trabajadores del campo y la ciudad, todo lo que se ha logrado es abonar más el terreno para el crecimiento de la insurgencia revolucionaria.

Segunda parte

1. *El conflicto armado colombiano posee profundas raíces históricas, sociales y políticas. No ha sido el invento de ningún demiurgo, producto de ánimos sectarios, ni consecuencia de alguna especulación teórica, sino el resultado y la respuesta a formas de dominaciones específicas, impuestas por las clases gobernantes desde los gérmenes del Estado-nación, cuyo eje ha sido la sistemática violencia terrorista antipopular, propiciada desde el Estado, especialmente en los últimos 60 años.*

2. *Superarlo, por las vías pacíficas, supone que preliminarmente exista total disposición a abordar los temas del poder y del régimen político, si la decisión es encontrar soluciones sólidas y perdurables.*

3. *Hemos planteado la necesidad de conversar, en principio, para lograr acuerdos de canje, lo que permitiría no solo la libertad de prisioneros de guerra de lado y lado, sino avanzar en la humanización del conflicto y seguramente ganar terreno en el camino hacia acuerdos definitivos.*

4. *Conversar, buscar conjuntamente soluciones a los grandes problemas del país, no debe ser considerado como concesión de nadie, sino como un escenario realista y posible para intentar, una vez más, detener la guerra entre colombianos a partir de la civilidad de unos diálogos.*

5. *Reunirse para conversar de canje y de solución política supone plenas garantías para hacerlo, libres de toda presión, dando por descontado que quien las puede otorgar es, exclusivamente, el gobierno de turno, si posee la voluntad de encontrar caminos de diálogo.*

6. *Nuestra histórica y permanente disposición por encontrar escenarios de confluencia a través del diálogo y la búsqueda colectiva de acuerdos de convivencia democrática no dependen*

de una coyuntura especial o de la correlación de las fuerzas políticas; es sencillamente, parte de nuestro acervo programático.

7. *Durante los últimos 45 años hemos sido objeto de toda suerte de ofensivas políticas, propagandísticas, militares, con presencia abierta o soterrada del Pentágono, con toda suerte de ultimátums y de amenazas de autoridades civiles y militares, bajo una permanente agresión terrorista sobre la población civil de las áreas donde operamos, etc., que no han mellado ni un ápice nuestra decisión y disposición de luchar, por el medio que nos dejen, por una Colombia soberana, democrática y con justicia social.*

8. *Entendemos los diálogos, en la búsqueda de caminos hacia la paz, no como una negociación, porque no lo es, sino como un enorme esfuerzo colectivo por lograr acuerdos que posibiliten atacar las raíces que originan el conflicto colombiano.*

Tercera parte

Las FARC somos respuesta a la violencia y a la injusticia del Estado. Nuestra insurgencia es un acto legítimo, un ejercicio del derecho universal que asiste a todos los pueblos del mundo de rebelarse contra la opresión. De nuestros libertadores aprendimos que «cuando el poder es opresor, la virtud tiene derecho a anonadarlo», y que «el hombre social puede conspirar contra toda ley positiva que tenga encorvada su cerviz». Tal como lo proclama el Programa Agrario de los Guerrilleros, las FARC «somos una organización política militar que recoge las banderas bolivarianas y las tradiciones libertarias de nuestro pueblo para luchar por el poder y llevar a Colombia al ejercicio pleno de su soberanía nacional y hacer vigente la soberanía popular. Luchamos por el establecimiento de un régimen democrático que garantice la paz con justicia social, el respeto de los derechos humanos y un desarrollo económico con bienestar para todos quienes vivimos en Colombia». Una organización con estas proyecciones, que busca la concreción del proyecto político y social del padre de la República, el Libertador Simón Bolívar, irradia en su táctica y estrategia un carácter eminentemente político imposible de refutar. Solo el gobierno de Bogotá, que actúa como colonia de Washington, niega el carácter político del conflicto. Lo hace dentro del marco de su estrategia de guerra sin fin para negar la salida política que reclama más del 70 % de la población. Con ello pretende imponer a la fuerza una antipatriótica concepción de seguridad inversionista ideada por los estrategas del Comando Sur del ejército de los Estados Unidos, que relega a planos secundarios la dignidad de la nación. Para el gobierno de Uribe, en Colombia no existe un conflicto político-social, sino una guerra del Estado contra el terrorismo, y con este presupuesto, complementado con la más intensa manipulación informativa, se cree con justificación y patente de corso para desatar su terrorismo de Estado contra la población, y para negar la solución política y el derecho a la paz. Ahora que Colombia es un país formalmente invadido, ocupado militarmente por tropas estadounidenses, esa absurda percepción será fortalecida, provocando la agudización del conflicto.

Uribe no está instruido por sus amos de Washington ni para el canje ni para la paz. El presidente de Colombia crea fantasmas para justificar su inamovilidad frente al tema del canje de prisioneros: que el acuerdo implica un reconocimiento del carácter de fuerza beligerante del adversario y que la liberación de guerrilleros provocaría la más grande desmoralización de las tropas... Es su manera de atravesar palos en la senda del entendimiento. Esta intransigencia innecesaria del gobierno ha sido la causa fundamental de la prolongación del cautiverio de los prisioneros de ambas partes. Cuando Bolívar firmaba el armisticio con Morillo en noviembre de 1820, propuso al general español aprovechar la voluntad de entendimiento reinante para acordar un tratado de regularización de la guerra «conforme a las leyes de las naciones cultas y a los principios liberales y filantrópicos». Su iniciativa fue aceptada, conviniéndose el canje de prisioneros, la recuperación de los cuerpos de los caídos en combate y el respeto a la población civil no combatiente. Cuán distante está Uribe de estos imperativos éticos de humanidad. Sin duda, asocia Uribe la solución política del conflicto con el fracaso y la inutilidad de su Doctrina de Seguridad Nacional y con el fin melancólico de su arrebato guerrerista de aplastar mediante las armas la creciente inconformidad social. Parece un soldado japonés de la Segunda Guerra Mundial perdido en una isla, disparando a enemigos imaginarios en medio de su locura. A los participantes de este intercambio sobre el conflicto colombiano les reiteramos lo planteado recientemente a los presidentes de UNASUR y del ALBA: «…Con un Uribe imbuido en el frenesí de la guerra y envalentonado con las bases norteamericanas, no habrá paz en Colombia ni estabilidad en la región. Si no se frena el guerrerismo —ahora repotenciado—, se incrementará en proporción dantesca el drama humanitario de Colombia. Es hora que Nuestra América y el mundo vuelvan sus ojos sobre este país violentado desde el poder. No se puede condenar eternamente a Colombia a ser el país de los "falsos positivos", del asesinato de millares de civiles no combatientes por la Fuerza Pública, de las fosas comunes, del despojo de tierras, del desplazamiento forzoso de millones de campesinos, de las detenciones masivas de ciudadanos, de la tiranía y de la impunidad de los victimarios amparados en el Estado».

Solicitamos a los asistentes a este evento interponer sus buenos oficios promoviendo, como un principio de solución política del conflicto, el reconocimiento del estatus de fuerza beligerante a las

FARC. Sería el comienzo de la marcha de Colombia hacia la paz. Si vamos a hablar de paz, las tropas norteamericanas deben salir del país, y el señor Uribe abandonar su campaña goebbeliana de calificar de terroristas a las FARC. De nuestra parte estamos listos para asumir la discusión en torno a la organización del Estado y de la economía, la política social y la doctrina que ha de guiar a las nuevas Fuerzas Armadas de la nación. De ustedes atentamente, compatriotas,

Secretariado del Estado Mayor Central de las FARC-EP
Montañas de Colombia, febrero 22 del 2010

Y aquí presento la autorización de la Presidencia de la República, a través del Alto Comisionado doctor Frank Pearl, para realizar mi labor de facilitación:

Presidencia de la República de Colombia
Alto Comisionado para la Paz

Bogotá D.C., Febrero 16 de 2010

Señor
Henry Acosta Patiño
C.C. 7506872
E. S. M.

Siguiendo instrucciones del Presidente de la República y de conformidad con lo establecido en la Ley 782 de 2002, modificada y prorrogada por la Ley 1106 de 2006, me permito informarle que Usted ha sido autorizado para adelantar acercamientos con el grupo de las FARC, a partir de la presente comunicación. En particular, para concretar un encuentro entre las partes. Cada treinta (30) días, deberá presentar el respectivo informe a este Despacho, a efectos de establecer su continuidad.

Las gestiones que se adelanten en razón a esta autorización serán evaluadas por el Gobierno Nacional, con el fin de determinar su aceptación o no.

Finalmente, me permito advertir que para el desarrollo de las actividades que esta autorización implica, y exclusivamente para apoyo de tipo operativo, podrá Usted estar acompañado de la señora Julieta López Valencia, identificada con la cédula de ciudadanía número 34'592.190.

Atentamente,

Frank Pearl

MMU/LD

Comenzamos a hablar de nuevo a finales de febrero del 2010 con la Embajada de Suecia en Colombia y el Alto Comisionado para la Paz. Confirmamos con la embajadora Nordström que las cosas seguirían abiertas en Suecia a la posibilidad de encuentro entre el Gobierno colombiano y las FARC.

Yo le hice una propuesta al doctor Pearl: «Hagamos una cosa, dígale al presidente Uribe que necesito hablar con él, y usted está presente en la reunión, y le propongo el encuentro entre el Gobierno y las FARC en el exterior. Lo peor que nos puede pasar es que nos diga que no, que tiene que ser en Colombia. Yo le explico por qué en Colombia no. Hagamos el intento. Yo tengo un refrán que dice: "No se aprende a nadar sino nadando"». Días después, el doctor Pearl me dijo: «Listo, Henry, hablé con el Presidente y él fijó una cita para el día 5 de marzo a las seis de la mañana en la Casa de Nariño».

Ese día fue lunes y yo viajé de Cali a Bogotá el día anterior, pues la cita era muy temprano. El doctor Pearl me dijo que me parara en la entrada de los vehículos, en la carrera 8, y que lo esperara. Me alojé en un hotel muy cercano a la casa de Nariño y llegué a las seis de la mañana al sitio fijado. El doctor Pearl llegó en carro y entré con él. Fuimos hasta la plaza de armas de la Casa de Nariño, porque el Presidente de la República vive en la residencia oficial, que está conectada con la Casa de Nariño, sede de las oficinas presidenciales. El Presidente de la República se traslada de sus oficinas por la vía interna, pasando por unos corredores, no sale de la Casa de Nariño. Llegamos hasta la referida plaza, nos bajamos e íbamos a subir por el ascensor, cuando los del esquema de seguridad nos dijeron que el presidente Uribe ya estaba bajando, que lo esperáramos ahí abajo. Lo saludé y él me saludó como siempre me ha saludado y me sigue saludando.

—Henry querido, cómo le va, ¿qué hay de Julieta?

—Bien, Presidente, muchos saludos.

Él inmediatamente me dijo:

—Henry, ¿qué vamos a hacer con la FARC? —recuerde que él siempre se refiere a ellas en singular.

—Pues, Presidente, hablar con ellos —y él me tomó de un brazo y nos fuimos retirando dentro del *lobby* y el doctor Pearl, que ya había saludado, se quedó callado, como era lo convenido.

—¿Dónde? —me dijo.

—En Suecia —le dije inmediatamente.

—No. Me echo encima a la Unión Europea.

Cuando él me dió esa respuesta yo me puse muy feliz y me dije: Listo, ya me aceptó reunirse en el exterior, que era lo que el Presidente le decía al doctor Pearl que no aceptaría. Y me dije también: Ahora solo me queda acordar con él qué país será el del encuentro entre el Gobierno y FARC.

—¿Dónde, Presidente? —le pregunté.

—En Uruguay o en Chile, Henry.

—No, Presidente. En Uruguay no, porque está llegando una persona que ha sido de los Tupamaros y a veces las diferencias entre los mismos de la izquierda son más complicadas que entre la izquierda y la derecha. Yo no sé cómo será el asunto con el nuevo Presidente del Uruguay y las FARC. Y Chile, muy complicado, porque le acaba de caer un terremoto y un tsunami al presidente Piñera, y no creo que esté en condiciones.

Descartamos los dos.

—Henry ¿dónde? —me preguntó.

—Presidente, en Brasil —le dije con mucha firmeza.

—¿Por qué? —me preguntó el Presidente.

—Porque estamos próximos a la liberación de Clara Rojas, Moncayo y otros, y el país facilitador para ello es Brasil.

Aquella famosa liberación, que fue en Semana Santa, terminó con esa foto en Caracas: Iván Márquez, Piedad Córdoba y el presidente Hugo Chávez, una foto que causó mucho revuelo. Eso fue rapidito. Con los presidentes es así: rápidos, ya sea para aprobar o negar. No hay mucho discurso.

Y entonces el presidente Uribe me dijo:

—Listo, Henry, dígale a la FARC que entonces que sí, que en Brasil nos encontramos.

—No, señor presidente, perdóneme, pero yo no les digo. Por escrito, por favor.

—Henry, ¿cómo así? A usted le creen.

—Sí, señor Presidente, me creen, pero es que el mensaje es tan grueso que me van a preguntar: ¿Estás seguro de que el presidente Uribe te dijo eso? ¿No será que escuchaste mal? ¿No será que estás equivocado? ¿No será otra cosa? Es mejor por escrito, señor Presidente.

Volteó a mirar al doctor Pearl y le dijo:

—Doctor Frank, elabore entonces con Henry el mensaje sobre lo que acabo de decir, que sí, proponiéndoles lo que acabamos de hablar. —Y agregó—: Caminen me acompañan, yo voy para la emisora.

Se subió a la camioneta. Ningún escolta le abrió la puerta. Corrió la banca de la segunda fila y se sentó en la última. Volvió a cerrar la banca y dijo: «Súbanse ahí». El doctor Pearl y yo nos subimos a la fila del medio. Adelante iban el conductor y un oficial del Ejército. Hablamos del orden público y luego dijo:

—Voy para La W, entonces voy a contar lo que acabamos de hablar.

Y le dije:

—Presidente, ni se le ocurra, esto es un secreto, donde usted lo cuente ahí muere eso.

—¿Seguro?

—Claro, Presidente, eso no se puede contar.

—Bueno.

En La W deben tener el registro de lo que él dijo ese día, 5 de marzo del 2010. El doctor Pearl y yo nos bajamos en el sótano del edificio. Yo me bajé primero, me despedí de él, y me dijo:

—Bueno, Henry, quedamos así, entonces mucha suerte y saludes a Julieta.

Siempre, en mi labor como Facilitador, los saludos iniciales con el presidente Uribe, como con el presidente Santos, tienen incluida la pregunta de cómo está Julieta, y en la despedida, un saludo para ella, porque saben es mi compañera en todo este trabajo.

Me bajé y el doctor Pearl se quedó hablando con el Presidente unos tres o cuatro minutos. Cuando se bajó, me dijo:

—Bueno, Henry, vámonos a hacer ese trabajo.

Eran las siete y media de la mañana y nos fuimos para una cafetería muy conocida en Bogotá que queda en la carrera 5.ª con calle 70. El doctor Pearl llamó a Alejandro Éder, que era su segundo, le dijo que trajera un computador portátil y los tres, en ese cafetería, desayunando, elaboramos el documento para las FARC que les mandaba la Presidencia. El doctor Pearl me preguntó a quién le dirigía el documento, y le dije que a Alfonso Cano y a Pablo Catatumbo, pues ellos están más cerca y me es más fácil llevarlo, y siempre que se dirige un documento al Secretariado, a ellos no les queda fácil contactar a todos sus miembros. Se redactó el documento que anexo:

Presidencia de la República de Colombia
Alto Comisionado para la Paz

5 de marzo de 2010, Bogotá DC

Señores
Alfonso Cano y Pablo Catatumbo
Secretariado del Estado Mayor Central de las FARC-EP

Señores:

Por medio de la presente y a partir de su último comunicado de febrero 22 de 2010 denominado *Memorando para un intercambio sobre el conflicto colombiano*; de la carta del Señor Jorge Briceño Suárez al General Freddy Padilla de León de enero de 2010; y a través del facilitador que tenemos con el señor Catatumbo, comunico:

1. Nuestro interés en tener un encuentro directo y secreto con ustedes o sus delgados.

2. Este encuentro tendría una agenda abierta, con el propósito de construir confianza entre las partes y que pueda conducir a una agenda de paz más detallada y profunda a futuro.

3. El lugar del encuentro podría ser Brasil, dado el trabajo conjunto que hemos acumulado con este país.

4. Brasil garantizaría dentro del territorio brasileño la seguridad y logística de los participantes del encuentro secreto.

Quedamos atentos a su respuesta y observaciones a los puntos anteriores.

Atentamente,

Frank Pearl
Alto Comisionado para la Paz

El documento es la propuesta de encuentro para la paz hecha por el Alto Comisionado para la Paz y autorizado por el presidente Álvaro Uribe Vélez el 5 de marzo del 2010. Es un documento histórico, porque muestra que reiteradamente se buscaba hacer un encuentro entre el Gobierno Uribe y las FARC. Esta propuesta es la más completa de todas.

El 14 de marzo entregué ese documento a Pablo Catatumbo, quien lo leyó e hizo una mueca, como de asombro, y me dijo:

—Bien, tú sabes que esto lo tengo que consultar con todos, espérate a ver qué hacemos y cuando tengamos respuesta la damos, pero te advierto: esto ya está muy cerquita de las elecciones, ya no alcanzamos y va a haber otro presidente, y esto no es como rapidito. Está muy tarde. Lástima que el Presidente se hubiese demorado tanto; tanto que le dijimos….

—Lo que pasa Pablo —le dije— es que el Presidente no concibe la idea de que nada sobre Colombia y las causas políticas, sociales y económicas del conflicto interno armado sea para discutir, tanto que ni siquiera reconoce que existe un conflicto armado en Colombia. Él lo que quiere es que ustedes entreguen las armas y punto: se acabó.

—¡Ah, no!, menos, pero deje yo consulto.

Yo me regresé a la ciudad y esperé. El 5 de abril, un mes exacto después del encuentro con el presidente Uribe, fueron las exequias del coronel Julián Ernesto Guevara. Las FARC habían entregado sus restos porque ya hacía unos años había muerto estando retenido (porque para las FARC y para el Derecho Internacional personas como el coronel Guevara son «retenidos en combate»). Lo habían entregado en una cajita pequeñita. Esa ceremonia se realizó en la Catedral Primada de Colombia, en la Plaza de Bolívar, y estuvo toda la plana mayor del Gobierno colombiano, ministros, Fuerzas Militares, Iglesia católica, fue una cosa imponente. En plena misa el presidente Uribe se paró en el púlpito de la iglesia y le dijo a las FARC todo lo que acostumbraba decirles: bandidos, terroristas, eso era normal, pero dijo una cosa que fue complicada: «…y nunca hablaré con ellos». ¡Hacía un mes había enviado un mensaje en el decía: «Hablemos»!

En ese momento el doctor Frank Pearl ya se había movido —hay que reconocerlo— eficaz, efectiva y eficientemente.

Ya había hablado con los ministros de Relaciones Exteriores y de Defensa de Brasil. La reunión de las FARC con el gobierno en Brasil estaba lista: había cuatro posibilidades de sitio de encuentro, por cierto que en cuarteles del Ejército brasileño, para garantizar la seguridad de todos los que iban a estar ahí. Se habían organizado los sitios de desplazamiento y cómo la Cruz Roja recogía a los comandantes de las FARC. Había hablado con Ginebra, habían autorizado el uso de aviones y helicópteros. Mejor dicho, Frank Pearl se movió de una manera vertiginosa y eficiente. El 5 de abril, cuando el presidente Uribe se echó ese discurso, Frank Pearl tenía prácticamente todo listo.

Con este discurso el presidente Uribe Vélez terminó unilateralmente la búsqueda de la paz, que el mismo había iniciado 8 años atrás, a través del Luis Carlos Restrepo y de mí, a tal punto que llegó a proponer que si los comandantes de las FARC iban a la zona de despeje de Florida y Pradera, él trasladaría por unas semanas la sede de su Gobierno a Florida, Valle. Eso está documentado. Y terminó unilateralmente dicha búsqueda, a pesar de la eficiente gestión del doctor Frank Pearl para culminar un posible encuentro en Brasil.

He aquí el texto del discurso del presidente Uribe que cerró la posibilidad de que las FARC acogieran efectivamente su propuesta del 5 de marzo, y cuya respuesta fue conocida el 7 de abril, dos días después del mismo:

Doña Emperatriz [de Guevara] y apreciada familia:

Ustedes nos han dado, a todos sus conciudadanos, un ejemplo de temple en el dolor, de dignidad con la Patria en la mayor de las dificultades.

Tenemos toda la admiración y toda la gratitud con ustedes.

Nos reunimos a despedir un héroe de la Patria, que sufrió una larga tortura por el terrorismo.

No podemos olvidar el momento del secuestro —Mitú (Vaupés), 1998—, cuando ya estaba anunciado el despeje, convenido todo lo que sería el proceso del Caguán.

Me pregunto: Se les había hecho a los terroristas la mayor concesión de la historia. ¿Qué pretendían con ese secuestro y con ese ataque a Mitú?

Después empezó este Gobierno.

Le había dicho yo a mis compatriotas, siendo candidato a la Presidencia, que no haría un acuerdo humanitario a no ser que empezara un nuevo proceso de paz y que ese proceso tenía que empezar con un cese de actividades criminales por parte del terrorismo.

Posteriormente, reuniones con la Iglesia católica, con la Cruz Roja Internacional, con Naciones Unidas, con los familiares de los secuestrados, me llevaron a decir que el Gobierno aceptaba un acuerdo humanitario, que no lo condicionaba al inicio de un proceso de paz siempre y cuando no tuviéramos que devolverle personas que estaban en las cárceles a las guerrillas terroristas para que ellas continuaran con sus crímenes.

La Iglesia católica fue autorizada por el Gobierno, se reunió en varias ocasiones con la guerrilla. No hubo respuesta a la buena fe del Gobierno.

Posteriormente ofrecimos que no serían extraditados «Simón Trinidad» ni la señora «Sonia» si se liberaba a los secuestrados. No hubo respuesta a la oferta del Gobierno.

Posteriormente, en dos ocasiones sucesivas, el Gobierno liberó unilateralmente guerrilleros de las FARC que estaban en las cárceles, buscando que se liberara a los secuestrados. No hubo respuesta de los terroristas.

El Gobierno aceptó una zona de encuentro en la cordillera vallecaucana para acordar la liberación de los secuestrados.

Los organismos internacionales que habían definido esa zona de encuentro le expresaron al Gobierno que las FARC *la habían aceptado. El Gobierno la aceptó. Las* FARC *negaron que la hubiera aceptado y volvió a engañarnos.*

A pedido del presidente Nicolás Sarkozy, de Francia, el Gobierno liberó de la cárcel a «Granda». Este se reintegró a las actividades criminales, en las cuales hoy se encuentra.

No hubo respuesta en materia de darles libertad a los secuestrados de las FARC.

Hemos hecho todos los esfuerzos.

El año pasado, en varias reuniones con los familiares de los secuestrados, tomamos estas decisiones:

Primero, que el Gobierno daría todas las facilidades para las liberaciones unilaterales, siempre y cuando fueran liberados todos los secuestrados.

Después tuvimos una nueva reunión. Mis compatriotas, los familiares de los secuestrados, me dijeron: «Presidente, quite esa condición, es imposible esa condición». Por atender la petición de los familiares, el Gobierno aceptó.

Entonces se dijo: Se dan las facilidades para las liberaciones unilaterales, pero tiene que haber un compromiso de las FARC *de que posteriormente todos serán liberados.*

Yo les explique a los familiares de los secuestrados que así como el Gobierno tenía que dar facilidades para las liberaciones unilaterales, el Gobierno no se podía olvidar de aquellos que estaban condenados a seguir secuestrados.

Sin embargo hubo otra reunión y los familiares de los secuestrados insistieron en que también quitáramos esa condición, y por acceder a la petición de los familiares de los secuestrados se quitó esa condición.

Sin embargo, las FARC no liberaban a las personas que había ofrecido liberar. Calcularon las fechas electorales, hicieron de la tortura del secuestro un juego para acomodarse a necesidades de protagonismo electoral e intentar engañar nuevamente a los colombianos.

Prolongaron el cautiverio a pesar de que el Gobierno había dado todas las facilidades, y su única pretensión era hacer coincidir esa liberación con un proceso electoral, con el ánimo de engañar a los colombianos.

«Lo mantuvieron torturado y lo llevaron a la muerte».

¿Qué pasó con el coronel [Julián Ernesto] Guevara Castro?

En lugar de haberlo liberado cuando empezó su enfermedad, en lugar de haberlo liberado cuantas veces el Gobierno hizo ofertas con toda la buena fe para el acuerdo humanitario, lo mantuvieron torturado en el cautiverio y lo llevaron a la muerte.

Esa es la realidad que nos congrega.

Quiero agradecer los esfuerzos de la Iglesia católica, del Comité de la Cruz Roja Internacional, quiero agradecer al Gobierno del Brasil, quiero agradecer a la senadora Piedad Córdoba, quiero agradecer al Alto Comisionado (para la Paz y la Reintegración) Frank Pearl, quiero agradecer a las Fuerzas Armadas, la tarea diligente de todos ellos para las liberaciones recientes y para el regreso de los restos mortales del coronel Guevara Castro.

Lo que no se nos puede olvidar es que, primero, no lo debieron secuestrar, que engañaron al país, porque además en ese momento ya tenían asegurada la oferta del Caguán.

Lo que no se nos puede olvidar es que lo tuvieron secuestrado, enfermo y torturado, hasta que lo condujeron a su fallecimiento.

A los terroristas no se les puede agradecer.

Porque hay que distinguir a quién se le da el agradecimiento.

Está bien darles nuestra gratitud a las Fuerzas Armadas, que facilitaron estas liberaciones y el regreso de estos restos.

Darle nuestra gratitud al Alto Comisionado (para la Paz y la Reintegración, Frank Pearl), al Gobierno del Brasil, a la Cruz Roja Internacional, a la Iglesia Católica, a la senadora Piedad Córdoba, pero a los terroristas no se les puede dar gracias.

Los colombianos, sin odio pero con firmeza, tenemos que recordar toda esta tortura, porque los colombianos lo que no podemos permitir es que nos sigan engañando.

Y es un momento de reflexión: el camino a seguir.

Nosotros tenemos todavía 22 integrantes de las Fuerzas Armadas en el secuestro. Y hay dos de ellos que todo indica que están fallecidos, que fueron asesinados y sus cadáveres no han sido regresados: el intendente jefe Luis Eduardo Peña y el agente Robert Hernán Guaques.

El camino del apaciguamiento engrandece el terrorismo

Hay dos caminos: un camino de claudicación, de apaciguamiento ante el terrorismo, o un camino de firmeza.

El camino de apaciguamiento.

Finalmente el Caguán no llevó al terrorismo a desistir del ataque a Mitú y del secuestro. El Caguán no llevó al terrorismo a liberar a los secuestrados.

Muchos familiares me cuentan lo siguiente: que fueron al Caguán a hablar con los cabecillas de la guerrilla para pedir, implorar, la liberación de sus seres queridos, y que los cabecillas de la guerrilla respondían: «No los vamos a liberar, nosotros no estamos aquí por la paz. Aquí estamos en procura de fortalecernos, para poder tomarnos el poder violentamente».

Por eso, el camino del apaciguamiento, de la debilidad, es el camino que engrandece al terrorismo.

Frente al secuestro.

El camino del apaciguamiento permite que el secuestro pague. El camino de la fortaleza derrota al secuestro.

Si apaciguamos, si sacamos guerrilleros de la cárcel para que vuelvan a delinquir, para que sigan poniendo carros-bomba, para que sigan secuestrando colombianos, lo que hacemos es turnar a los colombianos como víctimas del secuestro.

Que un día secuestren unos colombianos, los lleven a esas jaulas de tortura, después los liberen y vuelvan a secuestrar otros. Salen unos de la jaula de la tortura y entran otros a la jaula de la tortura. Eso no se puede permitir.

Por eso, en esta hora de reflexión, sin odios, el amor a la Patria no admite odios, pero con toda firmeza, tenemos que hacer estas reflexiones para que al pueblo colombiano, para que a los colombianos no nos vuelvan a engañar.

El camino de la fortaleza en estos años ha venido derrotando el secuestro.

En otras circunstancias ¿cuántos presos habría sido necesario soltar de la cárcel para que devolvieran al sargento viceprimero Pablo Emilio Moncayo o al soldado profesional Josué Daniel Calvo?

En otras circunstancias, ¿si no tuviéramos esta fortaleza de hoy, cuántos presos, criminales de la mayor peligrosidad, habría sido necesario liberar de las cárceles para que regresaran a Moncayo y a Calvo?

¿Cuántos secuestros más se habrían producido?

Porque cuando se liberan esos presos de peligrosidad de las cárceles, para que nos liberen secuestrados, entonces lo que hacen es: liberan unos secuestrados y enseguida secuestran otros. Salen unos de la jaula de la tortura y entran otros.

El camino de la fortaleza llevó a que finalmente hubieran tenido que liberar de manera unilateral a Calvo y a Moncayo, como también liberaron otros.

El camino de la fortaleza ha reducido el secuestro a un diez por ciento menos de lo que era.

Algunos me dicen: «Presidente, hay que atender todos los reclamos de la guerrilla para que haya confianza en las Fuerzas Armadas».

Yo creo que eso lo que hace es crear desconfianza.

Si el Gobierno se pone en una posición claudicante ante la guerrilla, ante este narcoterrorismo, ¿qué dicen los soldados y los policías de la Patria? «Miren, este es un Gobierno débil, que incurre en estas debilidades con el pretexto de que la guerrilla libere del cautiverio a compañeros nuestros, pero lo único que hace ese Gobierno débil con estas decisiones claudicantes, es estimular a la guerrilla a secuestrar otros».

Yo creo que lo que da confianza a las Fuerzas Armadas es todo lo contrario: un Gobierno firme que no claudique ante la tortura y ante las presiones de los terroristas, porque eso le lleva un mensaje al soldado y al policía y a su familia: que hay un Gobierno que no permite que los secuestre, que hay un Gobierno que no estimula el secuestro.

Para el soldado o para el policía da mucha más confianza laborar con un Gobierno que no estimule el secuestro, que con un Gobierno claudicante, que finalmente deja que el secuestro prospere.

«No podemos permitir más engaños.

Nos han engañado muchas veces, no podemos permitir nuevos engaños.

En una época de procesos de paz se desmovilizaron en Colombia 4000 integrantes de los grupos terroristas, pero pasaron de 15 000 a 60 000.

En esta época de firmeza y de la seguridad se han desmovilizado 52 000, y han pasado de 50 000 a menos de 8000.

Ahora, nosotros, así como tenemos toda la firmeza para combatir el terrorismo, hemos tenido toda la flexibilidad para facilitar las liberaciones unilaterales. Creo que el Gobierno, las Fuerzas Armadas, han cumplido, que no hay queja.

Cuando estos grupos terroristas han querido producir esas liberaciones unilaterales, las Fuerzas Armadas y el Gobierno han dado todas las facilidades, como acaba de comprobarse.

Lo que no podemos permitir es que se pase de dar facilidades para liberaciones unilaterales a abrir las puertas de las cárceles para que salgan los criminales de mayor peligrosidad a engrosar las filas del terrorismo.

Y además no se puede igualar al soldado o al policía secuestrado con el terrorista encarcelado.

El terrorista que llega a la cárcel llega por la acción legítima de las Fuerzas Armadas, por decisiones de la justicia del Estado. Y es recluido en una cárcel que tiene que cumplir con todos los requerimientos de los derechos humanos.

El compatriota secuestrado por el terrorismo es un compatriota flagelado todos los días, como ocurrió con el coronel Guevara Castro.

Cuando se habla de «canje», eso suena como a mercancía, eso da la sensación de que las circunstancias son iguales, cuando en un caso hay un criminal de peligrosidad en la cárcel, rodeado de las garantías de los derechos humanos, y en el otro caso hay un compatriota honorable en la tortura del cautiverio de los secuestrados.

Un Gobierno débil inicialmente estimula a que haya diálogos de paz, pero le hacen trampa, porque los terroristas, cuando hay un Gobierno débil, convierten los diálogos de paz en posibilidades para ellos acrecentar su poder sanguinario.

Un Gobierno fuerte logra que se vayan desmovilizando y, además, logra que se disminuya su capacidad de reclutar.

Y terminarán haciendo la paz.

Si mantenemos la fortaleza, ellos terminarán haciendo la paz.

El único camino es el de la fortaleza.

Pero también hay que hablarle con claridad al país: hoy no hay el espacio de antaño para ofrecer ríos de leche y miel para la paz, que además es muy grave.

En el pasado un proceso de paz podía darle amnistía o indulto a todos los delitos, incluidos los atroces. Hoy no.

Todos estos cabecillas de las FARC están condenados por delitos atroces. Y ellos sueñan, ellos sueñan que pueden llegar al Congreso, a la Presidencia de la República.

Ellos sueñan, ellos creen que nada les va a pasar, que sus delitos atroces no son castigables, que un proceso de paz los amnistía, los indulta. Eso hoy no puede ser.

Y hay que hacer absoluta claridad entre todos los compatriotas.

Todo lo que puede ofrecer un proceso de paz hoy es una sentencia más corta, pero nunca el indulto a la condena por el delito atroz.

Para llegar allá, a lo que puede ser un proceso de paz hoy, el camino de la claudicación es el camino contraproducente, porque lo único que hace es enervar la capacidad criminal de los criminales.

El único camino es el camino de la fortaleza.

Porque es que además nos han engañado muchas veces.

Un día dijeron que cuando Colombia acabara el paramilitarismo ellos harían la paz. Este Gobierno acabó el paramilitarismo, y estos bandidos no han hecho la paz.

Un día dijeron que cuando en Colombia no se repitieran crímenes como aquellos que se dieron contra la Unión Patriótica, ellos harían la paz. Este Gobierno le ha dado garantía a todas las corrientes políticas, a la oposición radical; tuvieron garantías en las elecciones del 2003, en las del 2006, en las del 2007, garantías efectivas, y estos bandidos no han hecho la paz.

Nos han engañado muchas veces. Por eso no podemos aflojar la fortaleza, compatriotas.

En los meses que quedan de Gobierno haremos todos los esfuerzos para facilitar la liberación de nuestros compatriotas que siguen secuestrados, y nunca renunciaremos a la opción de rescatarlos.

Yo lo tengo que decir tranquila, pero firmemente: bajo mi responsabilidad, las Fuerzas Armadas tienen la instrucción de avanzar en procura del rescate de nuestros compatriotas secuestrados hasta la última hora del Gobierno.

En eso no se puede desfallecer, apreciados compatriotas.

Hemos sufrido mucho. Dos siglos de vida independiente y escasamente 47 años de paz, las nuevas generaciones tienen derecho a que no haya más engaños, a que la seguridad nos dé el camino seguro hacia la paz.

Doña Emperatriz, yo le expreso toda la admiración, usted es un ejemplo por su fortaleza espiritual, nos da mucha fortaleza.

Y elevo mi modesta oración al cielo para que el coronel Guevara Castro nos ayude a los colombianos, le ayude a las Fuerzas Armadas, al Gobierno, me ayude en lo que resta del Gobierno, y le ayude a quien habrá de sucederme, para que Colombia mantenga un camino democrático, respetable, de fortaleza, con la meta de poder eliminar el terrorismo.

Esa es la oración que yo le elevo al cielo al señor coronel Guevara Castro, héroe de la Patria, cuyos despojos mortales hoy regresamos al panteón de la Patria.

Este discurso fue discutido por parte mía con el doctor Pearl y la embajadora Nordström, en la residencia de la embajadora, porque él me decía que el discurso no decía nada contra la propuesta de marzo 5, y yo decía que el discurso cerraba esa puerta y todas las puertas futuras de diálogo o encuentro con el Gobierno del presidente Uribe. Ya era el ocaso de su mandato y tampoco había tiempo para otros ensayos.

Los siguientes son los documentos que muestran la eficiente labor que el doctor Pearl había realizado con Brasil y el CICR en procura de tener todas las condiciones para realizar ese posible encuentro con las FARC en ese país:

FARC

PUNTOS DE ENTRADA EN TERRITORIO BRASILENO

Cucuí (SWKU)
São Joaquim (SWSQ)
Querari (SWQE)
Pari Cachoeira (SWPC)
Vila Bitencourt (SWJP)
Tabatinga (SBTT)
Ipiranga (SWII)
Yauretê (SBYA)

POSIBLES PUNTOS PARA ENCONTRO (Ventajas y Desventajas)

(1) Cachimbo
+ isolamento total
+ controle absoluto da FAB

+ afastamento das estruturas de inteligência
- vôos longos

(2) Boa Vista
+ isolamento na Base Aérea
+ infra-estrutura
+ comando da FAB
+ afastamento das estruturas de inteligência
- Capital
- vôos longos

(3) Porto Velho
+ isolamento na Base Aérea
+ infra-estrutura
+ comando da FAB
+ afastamento das estruturas de inteligência
- Capital
- vôos longos

(4) Formosa
+ isolamento total
+ controle absoluto da FAB

+ afastamento das estruturas de inteligência
- vôos longos

24 Marzo 2010

Posibles puntos del encuentro en Brasil.

El 7 de abril del 2010 yo recibí del comandante Pablo Catatumbo —por un correo expreso (mandaron a una persona
de la montaña)— una USB con un documento de las FARC,
que anexo, dirigido al doctor Frank Pearl, en el que dicen
que él les propuso esto, esto y esto, pero que el Presidente,
el día 5 de abril, en las exequias del coronel Guevara, cerró
las puertas por lo que dijo en su discurso. Hasta ahí llegó ese
intento y no se pudo llevar a feliz término.

El comandante Catatumbo se refería a mí en la correspon-
dencia con un apodo: Manuela. Era muy curioso, porque me
saludaba y a reglón seguido me preguntaba por «Dulcinea»,
que es mi esposa Julieta.

Apreciada Manuela:

Cálido y fraternal saludo extensivo a tu impecable Dulcinea. Va la carta de respuesta a Frank Pearl.

Desafortunadamente el medio ambiente favorable que intentamos generar con las liberaciones unilaterales de Moncayo, Calvo y los restos de Guevara, que hubieran servido para ambientar la posibilidad de un encuentro como el propuesto, se encargó de enturbiarlo el propio presidente, autor de la iniciativa, con sus bravuconadas y sus amenazas de siempre. En todo caso debe quedar claro que quien tiró la puerta en la cara fue él. Nosotros no cerramos las puertas, por el contrario, las mantenemos abiertas y le estamos respondiendo al señor comisionado su misiva, con respeto, con decencia y con altura. Agradeciendo de antemano y estimando sinceramente los invaluables esfuerzos que tú haces en favor de la paz, lamento que esta vez tampoco hayamos podido llegar a buen puerto. Pero es que, con gente tan mezquina, tramposa y de doble faz como la que mal gobierna este país, la cosa es bien difícil. Fíjate que a Piedad le van a «agradecer» su valerosa, persistente y tenaz esfuerzo y sus éxitos en alcanzar la liberación de varios prisioneros, que son de ellos, amenazándola con quitarle su curul y acusándola de «traicionar a la Patria» sin ningún sustento jurídico, solo por venganza. Y no por iniciativa del bobalicón procurador, sino por orden del mafioso de arriba, el de la séptima. ¡Que infamia! francamente, lo de Piedad Córdoba no tiene nombre. En todo caso, el hecho ha suscitado de nuevo la polarización nacional, pero también la solidaridad de muchos y muy amplios sectores para con ella, que una vez más deberá emplearse a fondo para derrotar la infamia que le pretenden montar para sacarla de la escena política. Todo eso gracias a la traición de Petro, Dussán y Alexander López, con cuyo aval el congreso aseguró los votos para elegir al procurador más cavernícola que ha tenido el país en toda su historia.

Hace poco leí una versión bajada de Internet de una entrevista a monseñor Castrillón, que a decir verdad me gustó, tanto por la manera equilibrada en que analiza el conflicto, como por la forma desapasionada y amable en que se refiere a nosotros. No obstante, me llamó la atención la impavidez con que miente el monseñor, sin dejar traslucir ni un gramo de temor, confundiendo a los ojos de Dios ante tamaño pecado, que según aprendí del padre Astete, es un pecado no venial, sino mortal. Me refiero a su afirmación cuando respondiendo a la pregunta: ¿Hace cuánto fue su último encuentro con Cano?, él contestó: «Hace algunos meses». Ya más arriba había afirmado que «me había visto con él, en Cartagena y he hablado con él por teléfono». Lo cual es totalmente falso. Y Dios, que lo mira todo, debe estar pistola MP5 y furioso al constatar como miente esta oveja descarriada. O al eminentísimo cardenal le falla la memoria, o alguien lo está engañando, suplantando al otro, o miente para darse ínfulas, porque la última vez que él hablo con Alfonso fue en época del presidente Gaviria, cuando los diálogos de México, y antes, cuando los diálogos con Belisario. Alfonso, creo que no ha tenido El Placer de conocer nuestra bella bahía de Cartagena, al menos mientras ha sido guerrillero. Sería bueno hacer el comentario aclaratorio, con todo el respeto debido, a tus amigos de la Iglesia.

Lamentablemente, cuando escribo esta aún no conozco tu último «Chasqui»[7] y por lo tanto no me puedo referir a él.

Es todo, vaya un estrecho abrazo para ti y tu Negra.

Pablo

---

7   A mis notas siempre las llamaba «chasquis», como se llamaron los correos de los incas.

7 de abril del 2010

Señor: Frank Pearl, Alto Comisionado para la Paz
Señor Comisionado:

Conocida su misiva de fecha 5 de marzo proponiéndonos conversaciones directas, secretas, con agenda abierta y en el extranjero, le comentamos:

1. *Nuestro interés por conversar alrededor de los temas de la convivencia democrática con este y otros gobiernos, en procura de acuerdos, ha sido permanente desde Marquetalia, en 1964.*

2. *Lamentamos sí que su nota haya llegado a escasos cuatro meses del cambio de gobierno y que, poco después de recibida, hayamos escuchado al presidente afirmar categóricamente que su gobierno no va a conversar con la guerrilla sin que haya mediado nada distinto que haber liberado unilateralmente dos prisioneros y entregado los restos del coronel Guevara a su familia, como gesto de buena voluntad y unilateral de nuestra parte.*

3. *Reiteramos que las puertas de las* FARC-EP *permanecen abiertas, queremos insistir en nuestra opinión de que diálogos como el que nos propone el gobierno conviene hacerlos en Colombia y de cara al país.*

Del señor Comisionado, compatriotas, Secretariado del Estado Mayor Central, FARC-EP, *montañas de Colombia*

Días después, el comandante Pablo Catatumbo me envío la siguiente carta, excusándose porque la respuesta del 7 de abril a la Presidencia se había filtrado a Telesur antes de que la Presidencia la recibiera, a pesar que yo la entregué inmediatamente. La carta se explica por sí misma y muestra la seriedad de Pablo Catatumbo en todo este proceso, como lo sigue teniendo en La Habana:

Abril 23 del 2010

Apreciada Manuela:

Recibe mi cálido y fraternal saludo en compañía de tu adorable Dulcinea.

  Mi querido y respetado amigo: hoy tengo que poner la cara. Tengo una vergüenza enorme contigo, pues creo que aún no había recibido la carta de respuesta a Pearl cuando, por efectos de la demora en las comunicaciones que genera esta situación de guerra permanente que vivimos, se filtró la carta. No hubo intencionalidad, calculo, ni mala fe, son los gajes del oficio, y aunque nada tuve que ver en el asunto, me parece que quedamos mal con el Comisionado y contigo. Tú sabes que soy de los que creo que en la guerra hay que ser caballero y sería incapaz de algo semejante.

  De mi parte te ofrezco mis disculpas, pues se rompió la confidencialidad y eso no es bueno y echa por tierra muchos de los esfuerzos luchados y guerreados por ti, a partir de desplegar afán de servirle a la causa de la paz y a tu buena fe. Asumo con entereza leninista tu crítica, o lo que a bien tengas para decirme.

  Un abrazo, yo.

Es importante, y no importa que sea repetitivo decirlo, que ese evento del 5 de marzo del 2010 es un hecho histórico del doctor Álvaro Uribe Vélez como Presidente de la República de Colombia, porque fue la primera y única vez que hizo una *propuesta concreta* para reunirse con las FARC-EP fuera del país, saliéndose de la condición de siempre de que solo era posible hacerlo dentro. Y es destacable que la propuesta fue elaborada milimétricamente, con todos los detalles de desplazamiento, los sitios de acceso, los sitios de encuentro y las autorizaciones de Brasil y el CICR. todo gracias a un eficiente, eficaz y efectivo trabajo del doctor Frank Pearl, Alto Comisionado para la Paz del doctor Uribe en ese momento.

Luego hago un resumen ejecutivo para la Presidencia de la República de todo el intento de encuentro Gobierno-FARC, generado ese 5 de marzo del 2010 mediante propuesta del presidente Álvaro Uribe Vélez:

Abril 21 del 2010

Dr. Frank Pearl
Alto Comisionado para la Paz
Bogotá

Apreciado doctor Frank:
Permítame hacer un informe ejecutivo de toda mi tarea desde el 5 de marzo, fecha de nuestra reunión con el señor presidente Uribe, hasta el 16 de abril, fecha en que recibí la respuesta a la propuesta.

1. *El 5 de marzo del 2010 recibí del señor presidente Uribe la instrucción para hacer llegar a las FARC una propuesta de encuentro secreto entre Gobierno y FARC, en Brasil, con agenda abierta.*

2. *El 10 de marzo recibí de parte suya, de manera escrita y por correo, la referida propuesta de encuentro secreto.*

3. *El 16 de marzo hice entrega al Secretariado de las FARC de la referida propuesta. Fue recibida con optimismo y aunque no hubo respuesta inmediata, se vio factible.*

4. *El 1.° de abril recibí de su parte el mapa e indicaciones de los posibles sitios, en Brasil, para el encuentro secreto.*

5. *El 5 de abril, durante las exequias de los restos del coronel Guevara, el señor presidente Uribe dio marcha atrás en su*

propuesta (anexo texto del discurso bajado de la página web de Presidencia de la República). El día 8 de abril, el señor ministro de Defensa se pronunció públicamente, en igual sentido al del señor Presidente.

6. *El día 9 de abril, en reunión nuestra en Bogotá, manifesté que las palabras del señor presidente Uribe y las del señor ministro de Defensa serán un obstáculo a la bienvenida final (porque inicialmente había sido bien recibida) de la propuesta por parte de las* FARC. *Me respondieron, en esa reunión, que esas palabras eran retórica, cuando habían sido precisas y vehementes.*

7. *Del día 13 al día 17 de abril viajé a la zona rural. Allá hice espera para poder encontrarme con el Secretariado de las* FARC. *El día 16 de abril un mando de las* FARC *me hizo entrega de un mensaje escrito, que estoy adjuntando a usted, y me explicaron que la posibilidad de encontrarme con el Secretariado no era posible, en esa ocasión, por razones de seguridad. Me explicaron también cuáles eran las causas de la negativa pública a la propuesta de encuentro secreto, que no eran otras que las de que el señor presidente Uribe, públicamente, el 5 de abril, había dado marcha atrás y les había dado un portazo en la cara.*

8. *Las causas reales de la fallida propuesta de encuentro secreto entre las* FARC *y el Gobierno Nacional están en las palabras del señor presidente Uribe el día 5 de abril. Lo de «de cara al país» es un adicional de última hora, pero la realidad es que diálogo en el exterior están dispuestos a tenerlo.*

9. *Yo, que conversé con quienes elaboraron la propuesta y con quienes la recibieron, puedo decir que la verdadera causa del fallido «encuentro secreto» no es otra que el discurso del presidente Uribe del día 5 de abril del 2010.*

NOTA: Adjunto carta explicativa de las razones de la negativa, escrita a mí, por parte del miembro del Secretariado Pablo Cata-tumbo. En ese mismo texto va la respuesta, a usted, por parte de las FARC, y que ya ha sido hecha pública.

Le solicito y ruego que este texto de la carta de Catatumbo, a mí, sea solo para usted, aunque obviamente puede ser relatada, más no copiada, al señor Presidente. Discúlpeme usted, pero es mejor así.

Atentamente,
Henry Acosta Patiño

Yo digo que el intento del presidente Uribe del 5 de marzo quedará para la historia, pero las FARC podrían haber dicho que sí, porque siempre han dicho que no están negociando con el Gobierno sino con el Estado. Quedaba que el presidente Santos recogiera eso y dijera que daba continuidad o no a lo que acordó Uribe, porque era el nuevo presidente, pero no lo hizo. De todas maneras yo digo que ese fue el sello, el cierre de todas las posibilidades de negociar el conflicto colombiano por parte del presidente Uribe, aunque este siempre se negó a reconocer que había un conflicto interno armado. Solamente en mayo del año 2006, como ya he relatado, después en unas reuniones lo reconoció, pero no hay constancia escrita de ello y es un simple asunto de credibilidad de lo que yo digo.

Pero públicamente no lo reconoció, públicamente decía que ellos eran unos bandidos, terroristas, entonces no los reconocía como insurgentes, como guerrilleros, como rebeldes. Por esa misma razón tampoco aceptó lo de canje de prisioneros, sino que lo denominó acuerdo humanitario, una consecuencia más de no aceptar que aquí había un conflicto.

Llegada del doctor Juan Manuel Santos Calderón a la Presidencia de la República de Colombia

Fue entonces cuando el doctor Juan Manuel Santos Calderón ganó las elecciones para su primer mandato, en la segunda vuelta, en mayo del 2010.

Teníamos como antecedentes de un eventual encuentro para fijar la agenda de un posible proceso de paz aquella larga conversación a media noche en Cali con el presidente Uribe, el doctor Luis Carlos Restrepo y Julieta, el 16 de junio del 2006, y la conversación del 5 de marzo del 2010, a las seis de la mañana, en el *lobby* de la residencia privada, en Bogotá, con el presidente Uribe y con Frank Pearl, donde a este se le autorizó a enviar una nota a las FARC proponiendo un diálogo secreto en Brasil, diálogo que frustró la oración fúnebre presidencial del 5 de abril durante los funerales del coronel Juan Ernesto Guevara en la Catedral Primada de Colombia, dos meses antes de las elecciones para nuevo presidente.

Con esos antecedentes, me puse a pensar que podía haber alguna manera de hacerlos valer con ocasión del triunfo del presidente Santos. Entonces, yo me puse a pensar y escribí una carta que incluyo en este libro, y que en mi opinión, es la carta que pone a rodar, que detona, el proceso de diálogos en La Habana. Es una carta muy importante por el efecto que causó.

Los tres mensajes cruciales del inicio de los diálogos de La Habana

Estos mensajes son:

- El del 12 de julio del 2010, mío, al presidente Juan Manuel Santos Calderón;
- El del 7 de septiembre del 2010, del presidente Juan Manuel Santos Calderón a Alfonso Cano y Pablo Catatumbo; y
- El del 15 de octubre del 2010, del Secretariado de las FARC-EP al presidente Juan Manuel Santos.

CARTA DEL 12 DE JULIO DEL 2010, DE HENRY ACOSTA PATIÑO AL PRESIDENTE ELECTO JUAN MANUEL SANTOS CALDERÓN, CON LA CUAL SE INICIA EL PROCESO DE DIÁLOGOS DE LA HABANA

Cali, julio 12 del 2010

Dr. Juan Manuel Santos
Presidente Electo de Colombia
Bogotá, Colombia

Respetado Dr. Santos:
Reciba mi respetuoso y cordial saludo, con la esperanza de nuevos tiempos para esta Patria adolorida, a través de su conducción. Hace ya mucho nos conocimos en la sede del diario El Tiempo, *cuando usted era el Representante de Colombia ante la* OIC *y yo*

tenía la responsabilidad de gerenciar la Central de Cooperativas de Caficultores del Occidente Colombiano, y estábamos, juntos, buscando la posibilidad de que las cooperativas exportaran el café de sus asociados cafeteros. Tiempo después ese logro se consiguió.

He querido expresarle lo que a continuación le propongo, a título personal, y de ninguna manera es un mensaje de las FARC.

En la última época, durante los dos períodos presidenciales del Dr. Álvaro Uribe Vélez, he tenido la responsabilidad de ayudar patrióticamente a facilitar los posibles acercamientos entre el Gobierno Nacional y las FARC, en la búsqueda de la Paz, el Perdón y la Reconciliación. Durante este tiempo, y en calidad de Facilitador autorizado por escrito por el señor presidente Uribe y por las FARC, he sido testigo de las muestras de voluntad política de las FARC en la búsqueda de la negociación política del conflicto armado que vive nuestro país. Igualmente he visto cómo, de manera intermitente, el Gobierno Nacional va desde el accionar para la derrota militar hasta la búsqueda de diálogos con las FARC. Y el desangre continúa. Tanto los soldados de la Nación como la guerrillerada de las FARC pertenecen a los estratos sociales más pobres y excluidos, socioeconómicamente, de la República. Negociar políticamente que este pueblo armado, de lado y lado, no se siga matando, es posible. De hecho, en el pasado próximo hemos estado más cerca que lejos de esta posibilidad.

¿Qué habría que hacer? No hay muchas fórmulas. Mi experiencia y mi conocimiento del conflicto Estado-FARC permiten que le haga una propuesta, que no es exegética, y obviamente debe y puede tener los ajustes operacionales y de fondo que la dinámica de la guerra vaya exigiendo. Pero como dice el adagio confuciano, «para andar un camino muy largo, hay que empezar por dar el primer paso».

Habría que:

- *Lograr que las tierras productivas regresen a propiedad de los campesinos desalojados y desarraigados;*
- *Lograr que las tierras, en nuestro país, tengan un límite, hacia arriba, en su extensión, por cada familia propietaria;*
- *Lograr que la salud sea accesible, de manera real, para todos los habitantes de nuestra nación;*
- *Lograr que la educación sea accesible para todos los estratos sociales;*
- *Lograr que los ingresos económicos sean distribuidos justa y equitativamente para toda la población, ya sea a través del empleo digno o de la nano y microempresa;*
- *Lograr que el régimen electoral y político de la República posibilite la real participación y distribución del poder político para todos los ciudadanos, sin discriminación de etnias, edades, posición política o condición de género, vinculando para ello el voto obligatorio y el voto en blanco como figuras de definición político-electoral y otras reformas en el régimen político;*
- *Lograr la equidad en la distribución de rentas e ingresos para cada uno de los entes territoriales de la Nación;*
- *Lograr el fin de la guerra entre todos los actores del conflicto interno armado de la Nación, a través de una legislación creativa, ojalá a través de una decisión constitucional de punto final para todos, y que podamos entrar en la Paz, el Perdón y la Reconciliación; y*
- *Lograr la equidad y la justicia social para toda la población.*

¿Cómo iniciar este camino?

A través de un encuentro secreto en el exterior, con el fin exclusivo de fijar la hoja de ruta de la negociación política del conflicto interno armado. Este encuentro deberá tener límite de tiempo y la participación Gobierno-FARC debería ser solo de dos personas por cada parte.

Esa hoja de ruta debería incluir una declaración pública de reconocimiento del Derecho Internacional Humanitario, DIH, en nuestro país, y como consecuencia la necesaria aceptación de que en nuestro país existe: 1. Un conflicto armado interno, 2. Una fuerza beligerante, 3. Unos retenidos del conflicto interno armado y 4. La posibilidad legal de tener canje de retenidos del conflicto y de negociación política entre las partes.

Esa hoja de ruta debería incluir una definición clara y concreta de qué son hostilidades, a fin de que la Asamblea Constituyente por realizarse transcurra en medio de un cese de hostilidades de parte y parte, que no significa desmovilizaciones, hasta tanto no transcurra la Asamblea Constituyente.

Esa hoja de ruta, construida en el encuentro secreto en el exterior, deberá ser conocida públicamente para que, una vez terminado aquel, se inicie la negociación política constitucional de cara al país.

Esa hoja de ruta debería incluir, necesariamente, la convocatoria de una Asamblea Constituyente, donde las FARC, el ELN y los demás actores armados del conflicto interno armado estén presentes en calidad de miembros representantes.

Esa Asamblea Constituyente debería tener representados a todos los segmentos políticos, sociales, raciales, de género, de edad y económicos de la nación.

Esa Asamblea Constituyente debería decretar constitucionalmente todos los logros, cambios y reformas descritos en el acápite anterior.

Dr. Juan Manuel Santos, mi opinión es que ni el Gobierno derrotará militarmente a las FARC y ni estas derrotarán militarmente al Gobierno. Lo único que cabe es una negociación política

*del conflicto interno armado, con dignidad, equidad y justicia
social. La alternativa es el desangre y la pobreza, arraigándose y
creciendo en nuestra Patria.*

*Con el más sincero, responsable y profundo compromiso y sen-
timiento patriótico, de usted atenta y respetuosamente,*

*Henry Acosta Patiño
Ciudadano colombiano con C.C. 7.506.872
Dirección postal: Parcelación Chorro de Plata, casa 200
La Vorágine, Cali. Tel. 3175174585
Email: quindiano15@gmail.com*

Le escribí esta carta a un Presidente que había conocido muchos años atrás, por allá en el año 1975. No era
presidente, obviamente; creo que no hacía política. En esa
época podría tener unos 23 años y yo tendría unos 25. El
doctor Santos era, ese momento, representante de Colombia
en la Organización Internacional del Café, en Londres, y
no sé si también directivo de *El Tiempo*. En todo caso, yo
era gerente de la Central de Cooperativas de Caficultores
y estábamos buscando que a estas les autorizaran exportar
café. Entonces fui a buscarlo, ahí nos conocimos, pero nunca
más nos volvimos a ver.

Seguramente el presidente Santos, en su condición de
ministro de Defensa, sabía quién era yo y qué hacía, pero
nunca nos vimos estando él en esa posición.

Le propuse que ese encuentro secreto se realizara en Suecia
y le conté que ya con ese país se había adelantado casi todo, que
solo faltaba que las partes, FARC y Estado, se pusieran de acuerdo.

Escribí esa carta apoyado en, digamos, los hitos más importantes de los ocho años de los dos mandatos del presidente Uribe, durante los cuales, de manera a veces continua a veces intermitente, se buscó de lado y lado, del Gobierno y de las FARC, llevar a cabo ese tipo de encuentros. Fueron encuentros fallidos, porque nunca se pudo por las razones que a lo largo de este libro he explicado. Entonces escribí esa carta y llamé al doctor Pearl, a Boston. En ese momento él seguía siendo el Alto Comisionado para la Paz en Colombia del último de los dos mandatos del presidente Uribe. El doctor Pearl estaba haciendo unos estudios sobre resolución de conflictos en Harvard, pero era al mismo tiempo el Alto Comisionado para la Paz. Lo llamé, le dije que tenía un un asunto muy importante qué tratar y le pregunté cuándo iba a venir a Bogotá, y él me dio la fecha. Entonces yo le entregué la carta, días después de ese 12 de julio, quizás, no recuerdo bien, después del 20 de julio.

Seguramente él vino para esa fecha tan importante de nuestra Patria, y en una cafetería, en la plazoleta que hay al lado del hotel Tequendama de Bogotá, la cafetería Oma, recuerdo muy bien, le entregué la carta. Como cosa curiosa me dijo: «Henry, usted es tan amable y me firma todas las páginas, diciendo que esto es una nota suya para el Presidente, pues debe quedar claro que no soy yo el que la está mandando». Esta pequeña anécdota muestra la desconfianza que reinaba y que reina y que siempre fue y ha sido obstáculo para que estos diálogos marchen más rápidamente. Yo llevaba tanto tiempo en esa facilitación, 8 años, y el doctor Pearl me conocía suficientemente, pero aun así: «Firme aquí, firme allí». Recibió la carta y me dijo:

—Henry, el doctor Juan Manuel Santos no está en el país todavía, está por fuera.

Le dije:

—Entonces, ¿cómo hacemos?

—Yo se la entrego a la señora Clemencia, la esposa del doctor Juan Manuel Santos. Se la doy para que ella se la entregue personalmente a él cuándo regrese.

Así fue: se la entregó. Y se presentaron unos episodios anecdóticos, después de que la señora Clemencia le hubiera entregado esa carta al presidente Santos, seguramente antes de posesionarse como Presidente, ese 7 de agosto. Entre el 31 de agosto y el 3 de septiembre del 2010, el presidente Santos me llamó cuatro veces. Cada día me hizo una llamada. Lo destacado no era que me llamara, sino que el presidente Santos personalmente marcaba su celular privado. La primera llamada no la creí, porque encontré una llamada perdida en mi teléfono, remarqué y dije:

—Soy Henry Acosta y estoy devolviendo una llamada que encontré, y del otro lado me respondieron y me dijeron:

—Hola Henry, soy Juan Manuel Santos.

Para mí fue extrañísimo que siendo ya Presidente, pues ya era 31 de agosto —se había posesionado hacia poco más de 20 días—, me llamara y me respondiera una llamada perdida. Él mismo, sin intermediario.

Yo no le dije «Señor Presidente», porque dudaba. Le dije: «Sí señor, como no, señor», y él me dijo:

—¿Cuándo nos vemos? Yo estoy interesado en que conversemos. ¿Cuándo viene a Bogotá? Le voy a dar un número, cuando venga a Bogotá me deja un mensaje y yo le digo cómo nos vemos.

Yo anoté el teléfono, y luego de que colgué, me dije a mí mismo: «Pero por qué no le dije que ya, que yo me iba ya para Bogotá a encontrarnos». Comencé a remarcarle y ya no me respondió, pero al día siguiente, y así sucesivamente hasta el 3 de septiembre, me llamó y me dijo: «Yo voy a ir a Cali y allá lo hago llamar y nos encontramos».

Yo empecé a creer que realmente quien me llamaba era el presidente Santos y llamé al doctor Pearl a Boston, y le dije:

—Doctor Frank, me está pasando esto (y le conté todo). Entonces me dijo:

—Mucho cuidado, que así se hizo con Operación Jaque, sustituyeron unas llamadas de Alfonso Cano, las imitaron.

Le dije:

—No, doctor Frank; Jaque no fue así, en las FARC eso no se maneja así, con llamadas por celular. Una operación tan importante como esa no fue así. Después le cuento cómo fue.

El 3 de septiembre, un viernes, el presidente Juan Manuel Santos me llamó y ya le dije «Señor Presidente», y le pregunté cuándo nos veíamos. Me contestó que fuera el lunes 6 de septiembre a las once y media de la mañana.

Quince minutos después le dije a mi esposa Julieta que llamáramos a la Casa de Nariño y verificáramos si efectivamente estaba en la agenda del Presidente. Llamar a la Casa de Nariño es muy simple: uno llama y dice que quiere hablar con tal despacho, y es allá en el despacho donde lo filtran a uno.

Julieta llamó a la Casa de Nariño, al despacho del presidente Santos, y allí le dijeron que efectivamente había una entrevista con el señor Acosta Patiño, el próximo lunes 6 de septiembre, a las once y media de la mañana. Ya confirmado, y yo tranquilo porque todo era verdad, me fui el 5 de septiembre para Bogotá, y mucho antes de las 11:30 am del lunes 6 estuve en la puerta de la Casa de Nariño, por la carrera 8.ª, esperando para entrar. A las 11:30 am, muy en punto, el presidente Juan Manuel Santos Calderón me recibió, y se produjo el siguiente diálogo inicial:

—Henry, usted y yo ya nos conocíamos.

—Sí, señor Presidente.

—Me acuerdo mucho de que nos conocimos en el periódico *El Tiempo*, cuando yo era representante de Colombia en la OIC.

—Sí, señor Presidente, y ni siga, porque usted tiene muy buen memoria o está muy bien informado, y creo que se trata de lo último.

Efectivamente, es lógico que si el Presidente va a hablar con una persona, investigan quién es, qué hace y todas esas cosas.

El Presidente y yo entramos a su despacho acompañados de Lucía Jaramillo Ayerbe, una persona de la absoluta confianza de él, seguramente para estar presente en ese diálogo tan crucial, y estuvo toda la reunión. Conversamos largamente, algo así como dos horas y media. Recapitulamos antecedentes y todo lo que se había hecho hasta el momento. Me preguntó cómo sentía yo el ambiente en las FARC. Le conté todo al respecto y que estaban muy positivos. Y él me dijo:

—Henry, ¿a quién, de las FARC, le puedo enviar un mensaje con usted?

Yo le respondí:

—A Alfonso Cano y Pablo Catatumbo.

El Presidente me dijo:

—Entonces, tome nota y dígales lo siguiente…

Me dijo qué debía decirles, pero no me dictó exactamente un mensaje.

Lo que está en un mensaje fechado el 7 de septiembre (ya explico por qué no el 6) es lo que él me dijo.

MENSAJE DEL 7 DE SEPTIEMBRE DE 2010, DEL PRESIDENTE JUAN
MANUEL SANTOS CALDERÓN EN EL QUE PROPONE EL ENCUENTRO
INICIAL

Septiembre 7 del 2010

*Mi caro amigo. Desear lo mejor para ti y los tuyos, de parte mía
y de la Negra.*

*Han sucedido los siguientes hechos. El presidente Santos me
llamó, personalmente, para que fuera a Palacio y ayer tuve una
larga reunión con él. Me dijo que te enviara a ti y a Alfonso Cano
el siguiente mensaje, de parte directa de él:*

*«Dígales a Alfonso Cano y a Pablo Catatumbo que quiero
hacer la paz con ellos. Que los invito a que dialoguemos en un
encuentro secreto, que puede ser en el Brasil o en Suecia. Que yo
ya conversé con Amorim y Jobim, ministros de Relaciones Exteriores y de Defensa del Brasil, y tengo todo el apoyo de ese país
para que nos facilite su territorio y logística, a fin de realizar este
encuentro secreto entre el Gobierno colombiano y las FARC. Con
Suecia también está todo adelantado y aprobado por parte del
Gobierno sueco para realizar ese encuentro secreto. Dígales que
ese encuentro secreto es realmente eso: secreto, y que es directo entre
dos delegados del Gobierno y dos delegados de las FARC. Que no
habrá intermediarios, ya sean países o personas, porque la paz en
Colombia es una responsabilidad de nosotros los colombianos y de
nadie más. Dígales que en ese encuentro secreto analizaríamos y
acordaríamos todo lo necesario para una negociación política del
conflicto, y que cuando todo esté acordado y el Gobierno y las FARC
lo crean conveniente, entonces hacemos público lo acordado. Dígales
que esta propuesta es secreta y que si se llega a filtrar o a hacer
pública o conocida, entonces el Gobierno negará que esa propuesta*

de encuentro secreto se haya hecho. Dígales que les propongo que mi hermano Enrique Santos Calderón hable con Alfonso Cano y/o Pablo Catatumbo, de quienes es amigo. Esta conversación puede ser primero con Alfonso Cano y/o Pablo Catatumbo, dentro del país, de manera secreta, y luego en el encuentro secreto en el Brasil o en Suecia, con los delegados de las FARC. Dígales que sería muy positivo que de parte de las FARC estuvieran en ese encuentro secreto dos personas del Secretariado, ojalá Pablo Catatumbo y otro, y que de parte del Gobierno estarían, como delegados directos míos, mi hermano Enrique Santos Calderón y Frank Pearl. Dígales que si Alfonso Cano y Pablo Catatumbo van a ese encuentro secreto, yo estaría personalmente conversando con ellos. Dígales que este tema de la paz, por el momento y hasta que no se avance en la actual propuesta, solo será manejado conmigo y que usted es el único autorizado para llevar y traer estos mensajes. Dígales que yo conversaré personalmente con usted acerca de esta propuesta, y que por el momento no delego en nadie este tema, y que ellos, por favor, utilicen este mismo canal, por donde estoy enviando este mensaje. Dígales que quiero que hagamos la paz, con dignidad y sin mentira. Que esperamos su respuesta secreta, a través suyo. Por último, dígales que no le pongan cuidado a declaraciones públicas de mi Gobierno acerca de ellos, que solo crean que estamos proponiendo dialogar secretamente con ustedes, al más alto nivel».

Hasta aquí el mensaje del señor presidente Juan Manuel Santos Calderón a las FARC, a través de Alfonso Cano y Pablo Catatumbo, el día 6 de septiembre del 2010.

Bueno mi amigo, ahí tienes y tienen.

Esta nota la entregaré también al presidente Juan Manuel Santos, para que sepa qué fue lo que escribí, que obviamente fue lo que él me dijo, el día 6 de septiembre, en su oficina de la Casa de Nariño.

Un saludo fraterno y un deseo permanente por tu bienestar,
tanto de parte mía como de la Negra.
YO

Obviamente este mensaje es crucial.

Yo me fui a Cali, redacté el mensaje, y regresé a Bogotá al día siguiente, 7 de septiembre. Llamé de nuevo a Presidencia para que una persona fuera al Puente Aéreo y me recibiera una USB con el mensaje. Yo se la mandaba al Presidente para que él revisara el mensaje y viera si estaba de acuerdo. Es un sistema que no usé sino esa vez, pero como era un mensaje crucial, lo mismo que el del 5 de marzo que conté con el presidente Uribe, entonces hice eso. Después, durante todo el tiempo, me decía algo para las FARC y yo lo transmitía.

Fue una funcionaria de Casa de Nariño hasta el Puente Aéreo, yo le entregué la USB y le dije: «Aquí la espero», y me senté tres horas a esperar. Ella volvió y dijo que el Presidente me mandaba a decir que estaba bien, pero que yo escribía que Enrique Santos Calderón había sido amigo de Pablo Catatumbo y de Alfonso Cano. Que no pusiera «amigo», sino «conocido». La verdad es que él había usado la palabra «amigo» el día 6 de septiembre. Yo no cambié la palabra. No le hice caso. No la cambié porque yo soy Facilitador y creí que eso facilitaba más, que la diferencia era sutil y podía tener un efecto positivo importante, y así se quedó.

Yo entregué ese mensaje a Pablo Catatumbo el 14 de septiembre, en la cordillera central vallecaucana. Pablo lo leyó, lo metió en el computador y yo le conté los detalles, el preámbulo, las llamadas y cómo habían sido los detalles del contexto. Y me dijo que le parecía muy bien, que iba a consultar y me daría respuesta. Es obvio, porque él no podía responder ni positiva ni negativamente el mensaje. Tenía que ser consultado por lo menos con Alfonso Cano, que en ese momento ya era el Comandante General de las FARC.

Y le entregué el siguiente Chasqui y a través de él a las FARC, contándole detalles de mi reunión del 6 de septiembre con el presidente Santos. Obviamente el contenido de esta nota no es un mensaje del Presidente, sino anotaciones y detalles de esa reunión.

Septiembre 7 del 2010

Mi caro amigo, este es el Chasqui, el otro es el mensaje del presidente Juan Manuel Santos a ti y a Alfonso Cano, que va redactado un poco frío, porque copia de él se la entregaré al Presidente.

Mis dudas acerca de las llamadas del Presidente directamente a mí eran valederas, porque nunca imaginé que el Presidente directamente marcara su teléfono y me llamara. Hubo cinco llamadas de él, hasta que en la última me dijo qué día y a qué hora me recibía en la Casa de Nariño. Sin embargo, yo llamé después por el conmutador de Palacio para preguntar en el despacho del Presidente a qué hora tenía yo la cita con él el 6 de septiembre. Me confirmaron día y hora, y entonces creí. La reunión duró dos horas y quince minutos, los dos solos y hablando, más él que yo, acerca de por qué él creía que se debía negociar el conflicto con las FARC. Él tiene un argumento y es que «las razones de la lucha de las FARC son ciertas y valederas, pero lo que le hace daño al país es el método y que esas causas de lucha son negociables». Y que, además, poco a poco, ustedes se van quedando sin ideólogos, porque el Secretariado ya está sesentón y negociar después con gente que solo entiende la guerra

será mucho más complicado. Además, que Enrique Santos, su
hermano, con quien ya habló sobre el tema, es amigo tuyo y de
Cano, y que eso facilita el asunto. Yo

Ocurre que el 22 de septiembre del 2010 matan a Víctor Julio Suárez Rojas, alias «Jorge Briceño» o «Mono Jojoy», en un asalto impresionante de bombas, helicópteros y aviones, e infiltración con *chips* y todas esos componentes de la Inteligencia Militar. Esto lo anoto porque yo entregué el mensaje el 14 de septiembre y el 22 matan a Jojoy, y yo en mi casa me dije: «Se complicó esto». Y no fue así. No se complicó. El 15 de octubre del 2010, es decir 23 días después de haber muerto el Mono Jojoy, yo recibo, a través de un mensajero, en una USB, la respuesta del Secretariado de las FARC-EP al presidente Juan Manuel Santos a su mensaje del 7 de septiembre, y ese mensaje —que es crucial— sella positivamente, de esa manera, el inicio de los diálogos de La Habana.

Octubre 15 del 2010

Mi caro y querido amigo:
Recibe mi cálido y fraternal saludo, el cual hago extensivo como
siempre a la estupenda Dulcinea que batalla al lado tuyo como
paladín por la paz.
De antemano nuestro reconocimiento por tu patriótica y desinteresada preocupación y labor a favor de la paz y la reconciliación, que es tal vez el mayor anhelo de todos los colombianos.
Te confieso que no había respondido antes la propuesta contenida en tu nota, porque me llegó antecitos de todo el trajín que sucedió después del vil asesinato del Mono, que, como tú sabes, era mi gran amigo, y esta circunstancia genera interferencias en una

respuesta que debe ser serena, pero que no está ni debe entenderse que esté interferida por hechos que son propios de la guerra, pues a pesar de la desaparición de algunos de nuestros dirigentes, nuestras banderas se agitan con más fuerza en honor a ellos.

Te adelanto con absoluta sinceridad y franqueza algunos criterios de lo intercambiado entre todos por acá.

1. *Históricamente, cada vez que hemos iniciado acercamientos con los distintos gobiernos para dialogar sobre soluciones políticas al conflicto, los distintos gobiernos de la oligarquía están presupuestando la terminación del alzamiento armado sin que medie, absolutamente, ningún cambio importante en las estructuras sociopolíticas ni del régimen político del país. Cuanto más se han avenido es a una suerte de engañosos y supuestos beneficios y prebendas personales, con ribetes de soborno o rendición incondicional.*

    A su vez, al hablar de paz, nosotros pensamos en dinamizar un proceso político en el que se involucren las dos partes y el país nacional, de tal forma que se acorten los tiempos de las transformaciones en Colombia que conduzcan a una paz duradera y con justicia social. De allí proviene el desencuentro. Como siempre, nuestra voluntad de diálogo, para buscar sinceramente salidas políticas al conflicto, está y estará vigente, pues para nosotros la guerra no es un principio, sino los cambios sociales por los que venimos luchando.

2. *Saludamos y vemos como un gesto positivo y que allana el camino el hecho de que el presidente encuentre justos algunos de nuestros planteamientos expuestos en la plataforma bolivariana, y que opine que en dicha plataforma hay espacio para una negociación y para llegar a un acuerdo o solución política del conflicto.*

3. *Valoramos también que tenga designado a su hermano Enrique para los contactos iniciales que se proponen. Eso evidencia compromiso.*

4. *Pero comprenderás que, como en toda guerra, y ha sido la constante en esta, subsiste la desconfianza entre las partes. En tu nota nada dices, ni menciona el presidente, de las garantías para trasladarse nuestros delegados en medio de la guerra a los sitios de un posible encuentro. No desconocerás que en esas condiciones y tal y como está el ambiente, con un agresivo militarismo delirante, sediento de sangre y muerte, todo será muy complicado. ¿Cómo se garantiza que no habrá trampas en un encuentro secreto dentro o fuera del país? ¿Cuáles son más allá de las palabras las garantías ofrecidas a nosotros por los gobiernos del Brasil o de Suecia? Con toda sinceridad, y como podrás advertirlo, para nosotros la palabra de los gobiernos desde las épocas de Amar y Borbón, pasando por las de Rojas Pinilla, Belisario, César Gaviria y Pastrana, está muy devaluada. Podrían darnos más confianza, como escenarios posibles, Venezuela o Cuba, países con los cuales el gobierno mantiene excelentes relaciones. En tal sentido, propondríamos un primer encuentro reservado en territorio colombiano, en zona fronteriza con Venezuela, con la anuencia del gobierno de la hermana república, que por supuesto debe gestionar anticipadamente el gobierno colombiano. El papel del gobierno bolivariano sería en principio, solo y exclusivamente, garantizar la vía para que se acerquen los delegados oficiales.*

5. *De nuestra parte asistirían dos integrantes del* EMC *de las* FARC.

6. *El objetivo de esa primera reunión sería exclusivamente precisar las circunstancias y garantías para un encuentro entre delegados plenipotenciarios, del gobierno y las* FARC, *que*

definan una agenda de reconciliación y paz. Estas, por su-
puesto, serían impresiones o inquietudes preliminares que
pudieran ser muy útiles en caso de ser tenidas en cuenta, y en
el evento de que la intención del presidente sea la de avanzar
sinceramente para desatascar el camino hacia alcanzar la
paz de Colombia.

De nuevo, mi saludo y un fuerte abrazo para ti y la Negra, a
quienes llevo siempre en el corazón y los recuerdos de mi mochila
guerrillera.

Pablo

La respuesta es histórica. En resumen, dice que sí a la propuesta del presidente Santos. Dicen que están dispuestos a encontrarse con el gobierno. Hacen unos preámbulos, señalan unos antecedentes (que en muchas ocasiones intentaron) y de una vez dicen que nombrarán a dos plenipotenciarios y todo lo que se necesita decir para iniciar un proceso de esta envergadura.

La palabra «plenipotenciario» la introducen las FARC, pero ese término se eliminó después de la fase exploratoria.

Entonces, el 15 de octubre se produce el tercer documento crucial. El primero fue expedido el 12 de julio del 2010: la carta de Henry Acosta Patiño al presidente Santos —electo más no posesionado— proponiéndole los diálogos. Luego, el 7 de septiembre del 2010, el mensaje del presidente Santos a las FARC proponiéndoles el encuentro, y finalmente la respuesta del 15 de octubre del 2010 de las FARC al presidente Santos diciendo: Listo, aceptamos.

Ese segundo semestre del 2010 fue bastante importante en la historia del país, porque se puso a rodar la terminación del conflicto interno armado entre las FARC-EP y el Estado colombiano. Cuando me llega la carta de las FARC del 15 de octubre del 2010, llamo inmediatamente a la Casa de Nariño y le digo: «Presidente, me acaba de llegar una carta importantísima, es la respuesta a la propuesta», y el presidente Santos me dice: «Véngase ya». En toda la facilitación pocas veces he hablado con el presidente Santos por teléfono. Le envío mensajes a través del Secretario o de la secretaria privada. También teníamos un sistema de *pin* de BlackBerry, por donde nos comunicábamos.

Entonces me fui para Bogotá, a la Casa de Nariño, y el presidente Santos y yo conversamos largo. Los dos iniciamos una serie de reuniones. Empezamos a afinar detalles acerca de poner en marcha el proceso de diálogos Gobierno-FARC, y entre octubre del 2010 y finales de enero del 2011 mis reuniones en la Casa de Nariño fueron solamente con él, a quien acompañaba siempre la doctora Lucía Jaramillo Ayerbe. En esos meses hicimos varias reuniones, y desde inicios de febrero del 2011 comenzamos a reunirnos con el doctor Sergio Jaramillo, en ese momento Alto Comisionado de Seguridad, todavía no Alto Comisionado para la Paz.

Doy comienzo entonces a una etapa de reuniones con el presidente Santos y el doctor Jaramillo, ya Alto Comisionado para la Paz, y con la delegación de las FARC en La Habana y las FARC en las montañas de Colombia, que se mantendrán hasta el final de los diálogos, y que hasta el momento en que estoy escribiendo este libro se han mantenido.

Aquí quiero precisar un poco cómo es y ha sido siempre —desde la época del presidente Álvaro Uribe— mi función de Facilitador. Es una labor que permite posibilitar la paz comunicando al Presidente de la República con las FARC. Es importante saberlo, porque la única persona que en el país puede autorizar hablar con la insurgencia es el Presidente de la República. No puede ser ningún ministro. Sin embargo, él no firma, a nombre del Presidente firma el Alto Comisionado para la Paz, como en el caso de las cartas que anexo en este libro, cartas que se apoyan en decretos y en leyes.

Recuerdo que el 6 de septiembre del 2010 el presidente Santos me quiso dar la autorización para hablar con las FARC y alguien le dijo que no lo podía hacer. Consultaron con la oficina jurídica y lo tiene que hacer alguien —a nombre de él— apoyado en decretos y leyes.

Y esta es la función que he cumplido siempre. En el caso del doctor Álvaro Uribe, me entendí con el doctor Luis Carlos Restrepo y luego con el doctor Frank Pearl, y en el caso del presidente Santos con este y con el doctor Sergio Jaramillo, Altos Comisionados para la Paz. Yo no me reúno con nadie más, no soy mesa paralela, trato de ayudar a resolver los temas cruciales que entorpecen y a veces con mensajes que no pueden pasar por la mesa o por otras personas. Hay que entender que el Facilitador no solamente tiene que tener la confianza del Presidente de la República sino también de las FARC, un condicionante que no es fácil de encontrar. Yo no digo que no existan otros que cumplan con esas condiciones, sí pueden existir, pero la vida me puso en ese papel y así lo he hecho.

En enero del 2011 me reuní con el presidente Santos en su despacho, con la compañía de la doctora Lucía Jaramillo de Ayerbe. Fue la última reunión en que estuvimos acompañados de ella. En las siguientes reuniones estaría siempre acompañado del doctor Jaramillo, y los secretarios privados, las doctoras Cristina Plazas y María Isabel Nieto, y el doctor Enrique Riveira, secuencialmente, según estuvieran en ese cargo. En esa reunión el presidente Santos me informó de la futura presencia del doctor Jaramillo y me dio las pautas para la primera reunión preparatoria, que yo comuniqué a Pablo Catatumbo, quien me respondió lo siguiente:

Apreciada Manuela:

Recibe mi abrazo fraterno extensivo a tu bella compañera de vida y amiga del alma de este humilde servidor.

Te escribo de afán, casi telegráficamente, debido a la situación que tengo y a las afugias de quien debe transmitir el mensaje.

Fatal la carta del CICR. *Es una decisión política de ellos que debe tener sus razones y sus consecuencias. Luego de las liberaciones podremos analizarla mejor y dar alguna opinión sustentada.*

1- Propuesta de fecha para la reunión secreta: 5 de febrero, para no acosarnos.

5. Proponemos que el permiso para Ricardo sea de un mes: última semana de enero y 3 semanas de febrero.

6. ¿Que se sugiere para recoger el documento? ¿O nos valemos de algún amigo, si es que ya todo está palabreado y solo se trata de recogerlo?

Trabajemos con base en esa fecha (sábado 5 de febrero). Debido a intensos operativos en toda la zona de frontera, estamos seleccionando con cuidado el lugar preciso de encuentro sin precipitarnos. Lo comunicaremos una vez que haya sido seleccionado. No nos oponemos a la presencia de su señoría en el encuentro si se cuenta con la aprobación del señor presidente.

Es todo. Un abrazo,
Pablo

En esa carta hay varios detalles. Pablo Catatumbo me seguía, y siempre lo hizo, llamando Manuela, pero inmediatamente saludaba a mi esposa Julieta, a quien él llamaba de diferentes maneras, principalmente Dulcinea, lo que era obvio que no era ningún despiste para los organismos de Inteligencia Militar. La identidad mía y de Julieta fue descubierta rápidamente y casi desde el inicio por Inteligencia Militar aunque, como ya lo he mencionado, armaron «un gran falso positivo» contra Julieta y contra mí. Es decir: a pesar de que lo sabían todo, informaron a organismos de inteligencia extranjeros y nacionales de relaciones totalmente falsas e inventadas y tengo los documentos que lo prueban.

Hay un asunto nuevo: se confirmaba que el otro delegado de las FARC, además de Andrés París, era Ricardo Téllez.

Pero lo grueso de la carta de Pablo Catatumbo es cuando anota:

Fatal la carta del CICR. Es una decisión política de ellos que debe tener sus razones y sus consecuencias. Luego de las liberaciones podremos analizarla mejor y dar alguna opinión sustentada.

Se refiere a que en la reunión con el señor presidente Santos de enero del 2011, lo enteré de un informe que el CICR llama de «No Intervención», manteniendo la costumbre de ellos de llamar a los documentos con palabras que llevan el no como prefijo. Cuando le mostré la «fatal carta del CICR» al presidente Santos y le conté lo que las FARC decían de ese documento, me dijo: «Dígales a las FARC que ya nos estamos empezando a poner de acuerdo. Yo tampoco estoy de acuerdo con ese documento del CICR».

Ese informe me fue entregado en un hotel de Cali por el Representante Adjunto del CICR en Colombia de la época, Michael Kramer, para que yo a su vez se lo entregara a las

FARC. Yo lo leí enfrente de Michael y cuando termine de leer le dije:

—Michael, este informe va a complicar el proceso de diálogos que apenas se está iniciando. Lo va a hacer abortar. Esperen y lo presentan después.

Michael me respondió:

—No nos falta sino entregar este informe a las FARC, y te solicitamos les hagas entrega.

En resumen, el informe del CICR dice que en Colombia, en ese momento, había, según el DIH y ellos, cuatro actores del conflicto interno armado colombiano, no solo dos: FARC y ELN. Eso obviamente presionaba a que para terminar el conflicto interno armado había que negociar con cuatro grupos y no solo con dos. Complicada la cosa. Ese *impasse* se resolvió cuando el presidente Santos no quiso recibir al CICR para que le entregara el referido informe porque no estaba de acuerdo, lo que técnicamente significaba que el Estado colombiano no había sido informado. Christophe Beney, representante legal del CICR en Colombia por más de tres años, nunca fue recibido en la Casa de Nariño.

El mencionado informe de no intervención del CICR nunca ha sido mostrado públicamente. Es el siguiente y se transcribe en forma literal:

INFORME *NON PAPER* SOBRE CALIFICACIÓN DE GAE. CICR DE COLOMBIA. AÑO 2010.

Documento sobre la participación de ciertos grupos armados emergentes en el conflicto armado no internacional en Colombia

Razones de la ejecución de una actualización del análisis del CICR sobre el Conflicto Armado y sus Partes

Como es estipulado en los Convenios de Ginebra del 1949 y sus Protocolos Adicionales del 1977, y en los Estatutos del Movimiento de la Cruz Roja y de la Media Luna Roja, el Comité Internacional de la Cruz Roja (CICR), organización imparcial, neutral e independiente, tiene la misión exclusivamente humanitaria de proteger la vida y la dignidad de las víctimas de los conflictos armados y de otras situaciones de violencia, así como de prestarles asistencia. El CICR se esfuerza asimismo en prevenir el sufrimiento mediante la promoción y el fortalecimiento del derecho y de los principios humanitarios universales. Basado en este mandato y como base legal para promover y fortalecer el derecho internacional humanitario y los principios humanitarios universales, el CICR además caracteriza el derecho aplicable en las situaciones específicas de conflicto o de violencia e identifica las partes en cada conflicto.

Adicionalmente, el CICR es preocupado e interpelado por las consecuencias humanitarias sobre la población civil. Gracias a su proximidad y según información recibida de la población afectada en zonas de conflicto, el CICR interviene en favor de la población civil, hacia todas las partes del conflicto responsables de infracciones contra la misma población. Para proteger esta población en un conflicto armado, la definición del derecho aplicable y su promoción son esenciales.

Son por estos intereses legales y humanitarios que el CICR ha ejecutado una actualización de su análisis sobre el conflicto armado y los partes del conflicto en Colombia.

Definición del conflicto armado no internacional

El CICR ha efectuado un análisis del derecho internacional humanitario actual y ha podido proponer su propia definición de lo que es un conflicto armado no internacional[8]. Esta definición refleja los aportes brindados en la materia por la jurisprudencia del Tribunal Penal para la ex-Yugoslavia, el Estatuto de Roma de la Corte Penal Internacional y la doctrina. La definición es la siguiente:

«Los conflictos armados no internacionales son enfrentamientos armados prolongados que ocurren entre fuerzas armadas gubernamentales y las fuerzas de uno o más grupos armados, o entre estos grupos, que surgen en el territorio de un Estado (Parte en los Convenios de Ginebra). El enfrentamiento armado debe alcanzar un nivel mínimo de intensidad y las partes que participan en el conflicto deben poseer una organización mínima».

Elementos esenciales del conflicto armado: la existencia de partes que participan en el conflicto y la intensidad de los enfrentamientos armados

Así para saber si un grupo armado determinado puede ser considerado como parte en un conflicto armado no internacional, habrán de verificarse los elementos siguientes:

---

8   http://www.icrc.org/web/spa/sitespa0.nsf/htmlall/armed-conflict-article-170308/$file/Opinion-paper-armed-conflict-es.pdf   «¿Cuál es la definición de conflicto armado según el derecho internacional humanitario?», Comité Internacional de la Cruz Roja, Documento de opinión, marzo del 2008.

- *El grupo armado debe poseer una organización mínima*
- *El enfrentamiento armado debe alcanzar un nivel mínimo de intensidad*

La noción de organización mínima del grupo armado

Por lo que concierne a la organización mínima, una serie de elementos han sido tomados en cuenta en el marco de la jurisprudencia internacional y son los siguientes:
- *La existencia de un mando responsable*
- *La capacidad de reclutar, entrenar y equipar a los miembros del grupo armado*
- *La capacidad de definir, planificar y coordinar operaciones militares*
- *La capacidad de administrar un territorio*

Esta lista no es exhaustiva, tampoco todos los elementos tienen que ser verificados para comprobar que un grupo armado tiene un nivel de organización mínima, sin embargo el primer elemento relativo a la existencia de un mando responsable parece fundamental.

La noción de nivel mínimo de intensidad del enfrentamiento armado

Por lo que concierne al nivel mínimo de intensidad del enfrentamiento armado, los elementos siguientes se han tomado en cuenta en el marco de la jurisprudencia internacional:

- *La gravedad y la frecuencia de las confrontaciones armadas, incluyendo la duración de estas confrontaciones*
- *El número de heridos y de muertos provocados durante los enfrentamientos*
- *Las tropas involucradas (policía o fuerzas militares)*
- *El equipamiento utilizado durante las confrontaciones*
- *Las medidas tomadas por el gobierno*
- *Las consecuencias humanitarias de las confrontaciones armadas*

El CICR utiliza también estos elementos cuando tiene que analizar una situación de violencia interna. A la luz de estos elementos determina si existe un conflicto armado y las partes en este conflicto, que pueden ser el Estado (a través de su fuerza pública, fuerzas militares y policía) y entidades no estatales, es decir organizaciones que no pertenecen al Estado y que también poseen sus propias fuerzas armadas.

¿Quiénes son las partes en el conflicto armado no internacional en Colombia?

En el caso de Colombia, el CICR sigue considerando que en la actualidad existe un conflicto armado no internacional, en el sentido de la definición que se ha proporcionado arriba. Es decir, que existen partes claramente identificadas, que tienen el nivel mínimo de organización requerido por el derecho internacional y que dichas partes libran hostilidades que tienen el nivel de intensidad exigido.

Según la visión del CICR, reforzada por su propia observación de la dinámica de los enfrentamientos en el terreno, actualmente se puede identificar las siguientes partes en el conflicto armado:

- *El Estado, con implicación de las fuerzas militares, así como de ciertas unidades de la policía nacional.*
- *Los grupos armados: En el contexto colombiano, los grupos armados que pueden ser considerados parte en el conflicto armado son las FARC-EP, el ELN y 2 grupos armados llamados por las autoridades estatales bandas criminales. Estos 2 grupos armados son conocidos como los Rastrojos y los Urabeños.*

Por lo que concierne a los 2 últimos grupos, el CICR ha hecho un análisis detallado de los elementos requeridos por el derecho internacional tanto en lo que se refiere a la noción de organización mínima como a la noción de intensidad de las hostilidades. El CICR considera que tanto los Rastrojos como los Urabeños cumplen con estas nociones y por lo tanto ha llegado a la conclusión de que son parte del conflicto armado no internacional existente en Colombia.

¿El hecho de ser considerado parte en un conflicto armado no internacional le otorga algún estatuto jurídico específico a este grupo o a sus miembros?

El artículo 3 común a los Convenios de Ginebra, aplicable en todas situaciones de conflictos armados no internacionales, en su último parágrafo, trata esta cuestión de la siguiente forma:

«*La aplicación de las anteriores disposiciones no surtirá efectos sobre el estatuto jurídico de las Partes en conflicto*». *Según el comentario de este artículo publicado por el* CICR, *significa que el hecho de ser considerado grupo armado parte de un conflicto armado no le otorga reconocimiento especial a este grupo, ni limita al Estado en sus facultades de reprimir las acciones adelantadas por el grupo. El comentario es claro en la materia:*

«*Así pues, el hecho de aplicar el artículo 3 no constituye en sí mismo, por parte de un Gobierno legal, ningún reconocimiento de poder alguno de la parte adversa; no limita de ningún modo su derecho —que le confiere su propia ley— a reprimir una rebelión por todos los medios, incluido el uso de las armas; no afecta en nada a su derecho a perseguir judicialmente, juzgar y condenar a sus adversarios por sus crímenes, de conformidad con la propia ley*».

El hecho de considerar que un grupo armado es parte de un conflicto armado es independiente del estatuto jurídico de la beligerancia.

La aplicación del DIH *es totalmente independiente del reconocimiento del estatuto de beligerancia. Esta afirmación es confirmada por el comentario del Protocolo Adicional II a los Convenios de Ginebra de 1949. Según el mencionado comentario, ni el artículo 3 común a estos Convenios ni el Protocolo II constituyen un reconocimiento, ni siquiera implícito, de beligerancia.*

Las organizaciones criminales pueden ser consideradas parte en un conflicto armado

Como se ha explicado previamente, para ser considerado como una parte en un conflicto armado no internacional basta con que se cumpla con los 2 elementos mencionados, es decir que un grupo armado tenga un nivel de organización mínima y que existan enfrentamientos armados que tengan un nivel mínimo de intensidad.

Según el derecho internacional actual no se requiere que un grupo armado tenga una ideología, un programa político, para poder ser considerado como parte en un conflicto armado.

Al respecto el Tribunal Penal para la ex-Yugoslavia ha considerado lo siguiente:

«Los 2 elementos para determinar la existencia de un conflicto armado son el nivel de organización de las partes en este conflicto y la intensidad del mismo. Estos elementos son usados únicamente con el propósito de distinguir un conflicto armado de otras formas de violencia como son el bandidaje, las insurrecciones desorganizadas y de corta duración o los actos de terrorismo que no están cubiertos por el derecho internacional humanitario»[9].

Como se puede observar, el tribunal no ha incluido otros elementos, por lo tanto, una organización criminal podría ser considerada como parte en un conflicto armado.

---

9   *Tribunal Penal para la ex-Yugoslavia, El Procurador contra Fatmir Limaj, Sentencia, IT-03-66-T, 30 de noviembre del 2005, parágrafo 84.*

Consecuencias de ser parte en un conflicto armado no internacional

El Derecho Internacional Humanitario se aplica en caso de conflicto armado y no puede ser aplicado a otras situaciones de violencia que no tengan el nivel mínimo de intensidad explicado arriba. Por lo tanto, una de las consecuencias de la aplicación de este Derecho es que todas las partes, sean gubernamentales, sean grupos armados no estatales, están obligadas a su estricto cumplimiento.

El cumplimiento estricto significa el respeto y aplicación de las normas de este Derecho contenidas tanto en el artículo 3 común a los 4 Convenios de Ginebra de 1949 y las normas del Derecho Internacional Humanitario consuetudinario. Además las reglas del Protocolo adicional II de 1977 se aplican a situaciones de conflicto armado no internacional cuando grupos armados que controlan territorio se oponen al Estado.

Incluye en otras conductas las siguientes: el respeto y la protección a las personas que no participan o han dejado de participar directamente en las hostilidades, a los bienes civiles, a la misión médica, la prohibición de usar medios o métodos de guerra prohibidos por el Derecho Internacional Humanitario.

A principios de febrero del 2011 se efectuó la primera reunión con el doctor Sergio Jaramillo, en su oficina, que queda en el mismo piso en donde queda la oficina del presidente en la Casa de Nariño. Nos reunimos con el doctor Jaime Avendaño, consultor de la Presidencia, y con el doctor Alejandro Éder, en ese momento asistente del Alto Comisionado para la Paz, para comenzar a organizar las reuniones preparatorias de la mesa de diálogos. Y seguimos haciendo estas reuniones. Los delegados del señor Presidente a las posibles reuniones exploratorias y a la mesa de diálogos eran los que había propuesto el presidente Santos en enero: Enrique Santos Calderón y Frank Pearl. Antes de la primera reunión preparatoria, me di cuenta rapidito del papel importante que desempeñaba el doctor Jaramillo y le propuse al presidente que él fuera el tercer plenipotenciario o delegado a las exploratorias y a la mesa de diálogos. El presidente Santos, frente a mí, le dijo: «Doctor Jaramillo, con el aval de Henry usted es el tercer miembro plenipotenciario, junto a Enrique y a Frank».

Yo le comunique a Pablo Catatumbo acerca de mis reuniones previas a esa primera reunión preparatoria, y él me respondió lo siguiente:

Febrero 13 del 2011

Apreciado amigo:
Vaya con estas rápidas líneas mi cálido y fraterno saludo para ti y tu valiente compañera, que luchan con desinterés y entrega por la paz que tanto necesita Colombia.

Tengo una inmensa pena contigo por no haber podido responder en el tiempo y la celeridad requerida tu última comunicación, pues debido a la situación militar que se vive por todos lados, tuve dificultades para hacerlo. Pero, de nuestra parte, todo sigue en pie.

Lo que me informan es que ya los nuestros están cerca y que debido a la premura del tiempo y ante la imposibilidad de una pronta comunicación conmigo, los compañeros que están en esa área, a través de contactos existentes entre el gobierno de Colombia y Venezuela, ya acordaron con el gobierno la fecha del 27 de febrero para la reunión. Te presento mis excusas.

No es por voluntad propia, sino consecuencia de las difíciles circunstancias derivadas de un país en guerra. Gajes del oficio, solo esperamos tu comprensión y la voluntad política de la contraparte.

Yo ya tengo en mi poder el lugar y las características del sitio originalmente propuesto para el primer encuentro. Solo espero una confirmación de si aún es necesario hacértelas llegar, si cambiaron el sitio, o si el gobierno ya lo tiene.

Por ahora es todo.
Un fuerte abrazo para ti y tu bella egipcia,
Yo

Y comenzamos a organizar las preparatorias, que eran unos encuentros secretos entre delegados del presidente Santos y delegados del Secretariado de las FARC, tendientes a definir el país sede de los Diálogos de paz y la salida, hacia ese país, de los plenipotenciarios de las FARC.

Se hizo una primer preparatoria, el 3 de marzo del 2011, con delegados del presidente Santos, Jaime Avendaño y Alejandro Éder, acompañados de un coronel activo de la Policía Nacional. El encuentro y la preparatoria se realizaron en la frontera colombo-venezolana. Los delegados del presidente Santos fueron al lado de Venezuela. Recuerdo que cuando esa reunión preparatoria se fue a hacer, el presidente Santos me dijo:

—Henry, ¿puedo confiar y dejar a mi gente en manos de las FARC por esos dos días? —porque ellos, Avendaño y Éder, llegaban a Venezuela y en ese momento se encontraban con delegados de la guerrilla y, digamos, «quedaban en manos de las FARC» y uno o dos días después regresaban a Bogotá a reintegrarse y a traer los mensajes.

Le respondí:

—Sí, señor Presidente, puede confiar.

—¿Por qué?

—Presidente, porque yo le creo a Pablo Catatumbo, que es quien está detrás de esto. No quiere decir que los demás miembros del Secretariado no sean confiables; seguramente lo son, pero yo no los conozco, por lo tanto yo creo que ahí no hay ningún problema.

Y fue así.

Los delegados del presidente Santos y el coronel de la Policía Nacional viajaron a un pueblito en la frontera de Venezuela con Colombia. Allí se encontraron con Ricardo Téllez y Andrés París, los dos del Estado Mayor Central de las FARC. De allí los llevaron a la frontera de Colombia y por un río bajaron un poco, se reunieron, y de esa manera se realizó la primera preparatoria.

Luego, al volver, dejaron a los delegados del presidente Santos en un pueblito venezolano, donde los estaba esperando el coronel de la Policía Nacional, que aún está activo. En esa reunión se intentaba decidir cuál era el país sede de los diálogos y quiénes iban a ser los delegados; no se trataba de construir la agenda de la reunión, porque esta se construiría cuando estuvieran reunidos. Fue lo que alguna vez el presidente Santos bautizó como «una negociación para la negociación».

Esta es el acta de la primera reunión preparatoria realizada en la frontera colombo-venezolana, y que me fue enviada por el comandante Pablo Catatumbo:

ACTA DE LA PRIMERA REUNIÓN DE MARZO 3 DEL 2011, LEVAN-
TADA POR LAS FARC-EP

Marzo 19 del 2011

Apreciado amigo:
Cálido y fraternal saludo con el cariño de siempre para los dos.
1. *Te escribo al vuelo y casi telegráficamente. Espero me sepas excusar. Hay mucho para comentar e intercambiar, pero la dinámica de la guerra, que cada vez asume nuevos ritmos y dimensiones, no da mucho margen para notas largas. Solo para lo fundamental.*
2. *Bueno, finalmente se pudo concretar y realizar la reunión, el 3 de marzo, en el sitio acordado.*
   Te envío el texto de lo acordado, aunque espero que el señor Presidente, por lealtad y delicadeza, ya te lo haya hecho conocer, amén de todo lo demás conversado. Me parece muy positivo y un gran logro para la paz del país este primer encuentro, del que hago expreso reconocimiento que, sin tus esfuerzos, participación, discreción y aportes, no hubiera sido posible.

ACTA
3 de marzo del 2011
1. *A las* FARC *se les había notificado que los delegados para un primer encuentro eran Sergio Jaramillo y Gustavo Bell.*
2. *Se aclaró que los delegados eran Jaime F. Avendaño y Álvaro Alejandro Éder.*
3. *Los delegados de las* FARC *eran Rodrigo Granda y Andrés París.*
4. *Acordamos que Cuba será el lugar del encuentro entre los dos plenipotenciarios de las* FARC *y del Gobierno Nacional.*

5. *La fecha de encuentro entre plenipotenciarios será el 31 de mayo del 2011.*

6. *Para el traslado de los plenipotenciarios de las* FARC *hay dos posibilidades.*

   Primero: llegarán por sus propios medios a un país vecino, de donde saldrán hacía Cuba.

   Segundo: El Gobierno Nacional coordinará con el CICR *el traslado hacía un país vecino, o hacía Cuba directamente, con acompañamiento de funcionarios de Cuba, Noruega y Colombia. En ambos casos el Gobierno Nacional dará todas las garantías de ida y vuelta, gestionando los respectivos salvoconductos.*

7. *Ambas partes contarán con equipos técnicos para el desarrollo de la reunión en Cuba.*

8. *El Gobierno Nacional gestionará salvoconductos para garantizar el tránsito internacional de los delegados de las* FARC *y su estadía en Cuba.*

9. *Se mantendrán los canales de comunicación hasta ahora utilizados.*

10. *De ser necesario, se podrán efectuar nuevos encuentros entre los abajo firmantes para ultimar detalles.*

11. *Dejamos constancia de que el encuentro se llevó a cabo en un ambiente de mutuo respeto y cordialidad.*

Por las FARC-EP: *Rodrigo Granda y Andrés París*
Por el Gobierno colombiano: Álvaro Alejandro Éder y Jaime Avendaño
Fin

La segunda reunión preparatoria se realizó el 16 de julio del 2011 en la isla de Orchila, al lado de la isla Margarita, a 160 kilómetros de Caracas. En esa isla tenía el presidente Chávez una casa grande, no sé si de Presidencia o de él, y ahí en esa sitio y casa se hizo la segunda reunión preparatoria.

Las otras dos preparatorias se hicieron así: la tercera, en agosto del 2011, de nuevo en la isla de Orchila, y la cuarta, en octubre del 2011, en una hacienda de propiedad del dirigente político venezolano Ramón Rodríguez Chacín.

Con esto quiero destacar que la presencia de Venezuela, su facilitación, fue muy importante en estos diálogos. Muy pocas personas saben el papel tan importante que jugó Venezuela desde el comienzo.

Nos encontramos con una situación que nos quitó mucho tiempo: en el año 2011 debía salir, de Colombia hacia Cuba, país sede de los diálogos, el médico Mauricio Jaramillo, miembro del Secretariado. Tanto la Presidencia (el doctor Sergio Jaramillo) como la Cruz Roja Internacional estaban buscando la forma de sacarlo del país, junto con «Sandra», la viuda de Manuel Marulanda. Tanto el CICR como el Gobierno colombiano insistían en que debía ser por tierra, en vehículo del CICR, desde el Guaviare hasta territorio venezolano, y de allí en avión a Caracas y La Habana. Las FARC no aceptaban ese método y yo tampoco. Eso hizo que se necesitaran cuatro reuniones preparatorias y que nos pasáramos desde marzo hasta octubre del 2011 en esa labor y discusión con las FARC, buscando sacar con seguridad a esos dos mandos de la guerrilla. Fueron nueve meses en esa tarea, invertidos en un momento en que el tiempo era (ha sido, es y será) factor muy importante en el proceso.

A continuación transcribo literalmente la propuesta a las FARC, formulada a través de Pablo Catatumbo, sobre la ruta y método de salida de Mauricio Jaramillo y Sandra, viuda de Manuel Marulanda, hacia Caracas, y de ahí a Cuba. Esta propuesta fue elaborada por el CICR (Michael Kramer), el doctor Sergio Jaramillo y yo. Es de anotar que cuando estábamos elaborando y discutiendo todos estos detalles de la salida de Colombia de los dos mandos de las FARC, Christophe Beney, el jefe de la delegación del CICR en Colombia, ya estaba en Ginebra retirándose de su cargo en el país. Kramer era el adjunto.

Hay una anécdota interesante de las conversaciones que teníamos Kramer, el doctor Jaramillo y yo. Estábamos los tres en la habitación de un hotel que se alquilaba para reunirnos. Se necesitó que Kramer se comunicara telefónicamente con su delegado en Arauca, que era un suizo, como él. Lo llamó y hablaron en un idioma que yo creí que era alemán. Yo miraba al doctor Jaramillo, pues suponía que él estaba entendiendo, pues es filólogo y habla varios idiomas. Cuando Kramer terminó de hablar, le pregunté al doctor Jaramillo que habían hablado y me respondió que no había entendido. Kramer nos dijo que habían hablado en suizo-alemán, un dialecto muy propio y que solo hablan algunos suizos.

Esta es la ruta propuesta para la salida del comandante Mauricio Jaramillo y de Sandra, la viuda de Manuel Marulanda:

Agosto 25 del 2011

Mi caro amigo, aquí estamos en casa muy pendientes de ti y los tuyos. Un saludo y un abrazo grande y fraterno de parte de la Negra y de mí.

A continuación escribo el mensaje de la Presidencia de la República, que es la continuidad de lo acordado en marzo y julio entre el Gobierno y ustedes, y además es la respuesta al mensaje de ustedes recibido en agosto 20 pasado. Incluye la propuesta de tiempos y movimientos para el traslado de los dos delegados de ustedes, y que ha sido aprobada por la Presidencia. Son los siguientes:

En Presidencia de la República se recibió el mensaje suyo y de sus compañeros. Dos aspectos relevantes del mensaje:

a) La precisión acerca de que la salida de los dos debe ser por aire, y sobre ello se ha seguido trabajando aquí abajo desde la última reunión del 20 de julio. Garantizar esta manera de salir con la seguridad y con la confidencialidad son las tareas más importantes que se están haciendo. Ya precisaremos detalles, más adelante, en esta nota, sobre el asunto. b) Los tiempos de esta tarea, de encontrarse los plenipotenciarios, es algo sobre lo que los países amigos y garantes de este proceso, fundamentalmente Cuba y Noruega, tienen preocupación. Estos dos países tienen la certeza de que cuanto más nos demoremos en llegar a la reunión de Cuba, más ponemos en riesgo la confidencialidad y se ponen en problemas serios la realización del evento y la seguridad de ustedes. Se entiende que los tiempos y movimientos allá son muy diferentes a los de aquí, pero esos países solicitan mayor velocidad. La fecha de la reunión de los plenipotenciarios viene postergándose: primero mayo 31 y luego agosto.

Los cubanos, los noruegos y el gobierno vienen haciendo mucho análisis a la situación y se llegó a la conclusión de que la propuesta del traslado por aire es factible y da confianza y seguridad, siempre y cuando se haga bajo el manto del CICR y con la garantía de Cuba, Noruega y Colombia, con delegados permanentes, desde el mismo momento en que el helicóptero recoge a los delegados de ustedes hasta el momento que esos dos delegados estén en Caracas. No se separarán un minuto Cuba, Noruega, el CICR y el delegado de la Presidencia del acompañamiento a los delegados.

Condiciones y requisitos fundamentales para el traslado: a) Con la protección humanitaria del CICR, la protección política de Noruega, Cuba y Venezuela, y la de seguridad del gobierno colombiano, como se acordó en las reuniones de marzo y julio. b) Se evitarán los controles migratorios del DAS, *los controles de antinarcóticos, etc., que son de obligatoriedad para los vuelos a Venezuela. c) El transporte ocurrirá con el más bajo perfil posible y de la manera más parecida a la normalidad, para no despertar sospechas que pongan en riesgo la confidencialidad y la seguridad.*

La propuesta, entonces, es la siguiente: el Gobierno de Noruega, como donante del CICR, *le pide al* CICR *visitar las regiones donde el* CICR *trabaja, como el Caguán, la Macarena y el Catatumbo, asunto que es normal. Con este esquema, una comisión de Noruega y Cuba se desplaza en un avión emblematizado del* CICR *de Bogotá a San Vicente del Cagúan o a Florencia. Este último destino ofrece más discrecionalidad. Ustedes deben definir este destino y comunicarlo con anticipación para poder preparar toda la operación. A su llegada, los estará esperando un helicóptero emblematizado del* CICR, *en el que viajarán los garantes de Cuba y Noruega y una persona de la Presidencia de la República, según lo acordado el 3 de marzo y el 16 de julio. Esta persona irá con elementos electrónicos, teléfono satelital, etc., que le permitan comunicación directa con Presidencia de la República para subsanar cualquier eventualidad. En principio ese helicóptero haría un reconocimiento del trabajo del* CICR *en los llanos del Yarí, Cagúan y Macarena, y recogería a los dos delegados de ustedes en las coordenadas que ustedes entreguen a quien ha estado como Facilitador en este proceso, y únicamente a él, y que él haría llegar en el momento que ustedes decidan al* CICR *o a Noruega y Cuba, según sea la decisión de ustedes. Creemos que esas coordenadas deberían ser enviadas al Facilitador y este las entregaría al* CICR *o a Noruega y Cuba, en el lugar desde donde salga el helicóptero, Florencia o San Vicente del Caguán, en plena pista del aeropuerto, puesto que el Facilitador no viajará en el helicóptero. Los delegados de ustedes irían obviamente de civil, y si para ello se necesita que les lleven ropa, pues solo es que ustedes lo digan, con algunos detalles de tallas. Este helicóptero regresaría a San Vicente del Cagúan o a Florencia, según sea lo decidido por parte de ustedes, donde en la misma pista del aeropuerto harán un transbordo al avión emblematizado del* CICR, *que los estará esperando. Ese transbordo tendrá el acompañamiento del* CICR, *de la Presidencia de la República, que garantizaría la seguridad del lugar, y el acompañamiento de Cuba y Noruega. El avión partirá, en un vuelo interno que no tiene controles, hacia Cúcuta. Sería un vuelo «humanitario» del* CICR *y también existirá el pretexto del* CICR *de que este vuelo es para visitar proyectos que tienen en Norte de Santander y Catatumbo, junto con los noruegos que son donantes muy importantes del* CICR. *De esa manera evitamos los controles y requisas antes mencionados, que son muy rigurosos desde esas regiones en los vuelos internacionales hacia Venezuela (controles obligatorios del* DAS *a un vuelo internacional, de antinarcóticos a un vuelo a Venezuela, etc.) y evitamos, también, pedir permiso de plan de vuelo a la Fuerza Aérea y a la Aerocivil, porque no es un vuelo internacional a Venezuela que despierte sospechas.*

Al llegar a Cúcuta, se haría el mismo procedimiento: habría un transbordo, en la misma pista, a unos vehículos emblematizados del CICR, *que transportarían a toda la delegación, los dos delegados, Cuba, Noruega, Presidencia y* CICR, *de la pista del aeropuerto al punto de frontera venezolana, que es muy cercano.*

Ya se hizo una verificación en terreno del aeropuerto: no hay controles de la Policía fiscal y aduanera, ni hay presencia de la Policía antinarcóticos, ni tampoco del Ejército; un par de policías auxiliares hacen turno en todo el aeropuerto. No hay hangar, por lo cual los aviones se estacionan a unos 150 metros del físico aeropuerto, lo que hace más discreto el transbordo del avión a los vehículos, que pueden ingresar por una entrada al final de la pista. El CICR se encargará de conseguir la autorización correspondiente.

Del aeropuerto a la frontera son 20 minutos en carro y de ahí al aeropuerto de San Antonio del Táchira son otros 10 minutos. Del lado colombiano no hay ningún control, en la carretera, ni siquiera cabinas; luego de cruzar el puente fronterizo, del lado venezolano hay cabinas como de un peaje, pero sin vara de control. A los automóviles o carros no los detienen. En cualquier caso, el Gobierno venezolano ofreció colocar personas de enlace que estén atentas en ese punto para acompañar los vehículos del CICR hasta el aeropuerto, donde estará esperando un avión emblematizado del CICR o del Gobierno venezolano o de Noruega, para el traslado a Caracas o a La Habana, según sea la decisión.

El paso por esa frontera no tendrá entonces ningún problema de control: 1. Del lado de Colombia, por ser una zona fronteriza tan activa, no hay controles; 2. Del lado de Venezuela no se suele controlar, y en cualquier caso el Gobierno venezolano ya dio las garantías de que tendría a su personal atento para recibirlos; 3. Todo el desplazamiento se hará en vehículos del CICR que gozan de inmunidad diplomática; 4. En todo caso, habrá un delegado de alto nivel de la Presidencia de la República, con comunicación directa con la Presidencia y con las cartas correspondientes, para controlar cualquier situación inesperada que se pudiera presentar en ese breve trayecto. Todo lo anterior ha sido debidamente verificado en el terreno: los puntos de entrada en el aeropuerto de Cúcuta, para asegurar la llegada de los vehículos del CICR a la pista; los permisos correspondientes, los tiempos y movimientos hasta el paso al otro lado de la frontera. El CICR ya hizo el ejercicio de pasar los vehículos para saber los detalles de traslado.

En San Antonio del Táchira esperará un avión emblematizado del CICR *o del Gobierno venezolano, para trasladarlos a todos a Caracas o directamente a La Habana. Este destino, será una decisión de todos.*

A continuación se adjunta la propuesta de tiempos y movimientos, elaborada por el más alto nivel del CICR *y aprobada por Presidencia de la República, para el traslado de los dos delegados hasta Caracas o directamente a Cuba. Este destino es una decisión de todos. De alguna manera, a continuación se repetirá de manera detallada todo lo que anteriormente y arriba se ha escrito:*

Traslado:
Día 1:

14h00: Vuelo helicóptero Bogotá–Florencia o San Vicente del Caguán (sin pasajeros, los cuales viajarán a Florencia o San Vicente del Cagúan, según sea lo decidido por las FARC, *con el vuelo alquilado por el* CICR *– el helicóptero viajará sin emblemas)*

· El CICR *organiza un helicóptero privado, con el pretexto de una operación humanitaria en el Caquetá y en el Meta («Visita de representantes de países donantes en la zona donde el* CICR *desarrolla actividades para la población civil, como brigadas de salud en lancha, de rehabilitación de infraestructura y proyectos agropecuarios»)*

· El CICR *organiza la autorización del aterrizaje en el aeropuerto de Florencia o de San Vicente del Cagúan, según sea lo decidido, (y de su uso) y el acceso a la pista con vehículos del* CICR.

· El Gobierno asegura una persona de enlace/contacto para poder resolver problemas con las autoridades, en caso de urgencia (con orden presidencial habrá un contacto directo con el Presidente, en caso de complicaciones durante la operación).

14h00: Vuelo avión privado; Bogotá–Florencia o San Vicente del Cagúan (con pasajeros: Noruega, Cuba, Colombia, CICR *– En este trayecto el avión viajará sin emblemas).*

· *El* CICR *organiza un avión privado, con el pretexto de una operación humanitaria.*

· *El* CICR *organiza la autorización del aterrizaje en el aeropuerto de Florencia (y de su uso) y el acceso a la pista con vehículos del* CICR.

18h00: Emblematización del helicóptero por parte del CICR

Noche en hotel en Florencia, organizado por el CICR

Día 2:

07h00: Salida del hotel hacia el aeropuerto

08h00: Vuelo helicóptero Florencia o San Vicente del Cagúan hacia el Lugar X, de las coordenadas fijadas por las FARC

· *Helicóptero privado emblematizado* CICR, *para 10 personas (incluida tripulación) (1 Noruega, 1 Cuba, 1 Colombia, 1* CICR)

· *Coordenadas del Lugar X (a pasar al* CICR *o Noruega o Cuba, antes del vuelo, por parte de las* FARC *a quien ha servido de Facilitador para este proceso). A observar: el* CICR *y Sergio Jaramillo deberán conocer el área aproximada de la operación por lo menos 36 horas antes, para poder notificar el vuelo y el área de aterrizaje (50km x 50km) con el* MINDEF *y la Aeronáutica Civil, siendo una zona altamente militarizada. Esta solicitud la hace por escrito el* CICR, *como siempre lo hace para estas misiones o visitas humanitarias. Esta gestión de permiso es imprescindible.*

· *En caso de complicaciones en la notificación del* CICR, *el Alto Gobierno apoyará y facilitará las autorizaciones de sobrevuelo de la zona con Aeronáutica Civil y el* MINDEF.

08h00: Simultáneamente, emblematización del avión en el aeropuerto de Florencia o San Vicente del Cagúan, por el CICR

09h00: Aterrizaje helicóptero en el Lugar X, las coordenadas fijadas por las FARC

09h30: Salida helicóptero del Lugar X, las coordenadas fijadas por las FARC, *hacia Florencia o San Vicente del Cagúan, con las dos personas adicionales a bordo*

10h30: Aterrizaje helicóptero en Florencia o San Vicente del Cagúan

· *Traslado inmediato (sin control por autoridades) hacia el avión* CICR *emblematizado*

· *El Gobierno autoriza y garantiza el traslado inmediato de todas las personas (sin control o trámites de autoridades en el aeropuerto) del helicóptero al avión.*

· *Una persona de la Presidencia («equipada» con una autorización presidencial y con una comunicación directa con el Presidente de la República) estará presente e intervendrá para resolver eventuales problemas con autoridades locales en el aeropuerto de Florencia o San Vicente del Cagúan*

11h00: Salida del avión CICR *(con emblemas) de Florencia o San Vicente del Cagúan hacía Cúcuta, en avión* CICR *(con emblemas)*

· *Pasajeros: 1 Noruega, 1 Cuba, 1 Colombia, 1* CICR, *y los dos delegados*

· *El* CICR *notifica el vuelo humanitario a las autoridades pertinentes (Aeronáutica Civil), también con el objetivo de visitar proyectos del* CICR *en Norte de Santander y Catatumbo.*

· *El* CICR *organiza y prepara comida y refrigerios para los pasajeros («almuerzo en el avión»).*

14h00: Llegada del avión CICR *a Cúcuta*

· *Traslado inmediato a 2 vehículos* CICR

· *El Gobierno autoriza y garantiza el traslado inmediato de todas las personas (sin control o trámites de autoridades en el aeropuerto) del avión hacia los vehículos* CICR.

· *El Gobierno facilita el acceso de los vehículos* CICR *a la pista del aeropuerto.*

· *Una persona de la Presidencia («equipada» con una autorización presidencial y con una comunicación directa con el Presidente de la República) estará presente e intervendrá para resolver eventuales problemas con autoridades locales en el aeropuerto de Cúcuta.*

14h15: Salida de los vehículos CICR *del aeropuerto hacia San Antonio del Táchira*

· *Pasajeros: 1 Noruega, 1 Cuba, 1 Colombia, 3* CICR *(incluidos 2 choferes), y los dos delegados*

14h45: Pasaje por la frontera Colombia - Venezuela

· *El Gobierno autoriza y garantiza el pasaje de todas las personas (sin control o tramites de autoridades en la Aduana) y de los vehículos* CICR.

· *Una persona de la Presidencia («equipada» con una autorización presidencial y con una comunicación directa con el Presidente de la República) estará presente e intervendrá para resolver eventuales problemas con en el viaje terrestre y en la frontera.*

15h00: Traslado de la frontera hacia San Antonio del Táchira

· *Coordinación Gobierno de Colombia con autoridades venezolanas para garantizar el pasaje por la frontera y el viaje hacia San Antonio del Táchira (sin control o trámites de autoridades venezolanas)*

15h30: Llegada al aeropuerto de San Antonio del Táchira

· *Recepción de la delegación en el aeropuerto internacional Juan Vicente Gómez*

· *Organización del avión, del* CICR, *hacia Caracas o directamente hacia La Habana (decisión de todos)*

Requerimientos:

1. *Durante el viaje, presencia permanente de un miembro de la Presidencia para poder intervenir en caso de problemas con entidades del Estado, con orden presidencial y contacto directo y permanente con el Presidente de la República.*

2. *Si es necesario, apoyo de la parte de la Presidencia en la notificación del vuelo del helicóptero hacia el Caguán, dada la sensibilidad de la zona (en caso de problemas de la notificación del CICR).*

3. *Aclarar cómo serán transmitidas las coordenadas y en qué momento. Debe ser a través del Facilitador que ha existido para este proceso. ¿Físicamente antes de la salida hacia Florencia o San Vicente del Caguán o en Florencia o San Vicente del Caguán mismo?*

4. *Las FARC deciden si el aeropuerto de salida hacia Cúcuta es Florencia o San Vicente del Cagúan.*

Nota importante: La respuesta de ustedes para iniciar este proceso debería venir con no menos de 10 días de anticipación a la fecha del traslado, puesto que se necesita preparar la venida de los representantes de Cuba y Noruega, además de que el CICR haga todas las contrataciones de vuelos, etc. Esto de la fecha es muy importante.

El otro asunto es el de las coordenadas del sitio para recoger a los dos delegados de ustedes. Presidencia dice que todo debe ser a través del Facilitador de este proceso: Yo.

Y estábamos en estas aproximaciones, comunicaciones y ya listos, cuando ocurre un incidente militar bastante duro para las FARC, que afectó los quehaceres militares del conflicto, pero afortunadamente no afectó el proceso de paz que estábamos echando a rodar, porque las FARC y el Gobierno siempre aceptaron que este proceso de diálogos sería en medio del fuego y las hostilidades de la guerra y el conflicto, mientras no se declararan ceses unilaterales o bilaterales al fuego y hostilidades, como sucedió unilateralmente por parte de las FARC tiempo después, y bilateralmente a partir del 23 de junio del 2016.

En el paraje Playa del Buey, camino alto de Buga a La Mesa, a orillas de los orígenes del río Tuluá, la columna «Alirio Torres», con su mandos encabezados por el comandante «Vicente» fue atacada por aviones a gran altitud y a altas horas de la noche, ataque que sus miembros solo sintieron cuando las bombas cayeron encima de sus cabezas. Se dice que murieron en combate, y el DIH así lo dice, pero el sentido común le dice a uno que si unos combatientes están durmiendo y un avión a los 3000 metros de altitud, en la oscuridad de la medianoche, los bombardea, se supone, como efectivamente lo es, que no están combatiendo, sino que son muertos con alevosía.

Yo le mandé a preguntar a Pablo Catatumbo qué había pasado y que pasaría con el proceso de paz. Y esto fue lo que me respondió —mayor compromiso de las FARC no se podía pedir— (recordemos que al inicio ocurrió lo del Mono Jojoy):

Septiembre del 2011

Apreciado amigo: Recibe mi cálido y fraternal saludo, el cual hago extensivo a tu extraordinaria consorte.

Sí, lamentablemente fue cierto, a Vicente, «Erney» el radista de Vicente, «Tungo», «Pablo Malongo» y otros camaradas más los asesinó, mientras dormían, y sin arriesgar nada, la criminal Fuerza Aérea.

Aunque sintiendo en el alma lo ocurrido, pues los muertos eran compañeros de mi entraña, prefiero quedarme con lo que decía el Cid Campeador: «Cuando no hay peligro en la lid, no hay gloria en el triunfo».

Manuel Tereco y su compañera cayeron heridos y él está ahora —con un brazo partido, sus glúteos incinerados y una pierna rota— en la cárcel de Palmira, a donde lo trasladaron al otro día, sin ninguna atención médica, después de tomarle unas fotos para hacer show en la televisión.

Así es la guerra, cruel y despiadada, con la diferencia de que cuando lo hacen ellos, la prensa titula: «Exitoso operativo» y hasta lo celebran, y cuando lo realizamos nosotros, se califica de «Execrable y cobarde crimen».

No hay de qué quejarse, lo enseñan los clásicos, pues aunque resulte cínico repetirlo, la naturaleza de la guerra es matar, destruir, aniquilar al enemigo o doblegar su voluntad.

Por eso es tan loable y tan humanista la labor de quienes como tú y otros, nosotros y tu querida princesa, empeñan sus esfuerzos por alcanzar un entendimiento, un acuerdo que nos conduzca a encontrar el camino de la paz con justicia social y así poner fin a esta lucha fratricida.

De destacar las últimas declaraciones del señor Christophe Beney al periódico El Tiempo *antes de abandonar el país, ojalá su reemplazo piense lo mismo.*

«La paz no va a llegar por una rendición. La paz se logra a través de un diálogo y no de la rendición». «Tanto el gobierno como las guerrillas quieren la paz». Ese es un enfoque mucho más realista de esta realidad que el que leímos hace unos meses en un documento que nos distanció. Pienso que seguramente faltó conocernos más. Ojala su reemplazo, el español Jordi Raich, conserve el mismo enfoque y siga la misma línea.

Tú también cuídate, pues el enemigo acecha por todos lados.
Muchas gracias también por tu preocupación y por lo enviado:
libros, lecturas, actualizaciones, espíritu, PowerPoint.
Fuerte abrazo para los dos.
YO

Nota: Ojalá este sea, como te digo en la nota oficial, el último
contratiempo que se nos presente y podamos comenzar a echar a
rodar el proceso.

Se fueron sucediendo las conversaciones entre el presidente Santos, el doctor Jaramillo y yo, y entre ellos y Pablo Catatumbo y Alfonso Cano, a través de Pablo y de mí. Las cuatro reuniones preparatorias pusieron a rodar las reuniones exploratorias en La Habana.

Y nacieron otros inconvenientes en la búsqueda del inicio de las exploratorias y por ello el comandante Pablo Catatumbo me envió el siguiente mensaje, que obviamente es para el presidente Santos:

Septiembre 28 del 2011

Recordado y apreciado amigo: Cálido y fraternal saludo.
Dando respuesta a tu última importante comunicación, puedo
adelantarte los siguientes conceptos:
Por acá pensamos que en general el contenido de tu última
nota significa un importante avance en el camino de destrabar el
impasse que se presentó en la última reunión del 22 de julio,
dado que ya estando de acuerdo las dos partes en pasar a proceder
a que el CICR, con el acompañamiento físico permanente de los
gobiernos garantes, traslade por vía aérea a nuestros camaradas

delegados plenipotenciarios; solo quedaría por concretar otro en-
cuentro preparatorio para pulir los detalles del viaje, concretar las
fechas y proceder al traslado.

Esos detalles, de coordenadas, lugares, sitios, horarios etc.,
siempre son engorrosos (recuerda lo acontecido en Pradera cuando
la última entrega unilateral de prisioneros), y por eso pensamos
que pudieran ser abordados mucho mejor por las dos partes en otro
encuentro, teniendo en cuenta que ya hay un acuerdo en principio
y que ya existe el mecanismo y la disposición de las partes para
realizar la reunión.

Esperamos que de esta manera quede ya superado este último
impasse, *demos vuelta a la página y ábrase ahora sí el camino*
para el encuentro en la Habana.

Un abrazo,
Pablo

En reunión con el presidente Santos y con el doctor Jaramillo, en Bogotá, en el plan de entregarles el mensaje de Pablo
del 28 de septiembre, recibí mensaje de urgencia de Presidencia para iniciar los diálogos exploratorios en La Habana.
Entonces produzco el siguiente mensaje para el Secretariado,
enviado a través de Pablo Catatumbo:

Octubre 4 del 2011

Mi caro y recordado amigo: recibe un cariñoso abrazo de parte
mía y de la Negra. Te recordamos mucho.

El 29 de septiembre fue entregado el mensaje que me llegó
el 28 de septiembre. Le fue entregado al señor presidente Santos
y a Sergio Jaramillo. A pesar de que había mucha ansiedad y

preocupación por la demora en la respuesta, esta fue recibida con mucha satisfacción e inmediatamente la Presidencia se puso en contacto con los amigos vecinos para que contactaran a tus compañeros y se iniciara la gestión para la reunión. Preocupa mucho, en Presidencia, que la demora termine por dar paso a filtraciones y la «criatura aborte sin dar tiempo de que nazca». De manera que cuando recibas esta nota, con toda seguridad ya habrá avanzado mucho la preparación de esta nueva preparatoria.

Me fue entregado y explicado, en detalle, el Acto Legislativo 94, que ha sido ya propuesto al Congreso de la República y que reforma la Constitución en dos artículos importantes. Te adjunto, en papel y en digital, tanto el texto propuesto como las motivaciones para ello. Hay que destacar que este texto propuesto fue acogido, aprobado y signado por todos y cada uno de los componentes, senadores y representantes de la denominada Mesa de Unidad Nacional y, obviamente, enfrente del presidente Santos. También es destacable que el expresidente Uribe ya se manifestó y enfiló baterías contra esta propuesta. Te adjunto un ejemplar del periódico Nuevo Siglo, que contiene un análisis uribista de lo propuesto. Te sugiero leer el texto referido, palabra por palabra, pues fue escrito con mucho cuidado jurídico. Obviamente fue escrito por los altos asesores del presidente Santos. El representante ponente solo lo firma.

Frank Pearl se mantiene como uno de los delegados a la reunión, a pesar de haber sido nombrado ministro.

Para el presidente Santos, este tema con ustedes es de la más alta importancia. Es el más importante de su agenda política. No te olvides, y tómalo en serio, que Santos es un eximio jugador de póker y así se comporta en sus tácticas y estrategias políticas. «Juega con el juego que le llegue y va sacando las cartas según las vaya necesitando para intentar ganar la partida». Te mando en físico y en digital el informe del PNUD-2011 sobre tierras en

Colombia. Vale la pena, porque para el Gobierno esta información es de alta importancia y ya le han dedicado reuniones para su análisis, pensando en Cuba. Sugerencia: dedíquenle tiempo y análisis.

Te mando muchos libros en digital, casi todos los bajé de la Biblioteca Ayacucho que existe en Internet y es venezolana. La Negra y yo te mandamos nuestro cariño. Un abrazo enorme de la Negra y mío. YO

En la cuarta reunión, en octubre del 2011, preparatoria, en la hacienda de Rodríguez Chacín, en el Táchira, Venezuela, se había definido la manera de llevar al comandante Mauricio Jaramillo y a Sandra a Caracas, y de allí a los delegados plenipotenciarios de las FARC: Mauricio Jaramillo, Ricardo Téllez, Marcos Calarcá y Andrés París, junto con Sandra, a La Habana.

Y entonces sucedieron acontecimientos muy importantes. Las FARC, viendo que el traslado de Mauricio Jaramillo a La Habana se estaba volviendo complejo desde el punto de vista logístico y de seguridad, decidió cambiar de jefe de la delegación de plenipotenciarios de las FARC en la etapa de las exploratorias y designó en tal cargo a Timoleón Jiménez, porque su traslado a La Habana resultaba más práctico, menos riesgoso. En ese momento Timoleón Jiménez sabe que el nombre del Facilitador es Henry Acosta Patiño. Los miembros del Secretariado conocían y tenían en sus manos todos los mensajes que el presidente Santos enviaba por mi conducto y los que Alfonso Cano, a través de Pablo Catatumbo —y este a través de mí—, enviaba al presidente Santos, pero como esos mensajes no iban firmados y ni siquiera se escribía mi nombre, entonces ninguno de los miembros del Secretariado, por increíble que parezca, conocía mi nombre. Timoleón Jiménez lo viene a saber cuando lo designan jefe de la delegación de plenipotenciarios. El comandante general de las FARC, Alfonso Cano, se lo comunica. Y eso es a finales de octubre.

Se presentó entonces un acontecimiento, de guerra, muy complicado: el 4 de noviembre del 2011, en la vereda Chirriadero del municipio de Morales (Cauca) es muerto, en acción militar, Alfonso Cano, comandante general de las FARC-EP, jefe del Secretariado del Estado Mayor Central de las FARC-EP. Pero las FARC-EP continúan en la tarea de dialogar con el Estado, para terminar con dignidad, equidad y justicia social el conflicto interno armado colombiano que el comandante Alfonso Cano había iniciado. Y esa voluntad de Alfonso Cano la transmiten Pablo Catatumbo, Timoleón Jiménez y otros miembros del Secretariado del EMC a sus compañeros del Secretariado y del EMC. Y continúan en el proceso de iniciar las exploratorias, porque «somos serios», dicen en su comunicación al respecto.

Este es el comunicado en el que las FARC reconocen la muerte del comandante Alfonso Cano:

Nov 5 del 2011

Comunicado de las FARC-EP

Declaración pública
Escuchamos de la oligarquía colombiana y sus generales el anuncio oficial de la muerte del camarada y comandante Alfonso Cano. Resuenan aún sus alegres carcajadas y sus brindis de entusiasmo. Todas las voces del Establecimiento coinciden en que ello significa el final de la lucha guerrillera en Colombia.

La única realidad que simboliza la caída en combate del camarada Alfonso Cano es la inmortal resistencia del pueblo colombiano, que prefiere morir antes que vivir de rodillas mendigando. La historia de las luchas de este pueblo está repleta de mártires, de mujeres y de hombres que jamás dieron su brazo a torcer en la búsqueda de la igualdad y la justicia.

No será esta la primera vez que los oprimidos y explotados de Colombia lloran a uno de sus grandes dirigentes. Ni tampoco la primera en que lo reemplazarán con el coraje y la convicción absoluta en la victoria. La paz en Colombia no nacerá de ninguna desmovilización guerrillera, sino de la abolición definitiva de las causas que dan nacimiento al alzamiento. Hay una política trazada y esa es la que se continuará.

Ha muerto el camarada y comandante Alfonso Cano. Ha caído el más ferviente convencido de la necesidad de la solución política y la paz. ¡Viva la memoria del comandante Alfonso Cano!

Secretariado del Estado Mayor Central de las FARC-EP, Montañas de Colombia, 5 de noviembre del 2011

Y entonces las FARC-EP entran en proceso de reacomodamiento de su Secretariado, de su Estado Mayor Central y de sus mandos. Y obviamente el proceso de inicio de las exploratorias en La Habana entra en demora, y en ajuste el nombramiento de los delegados plenipotenciarios.

Y vienen reacciones de diferentes actores de la vida nacional. Y comienza una etapa en la que se afirma que las FARC habían aceptado iniciar los diálogos porque con la muerte de Alfonso Cano estaban derrotadas. La verdad histórica y documentada es otra y la contraria. Las FARC habían decidido el 15 de octubre del 2010 iniciar los encuentros con el Gobierno para terminar negociando, a través de diálogos, el conflicto interno armado entre ellas y el Estado. Y el 4 de noviembre del 2011, ya Gobierno y FARC habían definido sus delegados plenipotenciarios a las reuniones exploratorias y que La Habana sería la sede de esos encuentros exploratorios y de los diálogos. La guerra es así y las FARC continuaron en su compromiso de dialogar y negociar su guerra con el Estado colombiano.

Sucede un hecho relacionado con la facilitación que es importante contar. El 6 de noviembre del 2011 recibí un mensaje verbal de Pablo Catatumbo para que me encontrara en Cali con alguien que me iba a llevar el día siguiente a conversar con un comandante de las FARC, que me traería un mensaje suyo. Ese día me fui, acompañado del emisario, a una vereda cerca de Morales, pero entramos por la vía que va camino de Cali a Popayán, a la altura de Piendamó. Muy adentro encontramos dos guerrilleros en la vía. Los helicópteros volaban, porque el cadáver de Alfonso Cano estaba siendo trasladado. Esos dos guerrilleros rápidamente me pusieron en contacto personal con «Óscar», el comandante del frente urbano «Manuel Cepeda Vargas», quien me dijo: «El camarada Pablo le manda decir que rápidamente le diga al presidente Santos que todo lo conversado y convenido acerca de lo que hay que hacer para iniciar los diálogos en La Habana continúa como está convenido. Que nosotros somos serios. Eso es todo». Y la reunión se terminó. Me regresé a Cali. Es la reunión más corta que yo haya tenido con las FARC, pero era necesaria e histórica. Creo que con saludos, mensaje y despedida no duró más de diez minutos. Era la confirmación de que las FARC continuaban en el proceso de buscar terminar el conflicto armado.

Yo llegué a Cali ese 7 de noviembre, de regreso del Cauca, y llamé al presidente Santos el día 8 para decirle que tenía mensaje importante y urgente de las FARC. Él me dijo que fuera al día siguiente, 9 de noviembre. Fui y le transmití el mensaje de las FARC, de Pablo Catatumbo. Aproveché y le dije algo que diré siempre: si Alfonso Cano no hubiera sido muerto, incurriendo así el gobierno en un fatal error político, los diálogos en La Habana hubiesen sido más fluidos y concluyentes, porque además de los delegados que han estado en La Habana, él también hubiese estado aportando su invaluable sabiduría y decisión positiva para negociar el conflicto interno armado con el Estado. Alfonso Cano era más político que militar. El Presidente me oyó y me dijo: «Henry, ese es el interrogante de mi vida». Y me dictó un mensaje para las FARC que yo inmediatamente entregué a Pablo Catatumbo. Es el siguiente:

Noviembre 10 del 2011

Mi caro y querido amigo, un abrazo fraterno desde aquí en casa, junto con la Negra, esperando que te encuentres bien, a pesar de que los compañeros y los amigos se te vayan yendo.

Ayer me llamó el señor presidente Santos y fui a Bogotá y hoy, que te estoy escribiendo, me transmitió el siguiente mensaje para ustedes:

«Dígales, primero, que todo lo que ha pasado está dentro de las reglas de juego, hasta que no se decidan otras de común acuerdo.

«Segundo, que la disposición del Gobierno sigue siendo la misma. Hemos acudido con prontitud a todas las citas y hemos hecho esfuerzos importantes para facilitar los encuentros. Esperamos que la reunión de La Habana, que se acordó en marzo, se dé a

la mayor brevedad. Nos preocupa que los tiempos políticos vayan cambiando y se nos vaya cerrando la ventana sobre el buen escenario que hemos construido conjuntamente, tanto nacional como internacionalmente».

Hasta aquí el mensaje,
YO

El señor Presidente se refiere a que desde el 3 de marzo de 2011 se definió hacer las reuniones exploratorias en La Habana, pero el asunto de iniciarlas había quedado definido en la cuarta preparatoria, en octubre, y se había designado a Timoleón Jiménez como jefe de la delegación de plenipotenciarios. Se suponía que la mesa de exploratorias en La Habana se iniciaría en noviembre. Entonces hay que hacer varios cambios en las FARC y en el proceso de las exploratorias. Lo primero es que las FARC-EP designaron por medio de sus mandos decisorios a Timoleón Jiménez como el nuevo jefe del Secretariado del Estado Mayor Central, que normalmente se conoce como el comandante general de las FARC. Lo segundo es que reiteran, entonces, que a Mauricio Jaramillo hay que llevarlo a La Habana, vía Caracas, como jefe de la delegación de plenipotenciarios de las exploratorias. Lo tercero, es que se debe aplazar el inicio de esas exploratorias, mientras que los dos asuntos anteriores se realizan. Por ello las exploratorias se inician solo el 23 de febrero del 2012.

Y se producen comunicados y mensajes de las FARC al respecto, muy importantes.

TEXTO DEL COMUNICADO DE LAS FARC-EP, NOVIEMBRE 15 DEL
2011, NOMBRANDO NUEVO COMANDANTE GENERAL. NUEVO CO-
MANDANTE DE LAS FARC-EP: TIMOLEÓN JIMÉNEZ, «TIMOCHENKO»

Camaradas:

El 4 de noviembre cayó en combate el comandante de las FARC
*Alfonso Cano, en las montañas del Cauca del municipio de Suárez.
Desde hacía dos años lo perseguía una jauría de más de 7000
hombres guiados por tecnología militar de punta y una flotilla
de aviones y helicópteros bajo las órdenes de asesores militares
estadounidenses, mercenarios israelíes y el alto mando militar.*

Los guerrilleros de las FARC *nos sentimos orgullosos de que el
comandante haya caído peleando en el campo de combate y muerto
como mueren los verdaderos jefes militares, los héroes del pueblo,
los valientes: mostrando con su grito de guerra y con el plomo,
con su ejemplo, que así mueren los hombres y las mujeres cabales,
consecuentes con lo que piensan, y que juraron por la justicia y la
dignidad del pueblo pelear hasta las últimas consecuencias. Este
es el ejemplo que llevarán galvanizado siempre en la conciencia
los guerrilleros de las* FARC *que han jurado vencer, y vencerán.*

*No hay muerte más hermosa que la que sobreviene peleando
por la libertad, por una causa altruista, colectiva, vislumbrando
en su sueño, como Alfonso, la Nueva Colombia, la de la dignidad
humana, la del empleo, la de la educación y la salud gratuitas, la
de la soberanía del pueblo, de la tierra para los campesinos, de la
vivienda para los que carecen de ella, una Patria nueva, socialista,
justiciera, bolivariana, propulsora de la concreción en el continente
de una Gran Nación de repúblicas hermanas.*

*Esos pobres analistas y políticos mediocres, aduladores del
poder, que hoy hablan del derrumbe de las* FARC *ante la muerte
del comandante, son tan ignorantes que ni siquiera merecen el gesto*

de nuestro desprecio. No se resquebrajó el mito de Alfonso Cano, como afirman perdidos en la borrachera de su triunfalismo. No han logrado advertir que la imagen de Alfonso caído en combate en la vereda Chirriaderos crece como arquetipo y es motivo del más encumbrado orgullo fariano y de un pueblo que ha sido capaz de producir comandantes luminosos. Están tan perdidos, que todavía celebran la muerte del más ferviente partidario de la solución política y la paz.

La moral del guerrillero fariano siempre se crece en la adversidad porque es de estirpe bolivariana y marulandiana. Aquí hay conciencia, anhelo incandescente de combate y de victoria. Todo por la dignidad de un pueblo, por su libertad. Pierden su tiempo, alucinan, los que sueñan con la claudicación y desmovilización de la guerrilla.

Crecerá el raudal sonoro de la protesta y la movilización popular que hoy asusta a la oligarquía neoliberal que lacera la soberanía con su política de «seguridad», que contra Colombia y su gente favorece la inversión y los intereses de las transnacionales. Que empiecen a temblar los usurpadores del poder que hasta hoy se han negado a pagar la inmensa deuda social contraída con el pueblo. La indignación está recorriendo el mundo en medio de la crisis sistémica del capital. Pueden estar seguros de que no podrán detener el fuego insurgente contra la tiranía, por la paz, y que la guerrilla redoblará su trote hacia la victoria con las banderas del Movimiento Bolivariano desplegadas al viento, con el pueblo. Queremos informarles que el camarada Timoleón Jiménez, con el voto unánime de sus compañeros del Secretariado, fue designado el 5 de noviembre nuevo comandante de las FARC-EP. Se garantiza así la continuidad del Plan Estratégico hacia la toma del poder para el pueblo. La cohesión de sus mandos y combatientes, como decía Manuel Marulanda Vélez, sigue siendo uno de los más importantes logros de las FARC.

Comandante Alfonso Cano: sus lineamientos en el campo militar y político serán cumplidos al pie de la letra.

¡VIVA LA MEMORIA DEL COMANDANTE
ALFONSO CANO!
HEMOS JURADO VENCER, Y VENCEREMOS.

Secretariado del Estado Mayor Central de las FARC-EP
Montañas de Colombia, noviembre del 2011

En diciembre del 2011 recibí de Pablo Catatumbo una carta histórica que no puedo dejar de publicar. Es grande Pablo Catatumbo en esta nota, dirigida a mí. Es personal. Nunca se ha conocido, y en este libro quiero hacerla conocer porque refleja la calidad humana, de amigos, de revolucionarios, de Pablo y de Alfonso Cano. Eran amigos desde la juventud, cuando estuvieron juntos en Moscú, estudiando y compartiendo. La vida los juntó durante 40 años y pocos meses antes de la muerte de Cano se despidieron en alguna de esas montañas de la cordillera central de los Andes colombianos. Pido comprensión a Pablo por publicarla, pero semejante joya de la amistad, la gratitud, el compromiso de lucha y la excelente redacción literaria no la podría haber dejado oculta. Acepto tus reclamos, Pablo, aunque creo que compartes conmigo mi decisión.

Esta es:

Sentimiento de Pablo Catatumbo por la partida de Cano el 4 de noviembre del 2011, escrito el 23 de diciembre del mismo año

Mi caro y recordado amigo: va mi saludo afectuoso y adolorido para ti y la negra por la tragedia que nos aconteció.

Cuando apenas me acababa de sentar y había abierto el computador para escribir el mensaje que ese día iba a dirigir a Alfonso, prendí el radio y escuché la noticia. Fue lo peor que en lo personal podía haberme acontecido: la sorpresiva muerte del camarada Alfonso.

Escuché las primeras noticias y me puse en guardia, pero siempre pensando que no era cierto, pues yo a Alfonso lo hacía en el Tolima o en el Huila, donde nos despedimos después de compartir más de tres años juntos. Pero a medida que fueron transcurriendo las horas, la contundencia de los hechos y la tozudez de los mismos me fueron haciendo poner los pies sobre la tierra y aceptar la realidad. Hasta casi las 5 de la tarde tomé con cierto escepticismo los comentarios de los noticieros y por momentos estaba casi seguro de que la información estaba equivocada.

Empecé a prender ya en serio las alarmas cuando las noticias hablaban de la captura de Pacho Chino después de la intensa jornada de combates del mes de septiembre protagonizada por unidades del sexto Frente y la Jacobo Arenas, en Suárez, Cauca. Era de suponer que si esa era su área de operaciones, Pacho Chino pudiera estar por esos lados, aunque yo, muy distante de esas tierras, no tenía ninguna certeza. Mucho menos podía imaginar que Alfonso anduviera por allí, pues nosotros de esos temas, de la ubicación de cada quien, no hablamos.

La tensión fue in crescendo *cuando ya comenzaron a aparecer los detalles acerca de la captura del indio Efraín, la muerte de Daniel Zorro, el radista, la presencia de los perros y, finalmente, el sacudón del latigazo lacerante de la noticia, confirmando que se trataba de Alfonso.*

Al principio uno se resiste a creer, le parece que no es cierto, que no puede ser posible, pero ya después la fuerza de los hechos se va imponiendo. Al otro día la información nos la confirmaron por radio. Viendo después las fotografías por televisión, no me quedaron más dudas. Era él.

La confirmación del hecho me sacudió como un latigazo y me estremeció una por una en todas mis fibras. Por momentos pensé que todo era mentira y me sentí como si estuviera pasando por una mala pesadilla, hasta especulé que todo no era más que un mal sueño del que en cualquier momento iba a despertar.

Es un profundo sentimiento de vacío el que se siente al saber que nos corresponde seguir adelante en nuestra titánica tarea, sin la sabia conducción de Alfonso, de nuestro jefe, de nuestro amigo de toda la vida.

Pero en fin, ya frente a la realidad de los hechos hay que asumir esa realidad, con la entereza, la firmeza de principios y la dignidad que nos inculcaron los maestros y conductores que iniciaron e inspiraron esta lucha: Manuel y Jacobo.

Asumimos que no es hora para andarnos con quejumbres ni lamentaciones, sino el tiempo de ponerle el pecho a la brisa y asumir con integridad y con mucho valor y entereza la inmensa responsabilidad que ha caído sobre nuestros hombros para sacar adelante este proceso.

Solamente con el trabajo mancomunado de todos nosotros, los integrantes del colectivo fariano, y poniendo cada uno de nosotros lo mejor de sí, podremos suplir su ausencia y la de los otros que lo antecedieron en la partida.

Pienso que es hora de reunirnos todos en fraterno y fuerte abrazo alrededor de la herencia y el legado que nos dejaron los que ya se han ido.

Es la ocasión para tensar fuerzas y energías, levantar nuestro puño y ratificar con toda la potencia de nuestra garganta y la firmeza de nuestra conciencia, el inclaudicable compromiso que hicimos de seguir luchando hasta alcanzar para Colombia la paz democrática, con dignidad y justicia social. Una Colombia que sea el hogar amable para todos los colombianos y de cuyas riquezas y desarrollo no se beneficie tan solo una élite de irritantes y prepotentes oligarcas y una clase política corrupta que no conoce otra moral que la de la mata de mora.

Alfonso supo cumplir con honor, con altivez, con una gran dignidad y mucha sabiduría su responsabilidad de guiarnos en uno de los tramos más difíciles de nuestra historia. Honor y gloria para él y los dos camaradas que lo acompañaron en los últimos momentos y cayeron cumpliendo su misión junto a él: Jennifer y Daniel Zorro.

Alfonso murió en su ley, cumpliendo responsablemente con su deber, y él, que no era propiamente un guerrero, ni poseía el arrojo de Joachim Murat, supo sortear con éxito durante más de tres años el acoso y la persecución de más de 7000 hombres de fuerzas de élite del ejército, asesorados por la CIA y el MOSSAD. Supo burlar y romper todos los cercos militares que le tendieron, para venir a morir cuando ya estaba en una zona segura, por causas ajenas a su responsabilidad, por la irresponsabilidad, la deslealtad y la traición de una persona ruin que no supo estar a la altura de su compromiso histórico.

Bueno, mi querido amigo, frente a ese tema no está el ánimo como para extenderme más. Eso sería todo por ahora. Dejemos el resto para cuando podamos abrazarnos, hablar largo y tendido, y ahondar en detalles.

En lo personal, la muerte de Alfonso me ha causado una gran amargura. Seguramente por tratarse de un hombre con el que compartí casi 40 años de vida y de lucha casi permanente por nuestros ideales, y con quien en los últimos años había afianzado y madurado muchísimo más nuestra relación y nuestros lazos de camaradería. Alfonso fue un verdadero luchador por la paz y por la reconciliación de este país.

Pienso que la muerte de Alfonso deja muy golpeado este proceso que apenas empezaba y del que él fue su ferviente defensor y tal vez su máximo impulsor. Creo que desde el comienzo el presidente Santos se trazó la estrategia de colocar su cadáver sobre la mesa de diálogo como punto de partida para entrar pisando duro en un eventual proceso de diálogo.

Está en su derecho de hacerlo, pues estamos en guerra, como está también muy lejos de nuestro ánimo venir a posar ahora de plañideras o de quejumbrosos, pero quizá con el tiempo caiga en cuenta y se lo cobre la historia, porque esa fue una estrategia equivocada, que no va a contribuir a los propósitos de aclimatar el medioambiente favorable que allane el camino de alcanzar la paz mediante una solución política civilizada, sino que por el contrario, va a envalentonar aún más la ultraderecha de este país y le va a abrir más caminos a la guerra.

Quizás fue eso lo que quiso expresar y advertir el comandante Timoleón Jiménez en su escrito sobre «Así no es, Santos, así no es», comunicación que fue recibida con insultos y dos piedras en la mano por toda esa caterva de señoritos de zapatones lustrados, que sin arriesgar siquiera el esmalte de su dedo meñique o embarrarse jamás sus mocasines, desde cómodas oficinas azuzan la guerra y piden más sangre; se atraviesan como mulas muertas en el camino y ponen palos en la rueda que gira en dirección a abrirle otro horizonte distinto a este país.

Bueno, y no me extiendo más. Un abrazo grande para los dos y mi cariño de siempre. A la Negra, que nunca antes sus lágrimas, que son también las mías, fueron más justas y más merecidas. Gracias por lo enviado. Alfonso era un gran hombre, de eso no hay duda.

En la otra nota va nuestra respuesta oficial al señor presidente. Espero que podamos seguir sorteando las dificultades para sacar adelante este proceso.

Va mi abrazo, Yo

Y el siguiente es el mensaje del Secretariado de las FARC, con fecha 23 de diciembre del 2011, al señor presidente Santos, que anuncia Pablo Catatumbo en la carta anterior, donde reafirma su compromiso de continuar el proceso de búsqueda de una negociación del conflicto armado entre el Estado y las FARC. Mayor muestra de decisión y compromiso era imposible pedir a las FARC.

Mensaje del Secretariado de las FARC

Diciembre 23 del 2011

Apreciado amigo: Fraternal saludo, el cual, como siempre, hago extensivo a tu inseparable consorte y compañera de vida e ideales.

Gracias por tus palabras, por tus preocupaciones y por tu decidido compromiso en favor de la paz.

Recibimos lo expresado y el mensaje del señor presidente. Al respecto no tenemos ningún comentario.

Nuestra respuesta oficial a lo por ti planteado, en consonancia con el proceso iniciado es la siguiente:

1. *Reafirmamos nuestro compromiso de principios con la búsqueda de una salida política civilizada al conflicto, hasta alcanzar la paz con dignidad y justicia social, que es al fin y al cabo la esencia de nuestro planteamiento político.*

2. *Nos mantenemos en lo hasta ahora acordado y firmado, a la vez que ratificamos nuestra posición expresada en la última comunicación después del* impasse *en Orchila.*

3. *La nueva situación necesariamente nos lleva a realizar diversos reajustes que llevan su tiempo. A esto se debe la demora en la reanudación del contacto para continuar el proceso. La nuestra es una posición de principios, no sujeta a coyunturas ni a los vaivenes de la situación política o militar del conflicto. Comunicamos de manera oficial que el camarada Rodrigo Granda ha sido designado como nuevo integrante del Secretariado, lo que significa que posiblemente sea reemplazado de la comisión preparatoria que se reunió con ustedes en el último encuentro.*

4. *En su momento, una vez hechos los reajustes, daremos a conocer nuestra propuesta para coordinar la reunión preparatoria del viaje a la Habana.*

Es todo.
Un abrazo,
Pablo

Y todo era y es tan complejo, que a pesar de todos los detalles de la ruta, y que todo estaba ya organizado para la salida, ambas partes. Gobierno y FARC, y el CICR y yo, consideramos que ese camino tenía un riesgo: que en el trayecto terrestre Cúcuta-Táchira pudiera haber un incidente y que los miembros de las FARC fueran descubiertos. Es casi increíble: una operación organizada por los Gobiernos de Colombia y Venezuela con el total apoyo del CICR y las FARC no se realizó como estaba previsto. Como ya he dicho, las FARC consideraron que ya Timoleón Jiménez no iría a La Habana, porque se había convertido en comandante general de las FARC como consecuencia de la muerte de Alfonso Cano, y retomaron la decisión de designar a Mauricio Jaramillo como jefe de la delegación de plenipotenciarios en La Habana. Terminaron por trasladarlo a Caracas y de allí a La Habana, de la siguiente manera:

A principios de febrero del 2012, el Gobierno colombiano, las FARC y el CICR trasladaron al comandante Mauricio y a Sandra desde las selvas del Guaviare hasta Caracas por vía aérea. Un helicóptero con emblema del CICR, que ocupaba un coronel activo de la Policía Nacional, los recogió Guaviare adentro. Los trasladó al aeropuerto de San José del Guaviare. Iban acompañados del referido coronel de la Policía para que, cuando hicieran el transbordo del helicóptero al avión, las autoridades aeroportuarias no hicieran ningún control. Allí tomaron un avión emblematizado del CICR y volaron directo a Caracas. Era la última semana de febrero del 2012 y, de Caracas, todos los delegados plenipotenciarios de las FARC, ya juntos, volaron a La Habana acompañados de representantes de los gobiernos de Venezuela, Cuba y Noruega.

Ya se había acordado que fuera La Habana la sede de las exploratorias y los diálogos de paz, como se siguió llamando este proceso en los medios de comunicación e incluso en los comunicados e informes del Gobierno y de las FARC. Hubo varias alternativas de posibles países sede de dichos diálogos. Al principio, las FARC proponían a Venezuela, y en noviembre del año 2011 el presidente Santos aprobó que fuera Suecia, porque en ese mes fue a una reunión de las Naciones Unidas en Nueva York y allí habló con el ministro de Relaciones Exteriores de Suecia y le propuso que ese país fuera sede de las exploratorias y los diálogos de paz, y Suecia asintió. Ese camino ya había sido iniciado por el Alto Comisionado para la Paz, Frank Pearl, la embajadora de Suecia en Colombia, Lena Nordström, y el Facilitador.

Pero, como hemos visto, ese final del año 2011 estuvo signado por acontecimientos que dilataron la fecha de inicio de las exploratorias y, en consecuencia, de los diálogos de paz: la muerte de Alfonso Cano, la designación de Timoleón Jiménez como nuevo comandante general de las FARC y la retoma de la designación de Mauricio Jaramillo como jefe de la delegación de las FARC. A todo eso contribuyó negativamente la divulgación de un *wikileak* por el que se supo que el doctor Frank Pearl le comentó al Embajador de Estados Unidos todo lo de Suecia y cómo iba todo el proceso de acercamientos para el inicio de las exploratorias y los diálogos de paz, y que a su vez, el embajador le informó todo eso a la Secretaría de Estado. Pero hubo otro elemento que contribuyó a que Suecia no fuera la sede de las exploratorias y los diálogos: el caso de Julián Assange, pedido por Suecia para juzgarlo por unas cosas más morales que políticas, pero al que también había pedido Estados Unidos en extradición, apenas lo tuviera Suecia, porque también lo querían juzgar. Con esos dos antecedentes, las FARC dijeron: «Por ahí no es, no vamos a Suecia porque existe el riesgo de que nos extraditen de allá a Estados Unidos». Por ambas cosas la posibilidad de Suecia se dañó.

Se aceptó Cuba como sede de las exploratorias y los diálogos de paz. Sus condiciones eran y son óptimas como país sede. Hace muchos años Cuba comenzó a decir que en los países los cambios hay que hacerlos por las vías democráticas. (Y aquí hago un paréntesis para contar que miembros del Secretariado y del Estado Mayor Central de las FARC que fueron a Tlaxcala de abril a junio de 1992 a un intento de diálogos del Gobierno colombiano, en ese momento encabezado por el presidente César Gaviria, con las FARC, el ELN y el EPL, pasaron de regreso por Cuba y tuvieron una reunión con el comandante Fidel Castro y este les dijo que no insistieran más en las vías armadas para resolver los problemas sociales, económicos y políticos de Colombia, que eso lo había hecho él con su guerrilla, el Movimiento 26 de Julio, porque en esos años habían unas condiciones globales y hemisféricas que lo permitían, pero que ya eso no cuajaba. Fidel Castro, que es un hombre al que le cabe el mundo en la cabeza, les dijo eso, pero las FARC no lo aceptaron o no lo creyeron o no estuvieron de acuerdo.)

La noche del martes 21 de febrero del 2012 me reuní en el apartamento de Enrique Santos Calderón, en Bogotá, con él, Sergio Jaramillo y Frank Pearl, los tres delegados plenipotenciarios del Gobierno a las exploratorias de La Habana, que se iniciaron dos días después. Los cuatro estuvimos cerca de tres horas conversando sobre las expectativas de las reuniones que se iniciaban ese jueves y que terminarían con el Acuerdo General o Agenda de los Diálogos de Negociación del Conflicto Interno Armado Colombiano entre el Estado y las FARC-EP el domingo 26 de agosto de ese mismo año. En esa reunión hubo mucha insistencia de parte de los plenipotenciarios del Gobierno hacia mí, preguntándome acerca de si las FARC estarían dispuestas a entregar las armas en ese proceso. Yo repetía que no, que no iban a entregar las armas porque lo que se iba a hacer era una negociación, no una rendición: no entregarían las armas, las dejarían. Sería algo muy parecido, dije yo, a lo que sucedió con el IRA de Irlanda en su proceso de paz. Yo les dije que la dejación de armas sería una conclusión lógica de un proceso donde se negociarían las causas políticas, sociales y económicas del conflicto. Que las FARC iban a ir a La Habana a tratar de resolver lo esencial de las causas políticas, sociales y económicas que las llevaron a empuñar las armas en rebelión contra el Estado. No sería, pues, unas reuniones exploratorias y unos diálogos acerca de cómo las FARC harían dejación de las armas. No. La dejación de las armas sería un asunto de sindéresis política del proceso de negociación del conflicto armado y se produciría después de que se negociara y se firmara un pacto o acuerdo final. En esa reunión les dije a los tres plenipotenciarios que lo que había que discutir y lo más importante eran las causas políticas, sociales y económicas que originaron el conflicto interno armado colombiano. Al respecto hay que recordar que a finales de ese año el presidente Santos hizo todo para incluir en la Constitución de Colombia, y lo incluyó, que aquí existe un conflicto interno armado. Eso se hizo a través del Acto Legislativo número 1 del 2012, y fue trascendental, porque lo incluyó en el DIH, lo cual, tiempo después, permitiría poder elevar el Acuerdo Final del proceso de diálogos de La Habana a Acuerdo Especial, según el Protocolo III de Roma del Acuerdo de Ginebra, según el DIH. Importantísimo.

El siguiente es el texto de ese histórico y crucial Acto Legislativo (lo recalcado es mío) que se agregó a la Constitución colombiana y posibilitó jurídicamente la negociación política del conflicto interno armado de Colombia, lo que prueba que Adolfo Suárez, el español que hizo la transición del franquismo a la democracia en España, tenía razón cuando dijo que «en una negociación política de un conflicto nacional, lo jurídico se adhiere a lo político, y si hay necesidad de cambiar, crear o borrar actos jurídicos para lograrlo, pues se tendrá que hacer».

ACTO LEGISLATIVO No. 1 DEL 2012
Diario Oficial No. 48 508 del 31 de julio del 2012
CONGRESO DE LA REPÚBLICA

Por medio del cual se establecen instrumentos jurídicos de justicia transicional en el marco del artículo 22 de la Constitución Política y se dictan otras disposiciones.
EL CONGRESO DE COLOMBIA DECRETA:

ARTÍCULO 1.° La Constitución Política tendrá un nuevo artículo transitorio, que será el 66.°, así:

Artículo Transitorio 66.° Los instrumentos de justicia transicional serán excepcionales y tendrán como finalidad prevalente facilitar la terminación del conflicto interno armado y el logro de la paz estable y duradera, con garantías de no repetición y de seguridad para todos los colombianos; y garantizarán en el mayor nivel posible, los derechos de las víctimas a la verdad, la justicia y la reparación. ***Una ley estatutaria podrá autorizar que, en el marco de un acuerdo de paz, se dé un tratamiento diferenciado para los distintos grupos armados al margen de la ley que hayan sido parte en el conflicto interno armado y también para los agentes del Estado, en relación con su participación en el mismo.***

Mediante una ley estatutaria se establecerán instrumentos de justicia transicional de carácter judicial o extrajudicial que permitan garantizar los deberes estatales de investigación y san-

ción. En cualquier caso se aplicarán mecanismos de carácter extrajudicial para el esclarecimiento de la verdad y la reparación de las víctimas.

Una ley deberá crear una Comisión de la Verdad y definir su objeto, composición, atribuciones y funciones. El mandato de la comisión podrá incluir la formulación de recomendaciones para la aplicación de los instrumentos de justicia transicional, incluyendo la aplicación de los criterios de selección.

Tanto los criterios de priorización como los de selección son inherentes a los instrumentos de justicia transicional. El Fiscal General de la Nación determinará criterios de priorización para el ejercicio de la acción penal. Sin perjuicio del deber general del Estado de investigar y sancionar las graves violaciones a los Derechos Humanos y al Derecho Internacional Humanitario, en el marco de la justicia transicional, el Congreso de la República, por iniciativa del Gobierno Nacional, podrá mediante ley estatutaria determinar criterios de selección que permitan centrar los esfuerzos en la investigación penal de los máximos responsables de todos los delitos que adquieran la connotación de crímenes de lesa humanidad, genocidio, o crímenes de guerra cometidos de manera sistemática; establecer los casos, requisitos y condiciones en los que procedería la suspensión de la ejecución de la pena; establecer los casos en los que proceda la aplicación de sanciones extrajudiciales, de penas alternativas, o de modalidades especiales de ejecución y cumplimiento de la pena; y autorizar la renuncia condicionada a la persecución judicial penal de todos los casos no seleccionados. La ley estatutaria tendrá en cuenta la gravedad y representatividad de los casos para determinar los criterios de selección.

En cualquier caso, el tratamiento penal especial mediante la aplicación de instrumentos constitucionales como los anteriores estará sujeto al cumplimiento de condiciones tales como la dejación de las armas, el reconocimiento de responsabilidad, la contribución al esclarecimiento de la verdad y a la reparación integral de las víctimas, la liberación de los secuestrados y la desvinculación de los menores de edad reclutados ilícitamente que se encuentren en poder de los grupos armados al margen de la ley.

PARÁGRAFO 1.º En los casos de la aplicación de instrumentos de justicia transicional a grupos armados al margen de la ley que hayan participado en las hostilidades, esta se limitará a quienes se desmovilicen colectivamente en el marco de un acuerdo de paz o a quienes se desmovilicen de manera individual de conformidad con los procedimientos establecidos y con la autorización del Gobierno Nacional.

PARÁGRAFO 2.º En ningún caso se podrán aplicar instrumentos de justicia transicional a grupos armados al margen de la ley que no hayan sido parte en el conflicto interno armado, ni a cualquier miembro de un grupo armado que una vez desmovilizado siga delinquiendo.

ARTÍCULO 2.º TRANSITORIO. Una vez el Gobierno Nacional presente al Congreso de la República el primer proyecto de ley que autorice la aplicación de los instrumentos penales establecidos en el inciso 4.º del artículo 1.º del presente acto legislativo, el Congreso tendrá cuatro (4) años para proferir todas las leyes que regulen esta materia.

ARTÍCULO 3.º La Constitución Política tendrá un nuevo artículo transitorio que será el 67.º, así:

Artículo Transitorio 67.º Una ley estatutaria regulará cuáles serán los delitos considerados conexos al delito político para efectos de la posibilidad de participar en política. No podrán ser considerados conexos al delito político los delitos que adquieran la connotación de crímenes de lesa humanidad y genocidio cometidos de manera sistemática, y en consecuencia no podrán participar en política ni ser elegidos quienes hayan sido condenados y seleccionados por estos delitos.

ARTÍCULO 4.° El presente acto legislativo rige a partir de su promulgación.

El Presidente del honorable Senado de la República,
JUAN MANUEL CORZO ROMÁN
El Secretario General del honorable Senado de la República,
EMILIO RAMÓN OTERO DAJUD
El Presidente de la honorable Cámara de Representantes,
SIMÓN GAVIRIA MUÑOZ
El Secretario General de la honorable Cámara de Representantes,
JESÚS ALFONSO RODRÍGUEZ CAMARGO
REPÚBLICA DE COLOMBIA–GOBIERNO NACIONAL

Publíquese y cúmplase.
Dado en Bogotá, D. C., a 31 de julio del 2012
JUAN MANUEL SANTOS CALDERÓN
La Ministra de Justicia y del Derecho,
RUTH STELLA CORREA PALACIO

La reunión de ese 21 de febrero concluyó después de muchos análisis de posibilidades y esperanzas. Al día siguiente, los tres plenipotenciarios y un grupo de asesores partieron hacia La Habana. El día anterior, los plenipotenciarios de las FARC y sus asesores también habían partido hacia La Habana. Se había puesto a rodar definitivamente el proceso de paz de Colombia, a través de las reuniones exploratorias que terminaron con la construcción del Acuerdo General o Agenda de los Diálogos de Paz, firmado el 26 de agosto del 2012 y proclamado en la reunión de Oslo el 18 de octubre siguiente.

El conflicto armado en las montañas se mantenía muy activo y fuerte, y en nuestra casa en Cali, Julieta, mi esposa y compañera de trochas y montañas, y yo estábamos muy preocupados por la situación personal de Pablo en la guerra. Julieta entonces le envió una notica, adicionada a uno de mis Chasquis, diciéndole que había está rezando por la seguridad de él. Pablo le responde la siguiente nota:

A Dulcinea

Abril 14 del 2012

Estimadísima amiga, mi Negra querida, Dulcinea de la Paz.

Con inmenso placer he recibido tu nota en este recóndito lugar de la Patria donde seguimos empeñados en la consecución de la paz definitiva y duradera para todos los colombianos.

Gracias por tus plegarias, gracias, estoy feliz y contento de poder contar con un ángel de la guarda como tú que reza por mí, para que su Dios me proteja.

Jamás había tenido tal privilegio y hasta creía que solo mi madre haría eso por mí. Tal muestra de solidaridad y de amistad, la tuya y la de tu príncipe consorte, me ratifican en que vamos por buen camino, que estamos haciendo las cosas bien y que en esta tarea no nos encontramos solos. Tu apoyo y el de ustedes dos es invaluable y tiene una significación inmensa para mí y para nosotros, de ello no puedes albergar duda. Al punto de que tu gesto lo he compartido con otros camaradas y amigos de acá. Eres, definitivamente, espectacular y nuestra amiga más apreciada.

De mí te cuento que me encuentro bien, con las dificultades que son de esperarse, pero trabajando firmemente en lo que me corresponde y son mis deberes. El tema de la paz es de una ac-

tualidad inobjetable y, para nosotros, un objetivo estratégico que no da espera. Toda la ayuda que Uds. desde su lugar y posibilidades nos brindan es generosísima, y no nos alcanzarán las horas para agradecérselo.

Como sabes, la reivindicación por la paz no es solo nuestra. Últimos acontecimientos nos demuestran que hay un fervor masivo sobre esta. Organizaciones cívicas, campesinas, sindicales, estudiantiles, gremiales y de todo tipo están embarcadas en demostrar que es la premisa de cualquier cambio social de verdadera profundidad en este país. No sabes cuánto me alegra esto y cómo nos ratifica a todos en nuestro accionar colectivo.

Me alegró inmensamente saber que estés interlocutando con mi mamá. Ella es un ser excepcional, muy inteligente y posee un sentido de clase muy nato para razonar como razonan las mujeres del pueblo. No te digo que me la saludes porque todas esas conversaciones de ustedes deben estar siendo grabadas y monitoreadas.

De nuevo mil gracias por tu notica. Te envío un libro de Máximo Gorki, el gran escritor ruso. Sé que te va a gustar. Te envío también una película para que la compartas con tu quijote. Ojalá les guste.

Recibe mi abrazo con el cariño de siempre,
Yo

Inicio de las reuniones exploratorias en febrero del 2012

Las reuniones exploratorias se iniciaron de manera confidencial el 23 de febrero del 2012 y terminaron el 26 de agosto del 2012. Se llevaron a cabo en donde después continuaron los diálogos de paz: en el Palacio de Convenciones de La

Habana, muy cercano a un complejo de casas denominado El Laguito, donde habitaron las dos delegaciones y sus asesores, durante las dos etapas de exploratorias y de diálogos. Es un complejo habitacional que el gobierno cubano tiene para atender visitantes de otros países, y esta contiguo al hotel Palco, donde recurrentemente se hospedaban, y seguramente se siguen hospedando, personas afines a las labores de las delegaciones de las FARC y del Gobierno colombiano, y periodistas o visitantes al proceso de diálogos.

Normalmente se les dice «diálogos de paz» y yo también les digo así, pero realmente no es la paz lo que se ha negociado o se está negociando. Técnicamente es la terminación del conflicto armado entre las FARC-EP y el Estado colombiano, porque quedarían activos otros actores armados que interrumpen la tranquilidad del país, como el Ejército de Liberación Nacional (ELN) —que en el momento de escribir estas notas aún no arranca su propio proceso de paz. También han venido construyendo la agenda, pero todavía no arranca—, las llamadas Bacrim o fuerzas paramilitares como los Rastrojos, los llamados Urabeños, la Empresa y otros, cantidad de grandes y pequeños grupos violentos que afectan la paz del país.

La agenda fue anunciada el 18 de octubre del 2012, en una reunión en Oslo. Se llevó a cabo allí como un reconocimiento a Noruega por el enorme papel que cumplió, cumple y seguirá cumpliendo en el proceso de paz. Fue una reunión para iniciar el proceso de diálogos en la que se anunció el Acuerdo General que contiene la agenda de los diálogos de La Habana. Esa reunión fue bastante, digamos, «movida» políticamente, gracias al famoso discurso del comandante Iván Márquez, jefe de la delegación de las FARC, bastante comentado y bastante criticado por el Gobierno, y que tuvo muchos efectos inmediatos en el proceso.

Aquí debo comentar cuál fue la razón real de ese discurso tan efervescente (y agresivo en muchos de sus puntos). Las FARC querían y tenían que dejar claro que no estaban rindiéndose, que estaban negociando, que eran invitadas a reunirse para adelantar el proceso de paz, que aunque firmaron el Acuerdo General, la agenda de diálogos, no solo eran válidos los seis puntos sino también su preámbulo. Ese asunto del preámbulo afectó mucho las conversaciones, porque las FARC insistían mucho en él. El Gobierno siempre anotaba que la agenda consistía únicamente en los seis puntos del Acuerdo General, pero después se fue superando todo. Yo les decía a los delegados de las FARC y del Gobierno, que el Acuerdo General es bastante «curioso», porque en él parecería que el preámbulo hubiera sido redactado por las FARC y los seis puntos centrales por el Gobierno. No fue así, pero con ello quería dar a entender que el preámbulo va a las causas políticas, económicas y sociales del conflicto y analiza cuál es la razón de ser de los diálogos. Las FARC creen que en el momento de decir que es lo que hay que hacer, se quedaron cortas. Eso se les volvió un tormento durante todos los diálogos. Ya en el transcurso del tiempo se ajustaron a los seis puntos. En mi opinión, esa es una de las razones por las cuales las FARC insisten tanto en la Asamblea Constituyente. Creo que en una eventual Asamblea Constituyente, las FARC analizarían, discutirían y buscarían que se aprueben los temas que no quedaron en los seis puntos del Acuerdo General, que dicha asamblea sea reformadora, no refrendadora. El origen de eso no es otro que en el Acuerdo General no quedó todo lo que debió haber quedado, según deduzco que piensan las FARC, pues nunca me lo han dicho, pero como dice un refrán popular, «uno de tanto mirar para el cielo, aprende astronomía».

Estas reuniones exploratorias terminaron en la gran reunión de Oslo, en la cual se hicieron públicos los nombres de los negociadores que conformaron las dos delegaciones de los diálogos de paz, que formalmente se iniciaron el 15 de noviembre del 2012 en La Habana.

El equipo inicial de la delegación del Gobierno estuvo constituido por Humberto de la Calle Lombana, como coordinador, un hombre de mucha experiencia que ya había estado en otros procesos de búsqueda de la paz con las FARC; Sergio Jaramillo Caro, Alto Comisionado para la Paz, que estuvo desde los contactos más tempranos; Frank Pearl González, también participante desde los intentos con el presidente Álvaro Uribe Vélez; Luis Carlos Villegas Echeverri, del sector empresarial, y los generales en retiro Jorge Mora Rangel y Óscar Naranjo Trujillo, ambos ampliamente reconocidos, uno del Ejército y el otro de la Policía. Y por el lado de las FARC-EP, la delegación de negociadores se inició con los comandantes Iván Márquez (Luciano Marín Arango), jefe de la delegación, Ricardo Téllez (Rodrigo Granda Escobar), Andrés París (José Emilio Carvajalino) y Marcos Calarcá (Luis Alberto Albán Burbano). Todos recordamos que en aquella reunión de Oslo las FARC pusieron una foto en un asiento donde se suponía debía estar Simón Trinidad (Ricardo Palmera Pineda), que era el otro miembro de la delegación que las FARC siempre han solicitado que esté en la Habana. Obviamente, para estar en la Habana, Trinidad tiene que ser liberado o indultado, o por lo menos puesto en la Habana para que haga parte de esta delegación. Todo el mundo vio en la televisión cómo Marcos Calarcá se hizo a un lado, se sentó en otra silla, y dejó su asiento libre, donde estaba el letrero identificador que decía Simón Trinidad.

A continuación se encuentra el Acuerdo General proclamado en Oslo el 18 de octubre del 2012. Presento la copia que me fue entregada por el doctor Sergio Jaramillo, en la cual él, muy amablemente, escribió de su puño y letra en su primera página: «…….. *11-XI-12. Para Henry, coautor de este acuerdo. Sergio*».

Acuerdo General para la terminación del conflicto y la construcción de una paz estable y duradera

Los delegados del Gobierno de la República de Colombia (Gobierno Nacional) y de las Fuerzas Armadas Revolucionarias de Colombia-Ejercito del Pueblo (FARC-EP);

Como resultado del Encuentro Exploratorio que tuvo como sede La Habana, Cuba, entre febrero 23 y agosto 26 de 2012, que contó con la participación del Gobierno de la República de Cuba y del Gobierno de Noruega como garantes, y con el apoyo del Gobierno de la República Bolivariana de Venezuela como facilitador de logística y acompañante;

Con la decisión mutua de poner fin al conflicto como condición esencial para la construcción de la paz estable y duradera;

Atendiendo el clamor de la población por la paz, y reconociendo que:

La construcción de la paz es asunto de la sociedad en su conjunto que requiere de la participación de todos, sin distinción, incluidas otras organizaciones guerrilleras a las que invitamos a unirse a este propósito;

El respeto de los derechos humanos en todos los confines del territorio nacional, es un fin del Estado que debe promoverse;

El desarrollo económico con justicia social y en armonía con el medio ambiente, es garantía de paz y progreso;

El desarrollo social con equidad y bienestar, incluyendo las grandes mayorías, permite crecer como país;

Una Colombia en paz jugará un papel activo y soberano en la paz y el desarrollo regional y mundial;

Es importante ampliar la democracia como condición para lograr bases sólidas de la paz;

Con la disposición total del Gobierno Nacional y de las FARC-EP de llegar a un acuerdo, y la invitación a toda la sociedad colombiana, así como a los organismos de integración regional y a la comunidad internacional, a acompañar este proceso;

Hemos acordado:

I. Iniciar conversaciones directas e ininterrumpidas sobre los puntos de la Agenda aquí establecida, con el fin de alcanzar un Acuerdo Final para la terminación del conflicto que contribuya a la construcción de la paz estable y duradera.

II. Establecer una Mesa de Conversaciones que se instalará públicamente en Oslo, Noruega, dentro de los primeros 15 días del mes de octubre de

1

2012, y cuya sede principal será La Habana, Cuba. La Mesa podrá hacer reuniones en otros países.

III. Garantizar la efectividad del proceso y concluir el trabajo sobre los puntos de la Agenda de manera expedita y en el menor tiempo posible, para cumplir con las expectativas de la sociedad sobre un pronto acuerdo. En todo caso, la duración estará sujeta a evaluaciones periódicas de los avances.

IV. Desarrollar las conversaciones con el apoyo de los gobiernos de Cuba y Noruega como garantes, y los gobiernos de Venezuela y Chile como acompañantes. De acuerdo con las necesidades del proceso, se podrá de común acuerdo invitar a otros.

V. La siguiente Agenda:

1. Política de desarrollo agrario integral

El desarrollo agrario integral es determinante para impulsar la integración de las regiones y el desarrollo social y económico equitativo del país.

1. Acceso y uso de la tierra. Tierras improductivas. Formalización de la propiedad. Frontera agrícola y protección de zonas de reserva.

2. Programas de desarrollo con enfoque territorial.

3. Infraestructura y adecuación de tierras.

4. Desarrollo social: Salud, educación, vivienda, erradicación de la pobreza.

5. Estímulo a la producción agropecuaria y a la economía solidaria y cooperativa. Asistencia técnica. Subsidios. Crédito. Generación de ingresos. Mercadeo. Formalización laboral.

6. Sistema de seguridad alimentaria.

2. Participación política

1. Derechos y garantías para el ejercicio de la oposición política en general, y en particular para los nuevos movimientos que surjan luego de la firma del Acuerdo Final. Acceso a medios de comunicación.

2. Mecanismos democráticos de participación ciudadana, incluidos los de participación directa, en los diferentes niveles y diversos temas.

3. Medidas efectivas para promover mayor participación en la política nacional, regional y local de todos los sectores, incluyendo la población más vulnerable, en igualdad de condiciones y con garantías de seguridad.

2

3. Fin del conflicto

Proceso integral y simultáneo que implica:

1. Cese al fuego y de hostilidades bilateral y definitivo.
2. Dejación de las armas. Reincorporación de las FARC-EP a la vida civil – en lo económico, lo social y lo político –, de acuerdo con sus intereses.
3. El Gobierno Nacional coordinará la revisión de la situación de las personas privadas de la libertad, procesadas o condenadas, por pertenecer o colaborar con las FARC-EP.
4. En forma paralela el Gobierno Nacional intensificará el combate para acabar con las organizaciones criminales y sus redes de apoyo, incluyendo la lucha contra la corrupción y la impunidad, en particular contra cualquier organización responsable de homicidios y masacres o que atente contra defensores de derechos humanos, movimientos sociales o movimientos políticos.
5. El Gobierno Nacional revisará y hará las reformas y los ajustes institucionales necesarios para hacer frente a los retos de la construcción de la paz.
6. Garantías de seguridad.
7. En el marco de lo establecido en el Punto 5 (Víctimas) de este acuerdo se esclarecerá, entre otros, el fenómeno del paramilitarismo.

La firma del Acuerdo Final inicia este proceso, el cual debe desarrollarse en un tiempo prudencial acordado por las partes.

4. Solución al problema de las drogas ilícitas

1. Programas de sustitución de cultivos de uso ilícito. Planes integrales de desarrollo con participación de las comunidades en el diseño, ejecución y evaluación de los programas de sustitución y recuperación ambiental de las áreas afectadas por dichos cultivos.
2. Programas de prevención del consumo y salud pública.
3. Solución del fenómeno de producción y comercialización de narcóticos.

5. Víctimas

Resarcir a las víctimas está en el centro del acuerdo Gobierno Nacional - FARC-EP. En ese sentido se tratarán:

1. Derechos humanos de las víctimas.
2. Verdad.

3

6. Implementación, verificación y refrendación

La firma del Acuerdo Final da inicio a la implementación de todos los puntos acordados.

    1. Mecanismos de implementación y verificación.

        a. Sistema de implementación, dándole especial importancia a las regiones.

        b. Comisiones de seguimiento y verificación.

        c. Mecanismos de resolución de diferencias.

Estos mecanismos tendrán capacidad y poder de ejecución y estarán conformados por representantes de las partes y de la sociedad según el caso.

    2. Acompañamiento internacional.

    3. Cronograma.

    4. Presupuesto.

    5. Herramientas de difusión y comunicación.

    6. Mecanismo de refrendación de los acuerdos.

VI. Las siguientes reglas de funcionamiento:

    1. En las sesiones de la Mesa participarán hasta 10 personas por delegación, de los cuales hasta 5 serán plenipotenciarios quienes llevarán la vocería respectiva. Cada delegación estará compuesta hasta por 30 representantes.

    2. Con el fin de contribuir al desarrollo del proceso se podrán realizar consultas a expertos sobre los temas de la Agenda, una vez surtido el trámite correspondiente.

    3. Para garantizar la transparencia del proceso, la Mesa elaborará informes periódicos.

    4. Se establecerá un mecanismo para dar a conocer conjuntamente los avances de la Mesa. Las discusiones de la Mesa no se harán públicas.

    5. Se implementará una estrategia de difusión eficaz.

    6. Para garantizar la más amplia participación posible, se establecerá un mecanismo de recepción de propuestas sobre los puntos de la agenda de ciudadanos y organizaciones, por medios físicos o electrónicos. De común acuerdo y en un tiempo determinado, la Mesa podrá hacer consultas directas y recibir propuestas sobre dichos puntos, o delegar en un tercero la organización de espacios de participación.

    7. El Gobierno Nacional garantizará los recursos necesarios para el funcionamiento de la Mesa, que serán administrados de manera eficaz y transparente.

4

8. La Mesa contará con la tecnología necesaria para adelantar el proceso.

9. Las conversaciones iniciarán con el punto Política de desarrollo agrario integral y se seguirá con el orden que la Mesa acuerde.

10. Las conversaciones se darán bajo el principio que nada está acordado hasta que todo esté acordado.

Firmado a los 26 días del mes de agosto de 2012, en La Habana, Cuba.

Por el Gobierno de la República de Colombia:

Sergio Jaramillo
Plenipotenciario

Frank Pearl
Plenipotenciario

Por las Fuerzas Armadas Revolucionarias de Colombia –Ejercito del Pueblo:

Mauricio Jaramillo
Plenipotenciario

Ricardo Téllez
Plenipotenciario

Andrés París
Plenipotenciario

Marco León Calarcá

Hermes Aguilar

Sandra Ramírez

Testigos:

Por el Gobierno de la República de Cuba:

Carlos Fernández de Cossío

Abel García

Por el Gobierno de Noruega:

Dag Halvor Nylander

Vegar S. Brynildsen

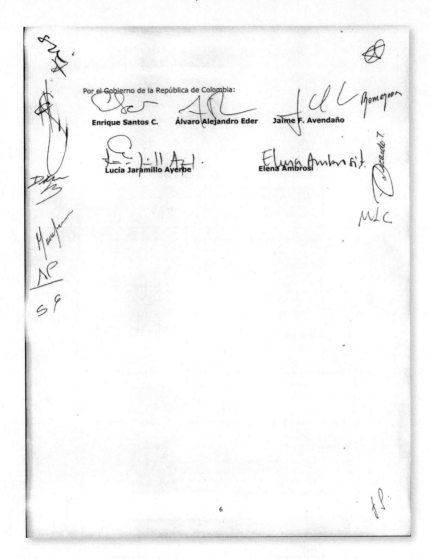

De esa manera, entonces, el 18 de octubre del 2012 se expuso al mundo el Acuerdo General, es decir, la agenda de diálogos que conduciría a la firma del Acuerdo Final del Conflicto Interno Armado entre el Estado colombiano y las FARC-EP. Ojalá sea en el año 2016. Y será en el 2016. La gente se queja mucho, protesta mucho, porque se ha dedicado mucho tiempo, pero no es cierto. Los que saben de esto, conceptúan que ningún proceso de diálogo de terminación de un conflicto, de los 56 conflictos internos armados que han culminado en el mundo, se ha concluido en menos de cuatro años. De manera que este ha sido el tiempo suficiente, el tiempo adecuado. El 23 de junio del 2016 se firmó el otro gran acuerdo del proceso de diálogos: el Acuerdo del Fin del Conflicto que determinó que ese día fuera «el último día de la guerra». Ese pacto, firmado por el presidente Juan Manuel Santos y el líder de las FARC Timoleón Jiménez, es también la antesala del Acuerdo Final Definitivo de Paz, entre ambas partes, que fue promulgado el 24 de agosto de 2016 y que se llevó a la Décima y Última Conferencia Guerrillera de las FARC, entre el 13 y el 19 de septiembre de 2016. El Acuerdo Final y Definitivo de Paz fue firmado por el Gobierno y las FARC y luego presentado a Plebiscito.

El documento establece las condiciones en las que habrá de realizarse la concentración de los combatientes de la guerrilla en diversos puntos del territorio colombiano, las medidas de seguridad para protegerlos y la dejación de las armas, procesos que serán verificados por personal de la Organización de las Naciones Unidas (ONU).

Aquí el texto del acuerdo:

Comunicado Conjunto # 76

Las delegaciones del Gobierno Nacional y las FARC-EP *queremos anunciar que hemos llegado a acuerdos en los siguientes puntos:*

1. *Acuerdo sobre «Cese al fuego y de hostilidades bilateral y definitivo y dejación de armas»*

2. *Acuerdo sobre «Garantías de seguridad y lucha contra las organizaciones criminales responsables de homicidios y masacres o que atentan contra defensores de derechos humanos, movimientos sociales o movimientos políticos, incluyendo las organizaciones criminales que hayan sido denominadas como sucesoras del paramilitarismo y sus redes de apoyo, y la persecución de las conductas criminales que amenacen la implementación de los acuerdos y la construcción de la paz»*

3. *Acuerdo sobre «Refrendación»*

I. Acuerdo sobre Cese al Fuego y de Hostilidades Bilateral y Definitivo y Dejación de las Armas

1. Compromisos
El Gobierno Nacional y las FARC-EP *expresan su compromiso de contribuir al surgimiento de una nueva cultura que proscriba la utilización de las armas en el ejercicio de la política y de trabajar conjuntamente por lograr un consenso nacional en el que todos los sectores políticos, económicos y sociales nos comprometamos con un ejercicio de la política en el que primen los valores de la democracia, el libre juego de las ideas y el debate civilizado; en el que no haya espacio para la intolerancia y la persecución por razones políticas. Dicho compromiso hace parte de las garantías*

de no repetición de los hechos que contribuyeron al enfrentamiento armado entre los colombianos por razones políticas.

Por último, el Gobierno Nacional y las FARC-EP *se comprometen con el cumplimiento de lo aquí acordado en materia de Cese al Fuego y de Hostilidades Bilateral y Definitivo y Dejación de las Armas, para lo cual elaborarán una hoja de ruta que contenga los compromisos mutuos para que a más tardar a los 180 días luego de la firma del Acuerdo Final haya terminado el proceso de dejación de armas.*

2. Objetivo

El presente Acuerdo sobre Cese al Fuego y Hostilidades Bilateral y Definitivo y Dejación de las Armas tiene como objetivo la terminación definitiva de las acciones ofensivas entre la Fuerza Pública y las FARC-EP, *y en general de las hostilidades y cualquier acción prevista en las reglas que rigen el* CFHBD, *incluyendo la afectación a la población, y de esa manera crear las condiciones para el inicio de la implementación del Acuerdo Final y la Dejación de las Armas y preparar la institucionalidad y al país para la Reincorporación de las* FARC-EP *a la vida civil.*

3. Monitoreo y Verificación

Acordamos crear un Mecanismo de Monitoreo y Verificación que será un mecanismo tripartito, integrado por representantes del Gobierno Nacional (Fuerza Pública), de las FARC-EP *y un Componente Internacional consistente en una misión política con observadores no armados de la* ONU *integrada principalmente por observadores de países miembros de la Comunidad de Estados Latinoamericanos y Caribeños (*CELAC*).*

El Componente Internacional preside en todas las instancias el Mecanismo de Monitoreo y Verificación y está encargado de dirimir controversias, presentar recomendaciones y generar reportes.

Respecto a la Dejación de las Armas, el Componente Internacional la verifica en los términos y con las debidas garantías establecidas en los protocolos del Acuerdo.

4. Adaptación de los dispositivos en el terreno
A partir del día D+1 la Fuerza Pública reorganizará el dispositivo de las tropas para facilitar el desplazamiento de las estructuras de las FARC-EP a dichas Zonas y para el cumplimiento del Acuerdo sobre el Cese al Fuego y Dejación de las Armas.
Por su parte a partir del día D+5, las distintas misiones, comisiones y Unidades Tácticas de Combate (UTC) de los frentes de las FARC-EP se desplazarán hacia dichas Zonas previamente acordadas, siguiendo las rutas de desplazamiento establecidas de común acuerdo entre el Gobierno Nacional y las FARC-EP.

5. Zonas Veredales Transitorias de Normalización (en adelante «Zonas»).
El Gobierno Nacional y las FARC-EP acordamos establecer 23 Zonas Veredales Transitorias de Normalización y 8 Campamentos. Las Zonas Veredales Transitorias de Normalización tienen como objetivo garantizar el Cese al Fuego y Hostilidades Bilateral y Definitivo y la Dejación de las Armas e iniciar el proceso de preparación para la Reincorporación a la vida civil de las estructuras de las FARC-EP en lo económico, lo político y lo social de acuerdo con sus intereses.

Estas Zonas son territoriales, temporales y transitorias. Cada Zona contará con Equipos de Monitoreo Local. Tendrán facilidades de acceso por vía carreteable o fluvial; sus límites corresponden a los de la vereda donde se ubican; pudiendo ser ampliados o reducidos por mutuo acuerdo dependiendo del tamaño de la vereda, tendrán una extensión razonable que permite el monitoreo y verificación y el cumplimiento de los objetivos de las Zonas, fijando como referente accidentes geográficos o características del terreno. La salida de combatientes de las FARC-EP de los campamentos se hará sin armas y de civil.

El Gobierno Nacional y las FARC-EP se comprometen a que la implementación de este Acuerdo se realice sin ninguna limitación en el normal funcionamiento de las autoridades civiles no armadas, en el desenvolvimiento de la actividad económica, política y social de las regiones, en la vida de las comunidades, en el ejercicio de sus derechos; así como en los de las organizaciones comunales, sociales y políticas que tengan presencia en los territorios.

Las autoridades civiles (no armadas) que tengan presencia en las Zonas permanecen y continuarán ejerciendo sus funciones en las mismas, sin perjuicio de lo acordado en el Cese al Fuego y Hostilidades Bilateral y Definitivo. Las Zonas no pueden ser utilizadas para manifestaciones de carácter político.

Los (las) integrantes de las FARC-EP que en virtud de la ley de amnistía hayan sido beneficiados con la excarcelación, y así lo deseen, se integran a dichas zonas para seguir el proceso de reincorporación a la vida civil. Para este fin, dentro de las Zonas se organizan sitios de estadía por fuera de los campamentos.

Durante la vigencia del Acuerdo sobre CFHBD y DA; las FARC-EP designan un grupo de 60 de sus integrantes (hombres y mujeres) que pueden movilizarse a nivel nacional en cumplimiento de tareas relacionadas con el Acuerdo de Paz.

Así mismo, por cada Zona, las FARC-EP, designan un grupo de 10 de sus integrantes que puede movilizarse a nivel municipal y departamental en cumplimiento de tareas relacionadas con el

Acuerdo de Paz. Para estos desplazamientos los integrantes de las FARC-EP *cuentan con las medidas de seguridad acordadas con el Gobierno Nacional.*

En los campamentos no habrá ni podrá ingresar población civil en ningún momento.

Durante la vigencia de las zonas se suspenderá el porte y la tenencia de armas para la población civil dentro de dichas Zonas. En caso de presentarse dentro de una Zona algún hecho o circunstancia que requiera la presencia de la Policía Nacional o cualquier otra autoridad armada del Estado se hace informando al Mecanismo de Monitoreo y Verificación, para que coordine el ingreso de acuerdo con los protocolos acordados por el Gobierno Nacional y las FARC-EP.

La ubicación de los campamentos dentro de las Zonas se hará de forma que el Mecanismo de Monitoreo y Verificación pueda ejercer su función.

En desarrollo del proceso de preparación para la reincorporación a la vida civil de sus combatientes, las FARC-EP, *en coordinación con el Gobierno Nacional, podrán realizar dentro de las Zonas todo tipo de capacitación de los integrantes de las* FARC-EP *en labores productivas, de nivelación en educación básica primaria, secundaria o técnica, de acuerdo con sus propios intereses, jornadas de cedulación y demás actividades de preparación para la reincorporación y otras actividades necesarias para facilitar el tránsito a la legalidad de las* FARC-EP.

6. Zona de Seguridad

Alrededor de cada Zona se establece una Zona de Seguridad donde no podrá haber unidades de la Fuerza Pública, ni efectivos de las FARC-EP, *con excepción de los equipos de monitoreo y verificación acompañados de seguridad policial cuando las circunstancias así lo requieran. El ancho de la Zona de Seguridad será de 1 kilómetro alrededor de cada Zona.*

7. Seguridad

El Gobierno Nacional y las FARC-EP *definirán conjuntamente unos protocolos de seguridad que permitirán, de manera integral, minimizar las potenciales amenazas que pueden afectar o vulnerar las personas y bienes comprometidos en el Cese al Fuego y Hostilidades Bilateral y Definitivo y la Dejación de las Armas. Las condiciones de seguridad implementadas garantizarán la protección de los integrantes del equipo de monitoreo y verificación, los miembros de las* FARC-EP, *los delegados del Gobierno Nacional, la Fuerza Pública y demás intervinientes en el proceso. Así como la coordinación de los movimientos y los dispositivos en el terreno.*

El Gobierno Nacional a través de la Fuerza Pública continuará garantizando las condiciones de convivencia y seguridad de la población civil durante este proceso.

*8. Dejación de las Armas (*DA*).*

Consiste en un procedimiento técnico, trazable y verificable mediante el cual la ONU *recibe la totalidad del armamento de las* FARC-EP *para destinarlo a la construcción de 3 monumentos, acordados entre el Gobierno Nacional y las* FARC-EP.

La Dejación de las Armas por parte de las FARC-EP *se desarrollará en dos tiempos, denominados Control de Armamento y Dejación de las Armas, que integran los siguientes procedimientos técnicos: registro, identificación, monitoreo y verificación de la tenencia, recolección, almacenamiento, extracción y disposición final.*

9. Procedimiento

Con la Firma del Acuerdo Final inicia el proceso de Dejación de las Armas de las FARC-EP, *que incluirá el transporte del armamento a las zonas, la destrucción del armamento inestable, y la recolección y almacenamiento en contenedores del armamento individual de manera secuencial y en tres fases así: 1 Fase: D+90, el 30 %; 2 Fase: D+120, el 30 %, y 3 Fase: D+150, 40 % restante, según la hoja de ruta (cronograma de eventos) acordada por el Gobierno Nacional y las* FARC-EP *que guía el proceso del Fin del Conflicto luego de la firma del Acuerdo Final.*

Las FARC-EP *contribuirán por diferentes medios, incluyendo el suministro de información, con la limpieza y descontaminación de los territorios afectados por minas antipersonal (*MAP*), artefactos explosivos improvisados (*AEI*), y municiones sin explotar (*MUSE*) o restos explosivos de guerra (*REG*) en general, teniendo en cuenta lo acordado en los puntos 4 y 5 y lo que se acuerde en el punto de Reincorporación a la vida civil en cuanto a la participación de las* FARC-EP *en la acción contra minas.*

Para garantizar el control efectivo del armamento en cada Zona se determinará un solo punto de almacenamiento, dentro de uno de los campamentos, en donde estarán ubicados los contenedores bajo el monitoreo y verificación permanente del Componente Internacional del Mecanismo de Monitoreo y Verificación, de acuerdo con los protocolos concertados entre el Gobierno Nacional y las FARC-EP.

Recibido el armamento el día D+150, a más tardar el día D+180 finalizará el proceso de extracción de las armas por parte de Naciones Unidas, conforme a los procedimientos acordados para esta materia y certificará el cumplimiento de este proceso procediendo a comunicarlo al Gobierno Nacional y a la opinión pública.

El día D+180 se da por terminado el funcionamiento de estas Zonas y el Cese al Fuego y de Hostilidades Bilateral y Definitivo.

El Mecanismo de Monitoreo y Verificación certificará y comunicará cada una de las fases del procedimiento de dejación de armas antes descrito.

Por último, sobre la base del acuerdo que hemos anunciado el día de hoy y en el marco de la Resolución 2261, el Gobierno Nacional y las FARC-EP *solicitamos al Secretario General de las Naciones Unidas que se pongan en marcha todos los preparativos necesarios para el despliegue de la Misión Política Especial, de manera que se pueda avanzar en la implementación del presente acuerdo.*

II. Acuerdo sobre «Garantías de seguridad y lucha contra las organizaciones criminales responsables de homicidios y masacres o que atentan contra defensores/as de derechos humanos, movimientos sociales o movimientos políticos, incluyendo las organizaciones criminales que hayan sido denominadas como sucesoras del paramilitarismo y sus redes de apoyo, y la persecución de las conductas criminales que amenacen la implementación de los acuerdos y la construcción de la paz»

Este acuerdo está dirigido a brindar protección y seguridad a todos los habitantes del territorio nacional; medidas de protección a las colectividades, los movimientos y organizaciones sociales y de derechos humanos en los territorios; garantías para el ejercicio de la política a los movimientos y partidos políticos, especialmente a los que ejerzan oposición, al movimiento político que surja del tránsito de las FARC-EP *a la actividad política legal y a los integrantes de las* FARC-EP *en proceso de reincorporación a la vida civil.*

Adicionalmente contempla la implementación de las medidas necesarias para intensificar con efectividad y de forma integral las acciones contra las organizaciones y conductas criminales objeto de este acuerdo que amenacen la construcción de la paz. El acuerdo incluye igualmente medidas para el esclarecimiento del fenómeno del paramilitarismo en complemento a lo ya acordado en el punto 5.

El acuerdo de garantías de seguridad se basa en los siguientes principios:

1. *Respeto, garantía, protección y promoción de los derechos humanos.*

2. *Asegurar el monopolio legítimo de la fuerza y del uso de las armas por parte del Estado en todo el territorio*

3. *Fortalecimiento de la administración de justicia*

4. *Asegurar el monopolio de los tributos por la Hacienda Pública*

5. *Enfoque territorial y diferencial*

6. *Enfoque de género*

7. *Coordinación y corresponsabilidad institucional*

8. *Participación ciudadana*

9. *Rendición de cuentas*

10. *Garantías de No Repetición*

Para cumplir con estos propósitos, el Gobierno Nacional y las FARC-EP *se comprometen a:*

El Gobierno Nacional garantizará la implementación de las medidas necesarias para intensificar con efectividad las acciones contra las organizaciones y conductas criminales objeto de este acuerdo que amenacen la construcción de la paz. Además asegurará la protección de las comunidades en los territorios, que se rompa cualquier tipo de nexo entre política y uso de las armas, y que se acaten los principios que rigen toda sociedad democrática.

Las FARC-EP *por su parte asumen el compromiso de contribuir de manera efectiva a la construcción y consolidación de la paz, en todo lo que resulte dentro de sus capacidades, a promover los contenidos de los acuerdos y al respeto de los derechos fundamentales.*

Las medidas de seguridad y protección que define el acuerdo se han construido sobre cinco pilares fundamentales con un enfoque dimensional:

1. *Un Pacto Político Nacional y desde las regiones con los partidos y movimientos políticos, los gremios, la sociedad organizada y en general las fuerzas vivas de la nación para que nunca más se utilicen las armas en la política ni se promuevan organizaciones violentas como el paramilitarismo. Este pacto buscará la reconciliación nacional y la convivencia pacífica.*

2. *Una Comisión Nacional de Garantías de Seguridad que será presidida por el Presidente de la República y tendrá como objeto el diseño y el seguimiento a la política pública y criminal en materia de desmantelamiento de cualquier organización o conducta de que trata este acuerdo. La Comisión también armonizará dichas políticas para garantizar su ejecución.*

3. *Una Unidad Especial de Investigación dentro de la Fiscalía General de la Nación para el desmantelamiento de las organizaciones criminales y sus redes de apoyo, que hayan sido denominadas como sucesoras del paramilitarismo de conformidad con lo establecido en el numeral 74 del acuerdo sobre la Jurisdicción Especial para la Paz. Esta Unidad contará con una unidad especial de Policía Judicial con expertos en distintas materias.*

4. *En desarrollo de lo acordado en el punto 2 «Participación Política», la creación del Sistema Integral de Seguridad para el Ejercicio de la Política que desarrollará un modelo de garantías de derechos ciudadanos y protección para los movimientos y partidos políticos, incluyendo el movimiento o partido político que surja del tránsito de las FARC-EP a la vida civil, organizaciones sociales, de derechos humanos y las comunidades en los territorios. El Sistema incluye la creación*

en la Unidad Nacional de Protección de un cuerpo mixto de protección para los integrantes de las FARC-EP en proceso de reincorporación a la vida civil.

5. *Un Programa Integral de Seguridad y Protección para las comunidades y organizaciones en los territorios que tendrá como propósito la definición y adopción de medidas de protección integral para las organizaciones, grupos y comunidades en los territorios.*

El acuerdo incluye adicionalmente las siguientes medidas complementarias:

El diseño y puesta en marcha de una política de sometimiento a la justicia para las organizaciones objeto de este acuerdo.

La activación de un cuerpo élite de la Policía Nacional como instrumento para desarticular las organizaciones criminales objeto del acuerdo.

Instrumento de prevención y monitoreo de las organizaciones criminales: es un sistema de anticipación y prevención para la reacción rápida, que está orientado a garantizar una mejor identificación de las amenazas en los territorios y una acción con mayor impacto de la Fuerza Pública para contener esas amenazas.

Medidas de prevención y lucha contra la corrupción: dirigidas a fortalecer la transparencia institucional.

Con el anterior documento se completan el 23 de junio del 2016 cinco documentos cruciales de esta negociación del conflicto interno armado colombiano: 1. Mi carta del 12 de julio del 2010 al presidente Juan Manuel Santos Calderón, donde propongo cómo iniciar este proceso de diálogos para la negociación del conflicto; 2. El mensaje del 7 de septiembre del 2010 con propuesta de encuentro para redactar la agenda de diálogos, del presidente Juan Manuel Santos Calderón a Alfonso Cano, comandante general de las FARC-EP, por mi conducto y el del comandante Pablo Catatumbo; 3. La respuesta positiva del Secretariado de las FARC-EP, comandantes Alfonso Cano y Pablo Catatumbo, al presidente Juan Manuel Santos Calderón, el 15 de octubre del 2010; 4. El Acuerdo General, firmado el 26 de agosto del 2012 y promulgado el 18 de octubre del 2016 en Oslo, que contiene la agenda de los diálogos para negociar el fin del conflicto interno armado colombiano, y 5. El acuerdo del fin del conflicto, punto 3 del Acuerdo General, firmado el 23 de junio del 2016, fecha que se convirtió en «el último día de la guerra». Y finalmente se llegó al Acuerdo Final Definitivo e inmodificable que fue promulgado por el Gobierno y las FARC-EP el 24 de agosto de 2016 y días después firmado en acto solemne por las partes.

Como siempre fue, es y será mi propósito, yo, Henry Acosta Patiño, Facilitador del proceso de paz de Colombia, solamente relato lo que ha sucedido; lo más importante, con detalles, de lo que ha sido todo este proceso de la búsqueda de la paz para esta Patria adolorida desde el año 2002, con el presidente Álvaro Uribe Vélez, durante los dos períodos; y todo lo que se inició y se ha desarrollado con el doctor Juan Manuel Santos, desde el 12 de julio del 2010 —cuando todavía no se había posesionado— hasta el 18 de octubre del 2012, fecha de la promulgación del Acuerdo General de los diálogos, que sucedió en Oslo, Noruega. Este es el itinerario en relatos de lo que ha sido la búsqueda de los diálogos de la paz en este país, y ahí termino, porque la etapa de diálogos, que acaba de concluir, no es parte de este libro. Seguramente será parte de una nueva publicación, una ampliación de esta edición.

FIN